明朝

一读就懂的中国史

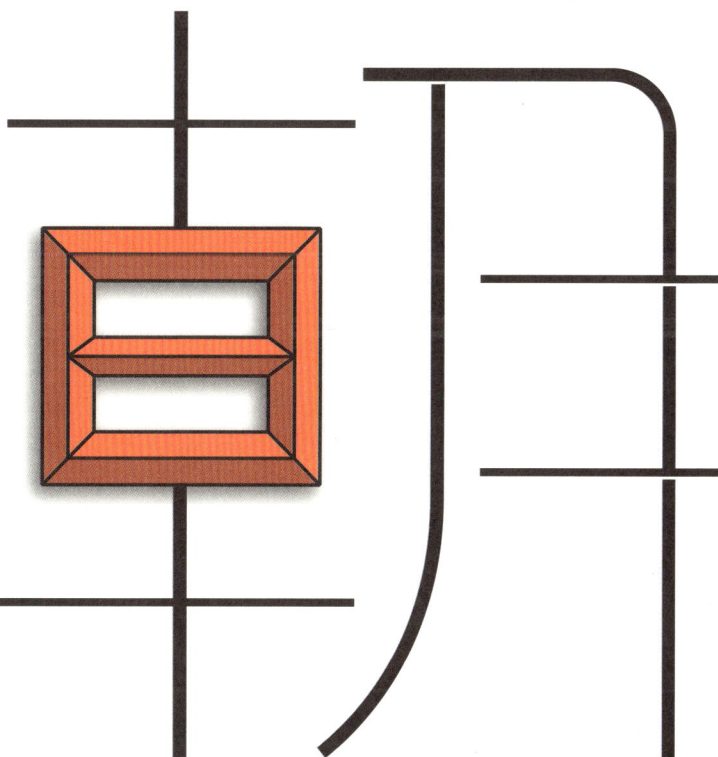

《图说历史》编委会

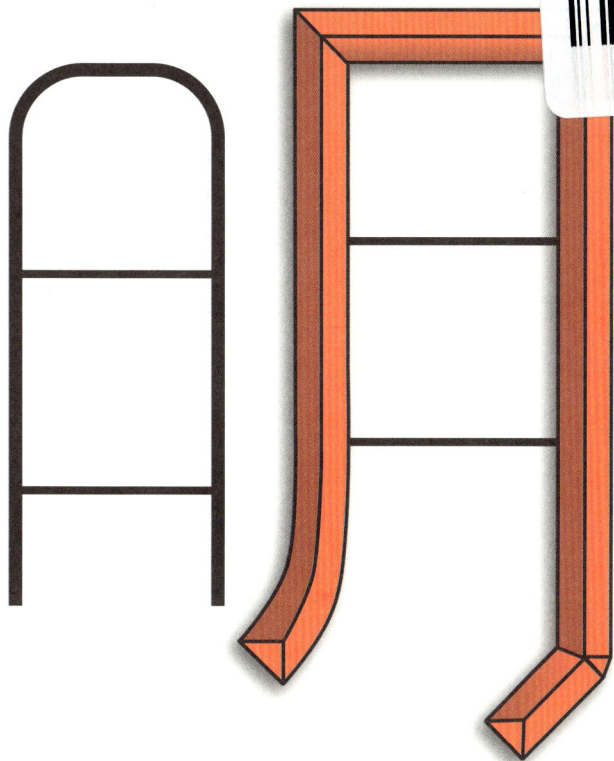

——编 著

中国铁道出版社有限公司
CHINA RAILWAY PUBLISHING HOUSE CO., LTD.

前言

在悠久的历史长河中，那些精彩的、悬疑的、鼎盛的瞬间都值得被人铭记。说起中国古代的明朝，给人的印象好像并不深刻，甚至会被忽视。问起中国历史上第一代霸主，都会想到秦始皇；说起盛世，都会想到文景、开元、康乾。然而，明朝这个充满娱乐精神、奔放的王朝，却常常被人们遗忘在尘封的史书中。

其实，明朝是一个非常有意思的王朝，一个家破人亡的和尚在乱世中开创了这段历史，建立了大明。和其他朝代无异，明朝也不乏明君、昏君、能臣、权臣、权宦、叛乱、起义等因素，甚至曾有几位皇帝多年不上朝而朝政却依旧能正常运转。从建立到结束，明朝一直都在经历着内忧外患、风雨飘摇。即便如此，明朝仍旧维持了近三百年。

中华上下五千年，每个时代都有自己独特的模样和印记，若想知道明朝是何模样，就需要你进行深入的了解。朱元璋在元朝末年的起义军中脱颖而出，称帝建国而后一统天下。可惜在他死后，纷争不断，最后大明在朱棣的统治下再次迎来盛世，随后的仁宣之治让大明帝国攀上了另一个高峰。

历史没有长盛不衰的王朝，仁宣之治后，明朝开始走下坡路，土木堡之变、党派斗争、锦衣卫、东西两厂，权宦当道，朝野昏暗，每当有兴起之势时，总会出现问题将其中断，进而将大明帝国拉向深渊。梃击案、红丸案、移宫案，悬疑丛生，千古之谜，林林总总，汇成了明朝复杂的历史，残酷而精彩。

随着永历帝被杀，明朝至此正式完结。江山如此多娇，引无数英雄竞折腰。回望明朝，英杰辈出，无论是朱元璋、朱棣等明朝统治者，还是于谦、张居正等贤能大臣，都堪称豪杰。君与臣的博弈，忠与奸的对峙，统统在这个时代被演绎得淋漓尽致。

本书不同于通史那般深奥枯燥，也不像野史那般无根无据。我们以时间为线索来叙述明朝历史，中间穿插详细描述，让读者能深入了解这一时期的历史，并有所收获。本书语言简洁质朴，并配有图片，力求将历史通俗化。更具特色的是，篇章中还设有"历史拓展"小板块、结构图和时间轴，让读者能在加深理解的同时，理清时间顺序。我们相信这些独具特色的小板块配上这段历史，能让你更加了解这个有意思的王朝。

明朝历史进程

▲ 红巾军

▲ 方孝孺

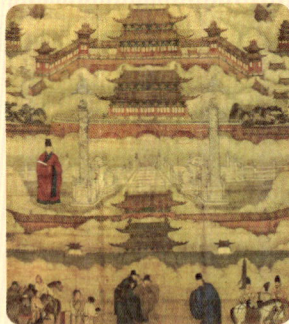
▲ 北京紫禁城

1 　元末红巾军起义，朱元璋赶走蒙古统治者，统一全国，建立大明王朝。

2 　建文帝削藩引发靖难之变，燕王朱棣以清君侧的名义起兵，藩王与朝廷间的战争就此爆发。

3 　明成祖朱棣夺取皇位后，励精图治，国力强盛，疆域面积达到最高峰，这一时期被称为"永乐盛世"。

▲ 南明政权将领郑成功

▲ 清兵

▲ 明朝殿试

12 　崇祯皇帝的自缢宣告着明朝的灭亡，但明朝的残余势力仍然在南方建立了南明政权，但内斗不断，很快便被清军所剿灭。

11 　崇祯年间天灾不断，后金崛起，李自成、张献忠领导的农民起义最终使明朝灭亡。

10 　张居正的去世导致其改革成果被清算，东林党争给本就羸弱的明朝政局造成了更加深远的破坏，政治格局陷入了崩溃的边缘。

▲ 郑和下西洋

▲ 明军行军图

▲ 锦衣卫腰牌

4

　　郑和受朱棣委派，在永乐年间六次下西洋，后来在宣德年间再次下西洋，最终完成了七下西洋的壮举，其功绩被后人所称赞。

5

　　1449年，太监王振怂恿明英宗征讨北方瓦剌，导致明朝遭遇立朝以来对外战争的最大失败，此为土木堡之变，此后明朝由盛转衰。

6

　　成化年间，明宪宗设立西厂，与东厂、锦衣卫并存，首任首领为明宪宗宠信的宦官汪直，民变不断发生。

▲ 张居正

▲ 戚继光雕像

▲ 明代进士

9

　　明神宗继位初年，内阁首辅张居正推行一系列改革措施，使得明朝出现短暂的中兴局面。

8

　　嘉靖年间，东南沿海的倭患十分严重，戚继光作为明朝著名将领，在为明朝抗倭的事业上做出了突出的贡献。

7

　　明朝中期的子嗣问题最终引发嘉靖帝与大臣之间"大礼议之争"，嘉靖皇帝最终巩固了皇权。

解密明代宫廷服饰
——皇后礼服

　　明初时，嫔妃所穿着的常服以各种类型的鸟雀区分不同等级，皇后用双凤翊龙、妃用鸾凤，以下各品分别用不同数目的翟、孔雀、鸳鸯、练鹊。后来朱元璋觉得礼制过繁，便废除了传统礼服制度，将本为常服的大衫霞帔升格为命妇的礼服，统一为"翟冠"，品级以翟数不同区分。翟即野鸡，形态上和凤鸟接近。这样就形成了后妃使用凤冠，命妇使用翟冠的模式，延续至明末。皇后全套礼服，即：头戴皂罗额子（抹额）及凤冠；脸施珠翠面花，耳挂珠排环；内着中单，外穿翟衣；腰部束革带；前身正中系蔽膝，后身系大绶；两侧悬挂玉佩及小绶；足穿袜、鞋；手持玉谷圭。

九龙九凤冠

抹额

珠排环，耳饰

珠翠面花，面部饰物

玉谷圭

翟衣

大带

蔽膝

玉佩

小绶

上层金龙，前后共 9 条

龙、凤皆口衔珍珠与红蓝宝石穿成的珠滴

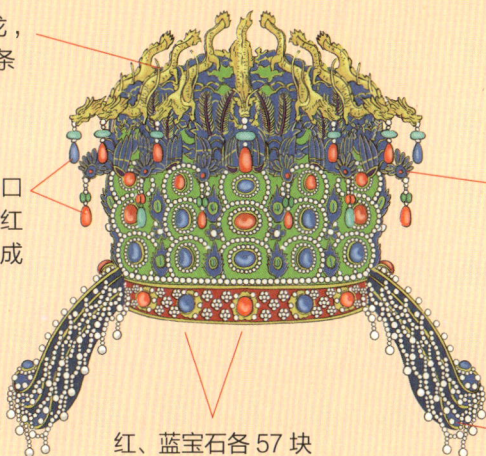

红、蓝宝石各 57 块

◀ 九龙九凤冠：万历皇帝孝靖王皇后的凤冠，高 48.5 厘米，重 2320 克。此冠嵌宝石 115 块，珍珠 4414 颗。

中层翠凤共 8 只

下层大珠花九树，由红蓝宝石三块组成，四周以珍珠围绕。

三博鬓（以鬓掩耳，贵族礼仪），左右共 6 扇，各长 23 厘米

直领

大袖敞口

右衽，汉服的特点，即左边的前襟向右腋系带

翟纹每行十二对，红腹锦鸡造型

领、襟、袖皆红色缘边，云龙纹，翟衣长度至足

▲ 翟衣：深青色，古代中国后妃命妇的最高礼服，因衣上绣有翟鸟花纹而得名。一般认为翟鸟即为红腹锦鸡。

翟纹三行，每行两对

金织或彩织云龙纹

系带一对

小轮花，圆形白花朵，被白色连珠纹包围

◀ 蔽膝：围于衣服前面的大巾，用以蔽护膝盖。

◎ 明朝"名"著

　　唐诗、宋词、元曲、明清小说，这种高度概括的文化链点明了各历史时期对人类社会所贡献出的精神财富。小说自宋元时期的说话艺术发展而来，从明代开始，小说这种文学形式充分显示出它的社会作用和文学价值。中国文学艺术发展到明代，开始彻底走向世俗。

　　《三国演义》，全名《三国志通俗演义》，又称《三国志传》《三国英雄志传》，是中国第一部长篇历史章回小说。作者罗贯中。《三国演义》是四大名著中唯一根据历史事实改编的小说，却被很多人误以为其所述内容便是三国历史。

　　《水浒传》，是中国以白话文写成的章回小说，又称《忠义水浒全传》《江湖豪客传》，一般简称《水浒》，全书定型于明朝。作者有争议，一般认为是施耐庵所著，而罗贯中则做了整理，后来金圣叹将之删修为七十回本。

《西游记》，是中国古典神怪小说。宋代《大唐三藏取经诗话》是西游记故事见于说话文字的最早雏形，唐僧以玄奘法师为原型。《西游记》成书于明朝中叶，作者是吴承恩。

《金瓶梅》，是第一部由文人独立创作的长篇白话世情章回小说，作者是兰陵笑笑生。此书又名《金瓶梅词话》，成书约在隆庆至万历年间。之前的长篇小说，莫不取材于历史故事或神话传说，而《金瓶梅》则首次以现实社会中的人物和家庭日常生活为题材进行写作。

家具设计史上的极简主义：明式家具

在明朝，一些文人热衷于家具工艺的研究和家具审美的探求。他们玩赏、收藏、著书和参与家具设计。指导木工的书籍有《鲁班经》《髹饰录》《三才图会》等。明代家具用料考究、工艺精湛、内涵丰富，最终形成"明式家具"（以深色硬木为材料所制作的家具）的成熟风格。

明代官帽椅

官帽椅是明式家具的代表作之一，通常分为高背或矮背式两类。

明代圈椅

圈椅是一种圈背连着扶手，从高到低一顺而下的椅子，圈椅是中华民族独具特色的椅子样式之一。

明代交椅

以椅足呈交叉状而得名。在封建社会里，坐交椅乃是身份、地位的高贵象征。据资料考证，明代交椅起源于古代的马扎，也可以说是带靠背的马札。

明代方几

造型与八仙、六仙和四仙桌类似，但是体积较小，可能用于陈设奇石、瓷器花瓶或盆栽。一般要高于桌子。

官皮箱

并非官用，亦不是皮制，指体型稍大的梳妆箱，古代几乎每家每户都有，主要是妇女所使用的梳妆奁笼，有些还有夹层、暗室，可见其还具有保藏贵重物品的功用。

其体形不大，但结构复杂，是从宋代镜箱演变而来的一种体量较小、制作较精美的小型皮具。

高面盆架

用以承放面盆，披挂毛巾，注重功能性，多采用一般的木材制成，容易损坏且不被重视。有三足、四足、五足和六足等不同形制，六足的有些能折叠。

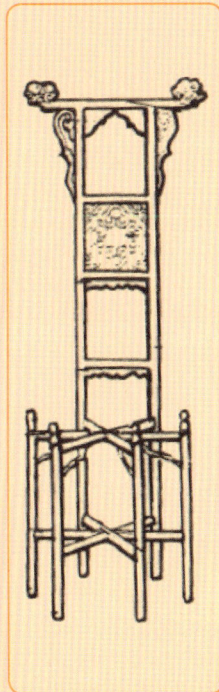

罗汉床

罗汉床有大小之分，大的称床，小的称榻。大罗汉床可供卧、坐，床上正中放一炕几，放在厅堂中待客，是件比较讲究的实用家具。

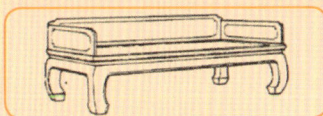

拔步床

拔步床，又叫八步床，是中国传统家具中体型最大的一种床。床前有相对独立的活动范围，虽在室内使用，但却宛如一间独立的小房子。

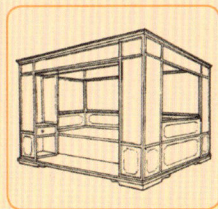

明朝科技成就

　　因明朝政府禁止以及官员忽视发展科技等因素，又逢西方科学革命，所以从明朝开始，中国在科技发展方面开始落后于欧洲国家。伴随着西学的传入，明朝中晚期时的科学技术出现了新的进步，科学著作众多。

◎ 李时珍《本草纲目》

　　李时珍是中国历史上最著名的医学家、药学家和博物学家之一，其所著《本草纲目》是本草学集大成的著作，对后世的医学和博物学研究影响深远。

◎ 宋应星《天工开物》

　　中国古代一部综合性的百科全书式的科学技术著作。全书收录了农业、手工业，诸如机械、砖瓦、陶瓷、硫磺、烛、纸、兵器、火药、纺织、染色、制盐、采煤、榨油等生产技术。

◎ 徐光启《农政全书》

　　近代科学技术事业的先驱之一，与利玛窦合作汉译欧几里得的《几何原本》，其中一些重要术语沿用至今。晚年编纂集中国古代农学之大成的《农政全书》，此书基本上囊括了中国明代农业生产和人民生活的各个方面。

◎ 郑和《郑和航海图》

　　1405-1431 年，郑和率大型远洋船队到达西洋三十余国。1425 年《郑和航海图》编成。

◎ 徐霞客《徐霞客游记》

《徐霞客游记》是中国最早的一部比较详细记录所经地理环境的游记，也是世界上最早记述岩溶地貌并详细考证其成因的书籍。《徐霞客游记》开篇日 5 月 19 日被定为"中国旅游日"。

◎ 朱载堉十二平均律（音乐调音方法）

朱载堉是明朝宗室，朱元璋的九世孙，明代乐律学家、音乐家、数学家、舞学家、乐器制造家、物理学家、天文学家、散曲作家，首创著名的十二平均律。西方人称赞他为"东方百科艺术全书式的人物"。

◎ 程大位《算法统宗》

程大位是明代数学家，生于嘉靖年间，60 岁时著书《算法统宗》，共列算题 595 道，以珠算为主要的计算工具，被推崇为中国"珠算鼻祖"，是最早记载使用珠算计算平方和立方的著作。

◎ 方以智《物理小识》

明末清初著名学者、思想家、科学家。其著作《通雅》和《物理小识》，是百科全书式的专著，被誉为"17 世纪罕无伦比的百科全书派"大学者。方以智在《物理小识》卷 7 中记载了炼焦炭的方法，欧洲到 1771 年才开始炼焦。

目录

第六章　南明政权的延续与结束

第一章

大明的建立与统一

　　元朝末年，由于统治者的暴政和天灾，各地纷纷起义反元。在短短不到一年的时间内，元朝就遭到各地起义军的打击，处于风雨飘摇之中。值此乱世，一个贫苦农民出身的朱元璋于群雄割据中崛起，击败各路势力，建立大明，而后击败元朝，统一中国。

◎ 崛起于元末的和尚

元至正十一年（1351 年），韩山童与刘福通组织农民起义，起兵反元，建立红巾军，各地响应者众多，声势极为浩大。郭子兴在濠州聚众反元，成为濠州地区红巾军领袖，他身边的一名亲兵——朱元璋在战斗中得到锻炼，不断成长，最终成为定鼎天下之人。

朱元璋（1328-1398 年），原名朱重八，明朝开国皇帝。朱元璋在元朝末年参加农民起义，后来推翻了元朝在中原的统治，又战胜了其他的起义军，建立了汉人的中原王朝。

农民出身的朱元璋

天历元年（1328 年）九月的一天，朱元璋在濠州钟离县（今安徽省凤阳县）出生，家中大排行老八，故名重八，元璋为其之后所改。他年幼时，家境贫寒，上不起学堂，从小就给地主家放牛，并以

▲ 红巾军征战石刻图

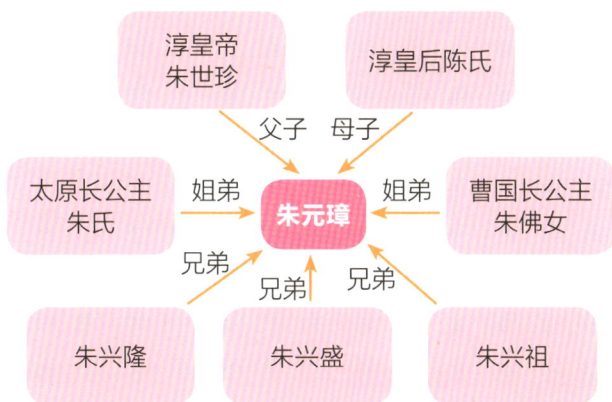
▲ 朱元璋亲属关系

此为生。

至正四年（1344年），淮北地区大旱，朱元璋一家父、母、兄、姐先后去世，为了温饱，他便到龙兴寺当了行童。但好景不长，入寺还不到两个月，干旱之年寺里收不上租，寺庙住持只能遣散寺中的众多僧人，让他们出去各自化缘，朱元璋是其中一员。

三年后，龙兴寺情况好转，朱元璋返回龙兴寺继续为僧。在这三年的游历中，他对当时的局势有所了解，对元朝统治者的暴虐有切身体会，因此对带领百姓反抗元朝的红巾军颇有好感。四年后，即至正十二年（1352年），身在龙兴寺为僧四年的朱元璋在好友汤和的来信劝说下，前往濠州投靠了郭子兴的红巾军。

由于作战勇猛，朱元璋得到郭子兴的赏识，很快便成为他身边的一名亲兵，跟随其左右。从这时起，朱元璋开始读书识字，学习兵法，后来因为指挥军队作战有功而娶到郭子兴的养女马氏（即后来的马皇后），至此朱元璋在郭子兴身边站稳了脚跟。

崛起于滁州

在郭子兴身边的几年，朱元璋逐渐成长为可以独当一面的将军。后来郭子兴与濠州城内的红巾军将领

> **历史拓展**
>
> 朱元璋小时候家境贫寒，在当地员外家放牛挣取微薄的收入。员外虽然有钱，但对朱元璋十分苛刻，导致他经常吃不饱。有一次，朱元璋垂涎肉食，便偷偷杀了一头牛食用。为了瞒过这件事，朱元璋便将偷吃剩下的牛尾巴塞进石头缝里，告知员外牛钻进石壁了。员外对此并不相信，但在他的一番验证下，不得不相信牛确实是钻进了石壁，朱元璋也因此逃过一劫。

▲ 元朝军队

马皇后（1332-1382年），郭子兴养女，朱元璋的原配妻子，在朱元璋登基建国后被册封为皇后。马皇后曾经给予过朱元璋很多帮助，朱元璋在称帝后对马皇后也十分尊重。马皇后去世后，朱元璋也不再立后。

发生矛盾，为争当濠州红巾军领袖将濠州弄得乌烟瘴气。于是朱元璋返回家乡招募新兵，好友汤和也从濠州出来追随在朱元璋左右，幼时玩伴徐达等人也投入到朱元璋麾下。朱元璋招募新兵的工作十分顺利，很多人都愿意追随他，很快便有了一支几千人的部队。不久后，元军南下进攻濠州，郭子兴率军击退元军，但濠州内部阵营分化，郭子兴被孙德崖、赵均用等人设计被迫离开濠州，来到朱元璋刚打下不久的滁州。

郭子兴是朱元璋的老领导兼岳父，于是朱元璋将滁州的领导权交给郭子兴。至正十四年（1354年），元朝丞相脱脱率重兵进攻高邮，并分出一部分兵力进攻六合。六合为滁州屏障，二者唇亡齿寒，于是朱元璋率领部队前去支援六合。脱脱率军在高邮城外大败张士诚，张士诚被迫固守城中，元军继续进攻，一度占领高邮外城。此时，元顺帝听信谗言，解除脱脱兵权，临阵换将导致元军军心涣散，张士诚趁机反击，成功击退元军。进攻六合的元军得到消息后，不战自溃，滁州与六合得以保全。

朱元璋趁着元军撤退时机，攻占了和州（马鞍山），不久后，郭子兴病故，郭子兴次子郭天叙被拥立为元帅，朱元璋、张天佑为副帅，并宣布奉韩林儿为王。江南地区的陈野先趁着郭子兴病逝、滁州元帅新立的这个人心浮动之机，率兵进攻滁州。朱元璋沉着指挥，带领军队大败陈野先，陈野先被迫投降。郭天叙、张天佑虽为军队主、副帅，但寸功未立，远不及朱元璋在将士们心目中的地位，眼见朱元璋又

历史拓展

元朝时期女子以小脚为美，而朱元璋的原配马氏年幼时不肯裹脚，因其父母对其十分疼爱便予以认同，并被当时的人们称作"马大脚"。后来马氏当了皇后，一次乘轿外出时，因轿子的帘布被大风吹起，致使马皇后的大脚被路过的百姓看到，引发广泛谈论，人们便将此事称作"露马脚"，比喻那些不方便对外公开的事情遭到曝光。

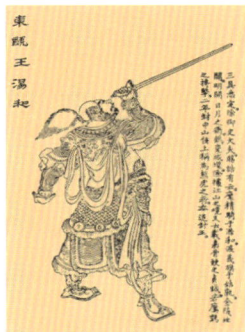

▲ 汤和（清代绘本）

▲ 朱元璋起义时的旗帜

立下大功，心中十分着急。投降的陈野先利用郭、张二人急于建功的心态，自称愿意带领二人进攻集庆（南京），结果陈野先叛变，郭、张二人身死。朱元璋顺理成章地成为元帅，将郭子兴的旧部收归麾下。

成为元帅后，朱元璋秣马厉兵，于至正十六年（1356年）一举攻陷集庆，改名为应天。至此，朱元璋才真正有了在乱世中安身立命的本钱，与元朝军队以及张士诚、徐寿辉等其他起义军在江南一带并立。

占领应天后，朱元璋开始陆续向周边进攻，稳固自己的势力，镇江、广德、长兴、常州、宁国等地陆续被朱元璋占领。至正十七年（1357年），朱元璋又攻下徽州、池州、扬州等地，占据浙东与江左各地，成为江南地区一股举足轻重的势力。朱元璋随后接受小明王韩林儿的册封成为仪同三司江南等处行中书省左丞相，但实际上朱元璋与韩林儿建立的宋仅仅有着名义上的从属关系。之后，朱元璋又得浙东名士朱升、刘基的辅佐，推行与民生息政策，实力大大增强，此时朱元璋的心中已有自立称王之意。

但在朱升"高筑墙、广积粮、缓称王"的建议下，朱元璋及时调整心态，着重提升实力，而非与江南各势力争一时之长短。

延伸思考

？ 朱元璋已经成了江南举足轻重的势力，为什么还要接受韩林儿的册封？

时间轴　1351—1356年

1351年	韩山童、刘福通起兵反元，建立红巾军
1352年	朱元璋参加红巾军，投靠郭子兴
1354年	元朝丞相脱脱进攻高邮
1356年	朱元璋攻占应天
1356年	朱元璋陆续攻占应天周边地区

◎ 朱元璋一统江南

朱元璋采纳朱升的"高筑墙、广积粮、缓称王"建议，在其稳固地盘后，着重提升自己大本营的经济实力以及声望。江南本就是富庶之地，朱元璋也因此有了充足的财源，能够招兵买马，扩充军队。

来势汹汹的陈友谅

至正二十年（1360 年），陈友谅于采石镇刺杀徐寿辉，随后称帝建国，国号为汉，之后全力进攻应天。朱元璋在刘基的建议下，先命胡大海进攻信州，切断陈友谅的后援，再命部下康茂才诈降作陈友谅的内应，引汉军主力进入朱元璋在应天城外龙湾设下的埋伏。结果可想而知，陈友谅的汉军大败，随后朱元璋乘势攻取鸠州、安庆、信州等地。

▲ 刘基画像

接下来朱元璋整顿军制，又与元朝将军察罕帖木儿秘密勾结，以稳固北方。之后，朱元璋与陈友谅继续在江南地区正面作战，取得大胜，接连攻克江州、南康、建昌、抚州等地，并于次年占领龙兴，改名为洪都府（今江西南昌）。

至正二十三年（1363 年），小明王韩林儿及韩山童被元军击败，退守安丰。张士诚派兵围攻安丰，朱元璋不顾刘基反对，派出主力北上搭救，最终刘福通战死，韩林儿被朱元璋救出后安置在滁州，仍尊其为皇帝。被朱元璋打压的陈友谅趁其主力北上之机，派出大部分兵力，号称六十万水军进攻洪都。陈友谅的本意是集结兵力，迅速攻下洪都，可

历史拓展

应天府，也称京师，是南京在明朝时期的名称，为明朝前期首都。永乐时明廷迁都顺天府，应天府作为留都。

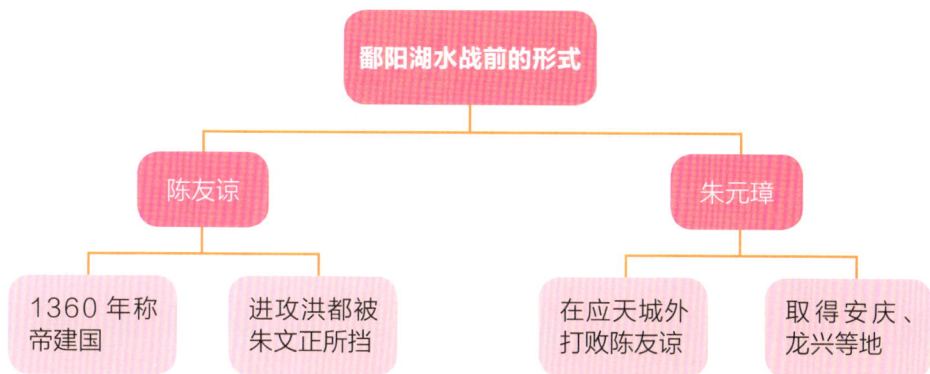

▲ 鄱阳湖水战

没有想到的是，洪都府守将朱文正（朱元璋的侄子）竟然抵挡了他两个多月。

朱元璋很快率领二十万大军前来支援洪都府。陈友谅见势不妙，知道再拖延下去对自己不利，但又不肯轻易认输，遂率领军队进入鄱阳湖，打算以其擅长的水战来给朱元璋一个教训。朱元璋也认为这是消灭陈友谅的大好时机，一面让洪都守军尽量牵制陈友谅的兵力，一面派兵斩断陈友谅的退路。

鄱阳湖水战

开战之前，陈友谅认为自己很有优势，部下擅长水战，且战舰之上又配备了强大的火器，于是便将战舰连在一起，阵形展开来有数十里，声势浩大，正面压来，打算一举将朱元璋的水军击溃。而朱元璋则根据敌方战舰首尾相连、进退缓慢的弱点，将己方舰队编成几十个小队，并在舰上配备火器。双方在鄱阳湖内的康郎山展开激战，大将徐达率领一队战舰先是击败陈友谅的前锋军队，而后战舰上配备的火器发威，焚毁陈军战舰二十余艘。

陈友谅的兵力雄厚，虽然开局受挫，仍

▲ 徐达

▲ 鄱阳湖水战地形图

依靠着兵力优势与朱元璋的军队旗鼓相当，甚至朱元璋险些因为战舰不慎搁浅而被陈军合围。当然，在部下的拼死援护下，朱元璋最终杀出重围。双方在鄱阳湖上一番大战，经过一天厮杀也未能分出胜负，于是各自收兵。

随后，朱元璋亲率大军出战，但敌方陈友谅的战舰要比朱元璋的战舰高，如此正面迎战，朱元璋损失惨重。好在朱元璋及时采纳部下火攻的建议，待风向适合之际，朱元璋命死士乘着放满火药的渔船逼近陈友谅的战舰，随后点燃渔船，燃着的渔船直奔陈友谅的舰队而去。火借风势，迅速在陈友谅的舰队中蔓延。因为陈友谅的战舰大多连在一起，一时之间无法分离，战舰多半被烧毁，死伤惨重，甚至连陈友谅的两个兄弟都葬身火海。

朱元璋趁此机会发动进攻，陈友谅舰队溃退逃走，此战虽然让陈友谅元气大伤，但双方从兵力对比上来看仍是陈友谅占优势。溃逃的陈友谅重整旗鼓，收拢残兵，与朱元璋再次发生交战，且在此次交战中命令部下，要不惜一切代价直指朱元璋，至其被迫逃离。陈友谅的军队士气大振，盯准朱元璋一路追杀。

此时，俞通海等人率领舰队突入陈军，实行围魏救赵策略，直奔陈友谅而去，竟在陈军舰队的包围下，左冲右突，无人可挡。朱元璋也同时发动反击，接连击毁陈军战舰。陈友谅见己军士气低落，知道不可再战，于是收拢残兵退走。此后双方多次交手，陈友谅败多胜少，不敢再主动出击，两军在鄱阳湖地区形成对峙。

此时陈军的退路已被朱元璋断绝，正面交

▲ 石钟山（陈友谅、常遇春交战故地）

战又屡战屡败，将士们人心浮动，戏剧性的是陈友谅的两名部下见朱元璋接连战胜，认为大势已去，便带领部下投靠了朱元璋。陈友谅大怒，于是将未追随叛将的属下及已抓到的俘虏处死。这一举动更加剧了军心的动摇。而朱元璋却将俘虏送还，进一步打击了陈友谅的威望。陈友谅麾下的一些部将心中已开始有了自己的小算盘。

陈友谅意识到，如此对峙下去，自己必将一败涂地，于是趁着军队尚未完全溃散，想着撤军回到自己老家，但无奈此时的退路早已被朱元璋堵死。数次突围未果，陈友谅水军被困于鄱阳湖一个多月。军粮即将断绝的陈友谅再次组织突围，八月末于南湖嘴突围，企图进入长江退回武昌，却未料中了朱元璋的埋伏。此时的陈军无法完成突围，陈友谅则不慎被乱箭射死。陈友谅的死成为压垮骆驼的最后一根稻草，本就士气低落的陈军就此溃散，有五万多人投降。

携着大胜之威，朱元璋继续向陈友谅的势力范围进攻，于至正二十四年（1364 年）攻下武昌。陈友谅的儿子陈理投降，朱元璋也如愿以偿地占领了陈友谅的地盘。

一统江南

荡平陈友谅的势力后，朱元璋先派出使臣稳住川蜀的明玉珍，后调转兵力向东直击张士诚。张士诚占领的地盘被长江分隔，南北狭长。朱元璋对此做出了

张士诚（1321-1367 年），元朝末年起义军领袖，曾自立为吴王，占据广大江南地区，十分富庶。在朱元璋与陈友谅的大战中坐山观虎斗，之后被朱元璋击败，自杀身亡。

有针对性的战略部署，利用其地盘被长江分割，南北支援不便的弱点，"先取通泰诸郡县，剪士诚肘翼，然后专取浙西"（《明太祖实录》卷十八），派徐达、常遇春等率领水步骑三军，水路并举进攻淮东，发动两淮之战，攻克海安，进逼泰州新城（今江苏泰县北）。张士诚想要围魏救赵，派出水军在朱元璋大营一带进行骚扰，但朱元璋并未上当，仍旧令徐达在江北作战，占领兴化、高邮等地。

见此情形，张士诚立即派兵进攻朱元璋腹地，但朱元璋亲率大军返回江阴，击溃张军，让张士诚想要策应淮东的计划破灭。与此同时，徐达在淮东地区取得巨大胜利，淮安、南通、濠州相继被攻克，朱元璋占领了淮东地区，张士诚的势力范围遭到大幅锐减。

占领淮东地区后，朱元璋集中兵力进攻湖州、杭州等重镇，发动湖州之战。徐达率领大军先行出发，朱元璋紧随其后。在猛烈的攻势下，湖州守将张天麟出

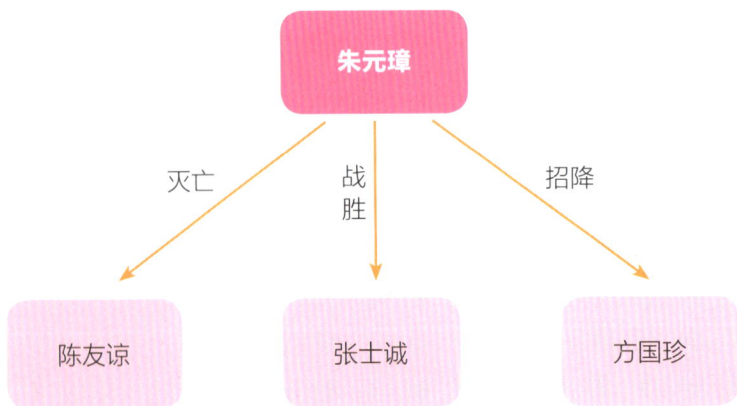

▲ 朱元璋统一江南地区局面示意图

历史拓展

　　罗贯中想必大家都熟悉，早年是起义军首领张士诚的幕僚，并为其出谋划策。此后张士诚因心高气傲对幕僚们的意见不予采纳，致使很多人离开，罗贯中也因对张士诚失望，离他而去。此后罗贯中便开始书写小说《三国志通俗演义》（即如今的《三国演义》），并在明朝洪武年间完稿，中国四大名著之一的《三国演义》便是在这样的历史环境下完成的。

城迎敌被击败后转为防守，张士诚亦派吕珍等人领兵六万增援湖州。朱元璋却围而不攻，采取"围点打援"的战略，多次击败张士诚派来的军队。而后张士诚亲自率军前来支援，亦被击败，湖州成为一座孤城，被围一个多月后只得投降，杭州也顺势被朱元璋拿下。至此，朱元璋已从北、西、东完成对张士诚大本营平江（今江苏苏州）的合围。

　　为确保万无一失，朱元璋调集重兵将平江围困，之后层层推进，松江府、嘉定相继投降，平江也成为一座孤城。朱元璋随即在平江城外围安营扎寨，一点一点地消耗张士诚的兵力。经过八个月的围困，张士诚军中诸多将士偷跑出城投降，张士诚见突围不成，再无力回天。至正二十七年（1367年）九月，平江城破，张士诚被俘，无锡等地相继投降，张士诚所建的大周宣告灭亡。

　　张士诚被击败后，朱元璋加紧统一江南的步伐，方国珍实力本就弱小，在朱元璋步步紧逼与汤和的心理攻势下，最终投降。至此，朱元璋统一江南地区，为其后的北伐奠定了坚实的基础。

延伸思考 "高筑墙、广积粮、缓称王"的策略高明在哪里？

时间轴　1360-1368年

1360年	陈友谅称帝建国，建立大汉
1363年	小明王韩林儿败退安丰，朱元璋率兵救援，鄱阳湖水战于同年八月爆发
1364年	朱元璋攻下武昌，陈友谅政权灭亡
1366年	朱元璋命徐达、常遇春进攻张士诚
1367年	平江城破，张士诚兵败被俘后自杀
1368年	方国珍归降明朝，朱元璋统一江南

◎ 称帝与全国一统

扫平张士诚、方国珍等势力后，朱元璋决议挥师北伐。在北伐军取得接连胜利之际，朱元璋认为称帝时机到来，于至正二十八年（1368 年）在应天称帝，国号大明，改元洪武。此后，朱元璋趁着元朝内乱，加紧攻势，将元朝军队赶出中原，随后四处征战，基本统一全国，建立起封建的大一统王朝。

明军北伐

至正二十七年（1367 年）十月，朱元璋任命徐达为征虏大将军，常遇春为副将，率军进入河南，准备北伐。为了减少北伐的阻力，赢得北方民心，朱元璋在北伐军出征之际发布《奉天讨元北伐檄文》，以"驱逐胡虏，恢复中华，立纲陈纪，救济斯民"为口号，告诫将士们不可在民间烧杀抢掠。而后北伐进行得颇为顺利，明军主力自江淮地区北上，历经四个多月就攻占了山东。在这期间，朱元璋于至正二十八年（1368 年）元月在应天称帝。

洪武元年（1368 年）三月，徐达兵分两路进攻河南，一路直取汴梁，另一路则进攻许昌，军队双线开花，接连取得胜利，相继占领汴梁、洛阳等重要城

▲ 徐达

市及周边许多州县，并占据了历来兵家必争之地潼关。至此，北伐取得阶段性胜利，弧形包围了元大都，随后朱元璋亲自来到前线，下达了集结大军进攻元大都的命令。

随后几路大军向元大都进发，沿途元军一触即溃。兵临元大都城下，元顺帝

```
┌──────────────────┐
│   明军北伐过程    │
└──────────────────┘
         │
┌──────────────────┐
│   大将军徐达      │
│   副将常遇春      │
└──────────────────┘
```

| 直取汴梁 | 进攻许昌 | 占据潼关 | 包围元大都 |

| 攻占元大都，元朝结束中原统治 | 徐达、常遇春：西进直取山西 | 冯胜、汤和牵制北方 |

- 攻占大同、陕甘地区
- 打败元朝名将，消灭残余元军
- 结束北伐

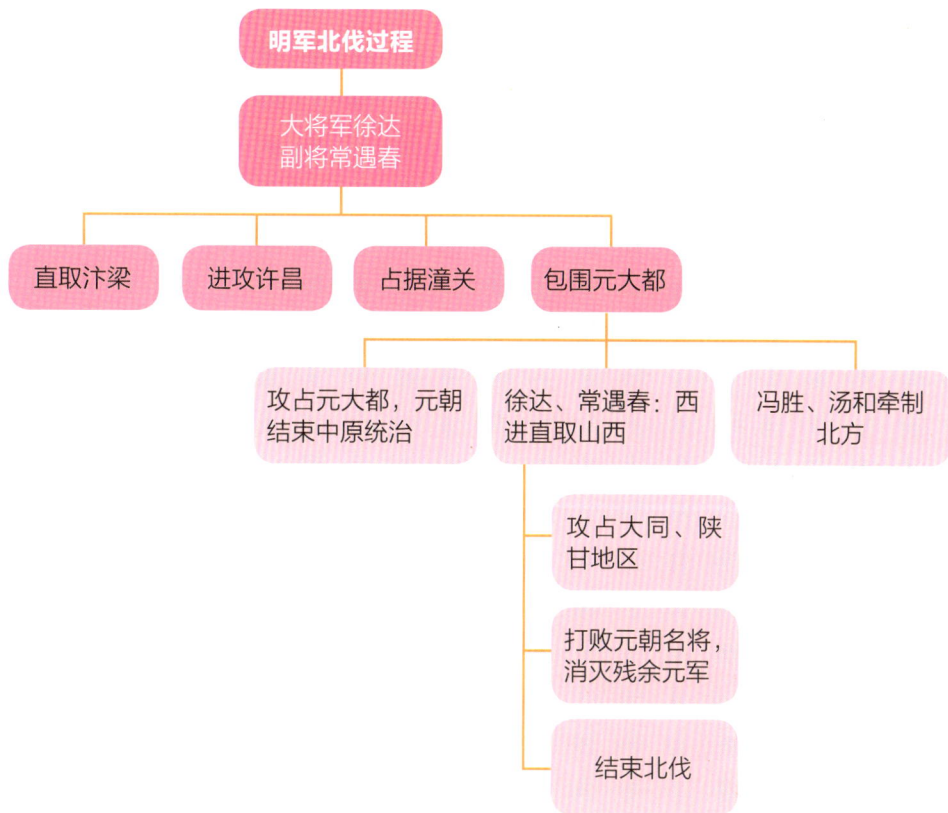

▲ 明军北伐示意图

急忙带着一应皇室出逃。徐达率兵攻占大都，元朝在中原地区的统治结束。其后的元政权被称为北元。

攻占大都后，元朝仍有数十万军队脱离朝廷的指挥，这些军队很快陷入混乱。徐达、常遇春略作休整，挥师西进直取山西，冯胜、汤和等人则牵制河北北方元军，策应西进主力。经过长达五个月的战斗，徐达于洪武二年（1369年）元月攻占大同，平定山西，继而马不停蹄地开赴陕甘地区，历时十个月击败元朝名将扩廓帖木儿，此地的元军基本被消灭。至此，朱元璋在开战前定下的北伐战略目标全部完成。

▲ 常遇春画像（清代绘本）

南征与西征

明朝北伐战争顺利进行的同时，东南沿海地区的征战也在持续之中。在朱元璋称帝之前，汤和与副将廖永忠率兵向福州进发，于至正二十八年（1368年）正月攻破延平，活捉了元朝册封的福建行省平章陈友定，随后李文忠率兵进入福建，占领福建全境。平定福建后，几路大军进入两广作战，直到七月时基本将两广地区占领。

图中标注：健德门、安贞门、肃清门、光熙门、旧中书省、明清北京城恒、钟楼、孔庙、鼓楼、中心之阁、和义门、崇仁门、太社稷、厚载门、兴圣宫、大内、太庙、平侧门、枢密院、御史台、齐化门、隆福宫、崇天门、中书省、文明门、观象台、顺承门、丽正门、通惠河、明清北京城恒、金中都遗址

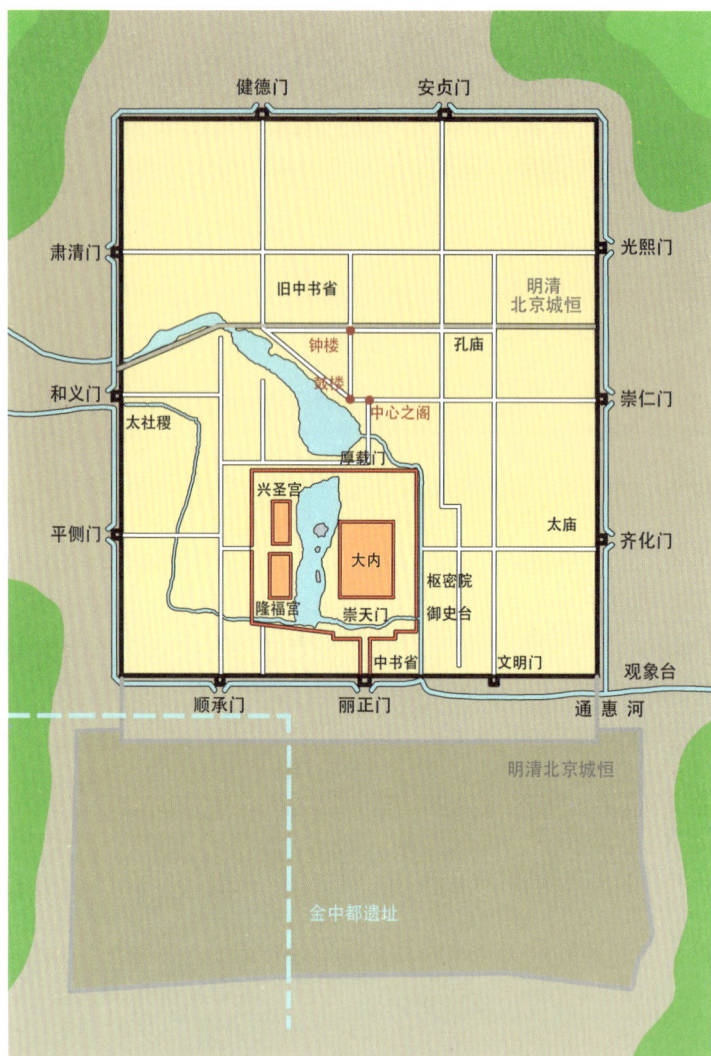

▲ 元大都的平面布局图

南征北伐皆宣告胜利，朱元璋又将目光投向了西南地区。洪武二年（1369年）十月，朱元璋派出使臣意图招降位于四川地区的大夏政权，但遭到拒绝，于是任命汤和为征西大将军，带领水军顺着长江逆流而上，又由傅友德率领陆军向西进发，水路两军并举进攻大夏。汤和率领的水师在瞿塘地区进攻受挫，暂时停止进攻。傅友德的陆军方向却取得很大的战果，佯攻金牛道（川陕栈道），暗中则派出五千精兵守备空虚的阶、文二州。阶州城守将丁世真仓促迎战被明军击败，随后弃城而逃，

奔往文州。傅友德率众追杀，进逼文州。在明军的猛烈攻势下，夏军溃败，丁世真仅带领着少量随从逃走，文州被明军攻克。

攻克文州后，夏军再无天险可守，入川通道被打开，随后明军势如破竹，直逼成都。与此同时，汤和率领的水军也终于突破瞿塘，攻克重庆，大夏王明升投降。傅友德则将成都团团包围，夏丞相戴寿献城投降，至此四川之地被明朝占领。

此时的西南地区，还有一支强大的势力，那就是北元的梁王把匝剌瓦尔密。朱元璋几次遣使招降都被拒绝，此时天下初定，东北和边疆地区各有战事，因

▲ 傅友德

此并没有急于发动进攻。直到洪武二十年（1387 年），朱元璋又一次招降遭拒后，才决定对云南用兵。他随后任命傅友德为征南大将军，蓝玉、沐英为副将，率兵三十万进入云南，沿途击溃外围的元军，才真正来到梁王的势力范围内。

梁王派出达里麻率领十几万大军到曲靖抗击阻止明军前进，傅友德率领大军来到曲靖，见达里麻已经摆开防守姿态，并未采取强攻，而是听从沐英的建议，正面做足进攻姿态，暗中派几千人从白石江下游渡河，绕到敌方右侧，摇旗

明军西征目标四川地区
- 水路：汤和
  - 在瞿塘地区进攻受挫
  - 攻克重庆
- 陆路：傅友德
  - 取得阶、文二州
  - 兵围成都

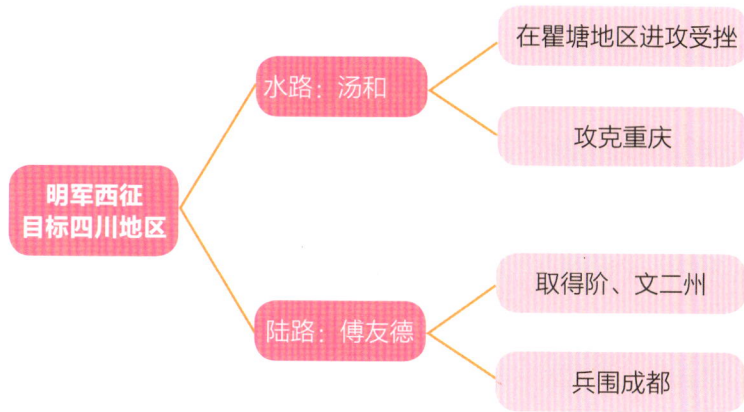

▲ 明军西征示意图

呐喊，扰乱敌方军心。待对方兵力被牵制时，明军正面渡江，达里麻唯恐遭遇包围，于是将阵地向后退出几里，明军主力安全渡过白石江。至此，元军再无地形优势，明军主力强攻，侧翼的几千明军不断骚扰。元军疲于奔命，兵力不足，又被明军用计分心，最终遭遇惨败，明军活捉达里麻，占领曲靖。

曲靖是云南东部门户，水路交通要道，占领曲靖对明军来说意义重大，为完全平定云南奠定了基础。拿下曲靖后，元军手中已无兵力，这时明军兵分两路，一路进逼昆明，一路北上防止援兵。梁王得知曲靖失守后，仓皇逃窜，途中自缢而亡，元右丞相观音保投降，蓝玉率兵进入昆明，云南平定。

平定辽东与边疆地区

元朝北退后，一支元军逃往辽东，并以元朝太尉纳哈出为首聚集二十万残兵，占据东北地区，并多次袭扰明朝边境，还胁迫高丽国王与之结盟，共抗明军。

洪武十三年（1380年），朱元璋命徐达、汤和等人率兵驻扎辽东，切断其与高丽的联系，重新成为高丽的宗主国。洪武二十年（1387年），朱元璋下定决心

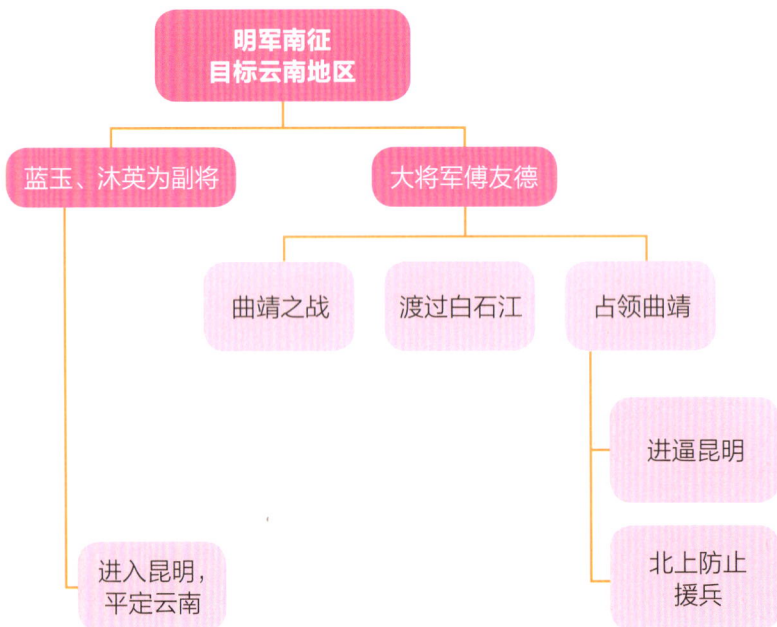

▲ 明军南征示意图

16

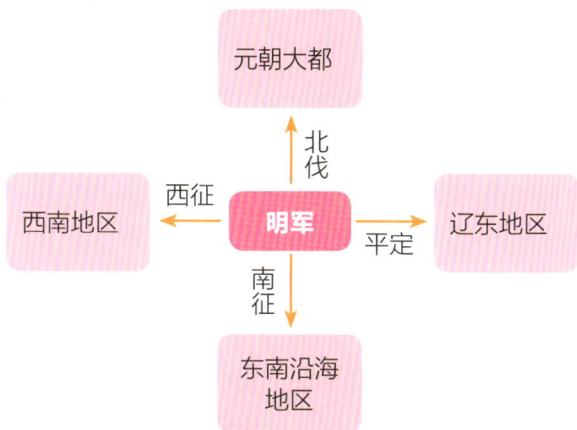

▲ 明朝统一全国示意图

进攻辽东，冯胜、蓝玉、傅友德等人率领二十万大军向辽东进发。让人意想不到的是，辽东元帅纳哈出一战而溃，随后便投降了。朱元璋封纳哈出为海西侯，辽东平定。随后又命蓝玉进攻北元，洪武二十一年（1388 年），蓝玉击败北元皇帝脱古思帖木儿，余部归降，北元灭亡。

对于较远的边疆地区，朱元璋采用驻兵或册封的方法，陆续将西藏、兀良哈地区及哈密卫都收归于明朝政府的管理之下。至洪武二十二年（1389 年），朱元璋已基本统一中国，完成了大一统的伟业。

明朝的统一，结束了元朝近百年的统治，使全国大部分地区归于明朝的统治之下。

延伸思考 明朝统一全国的意义体现在哪些方面？

时间轴　1368–1389 年

1368 年	朱元璋称帝建国，国号大明
1369 年	徐达攻占大同
1380 年	徐达、汤和入辽东，重新招降高丽
1387 年	冯胜、蓝玉进攻辽东，同年蓝玉平定云南
1389 年	明朝基本统一全国

17

西藏纳入明朝版图

自至正二十八年（1368年）朱元璋建立明朝后，逐步开始对西藏地区进行管理。在洪武朝时期，朝廷推行了一系列政策，设置军政机构管理，让明廷与藏族百姓产生紧密联系，不仅增加了明朝的领土与人口，还凝聚了整个明朝的向心力。

▲ 始建于明朝的哲蚌寺

西藏各部纷纷归降

洪武二年（1369年），明朝建立没多久，朱元璋便派官员前往西藏地区，想令其归入明朝版图。朱元璋担心西藏位居西南，远离中原，在诏书中特意向西藏人民告知其成为天下之主的消息。没过多久，朱元璋再次派官员前往藏区宣布诏谕，藏区的各族酋长若到明朝都城南京，将被授予新的官职。

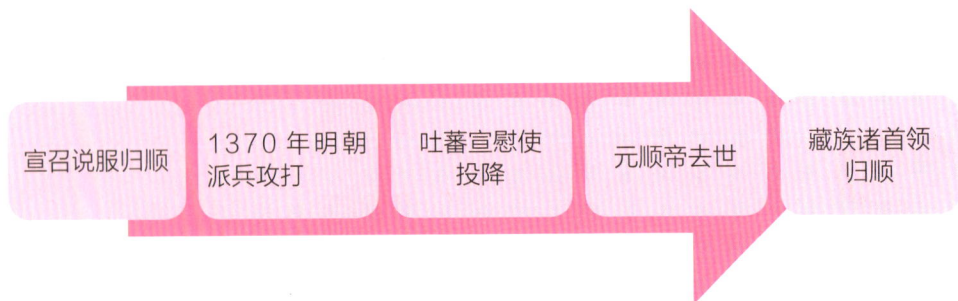

宣召说服归顺 → 1370 年明朝派兵攻打 → 吐蕃宣慰使投降 → 元顺帝去世 → 藏族诸首领归顺

▲ 西藏归顺进程图

洪武三年（1370 年），因治理西藏的元朝遗留机构不愿归顺，明太祖朱元璋便派兵攻打。明军攻陷洮州、岷州后，进一步攻陷了河州，吐蕃宣慰使不得不向明军投降。因元朝最后一任皇帝元顺帝去世，西北各藏族首领均认为失去了依靠，为了以后做打算，便纷纷归顺投降。次年，西藏的镇西武靖王卜纳刺率领各部首领归顺明朝，并向明朝献贡，朝廷出于安抚，授予他们官职管理西藏地区。洪武五年（1372 年），故元的摄帝师喃加巴藏卜率领使团长途跋涉，前往南京归顺明朝。为此，朱元璋将其封为"炽盛佛宝国师"。

明朝设置机构

西藏各部相继归于明朝后，明朝开始在藏区设置行政机构来统治西藏。在藏区西北部先后设立了洮州卫、河州卫、岷州卫和西宁卫，后又设置了朵甘卫与乌思藏卫，进一步加强对藏区的管辖。洪武七年（1374 年），明廷在河州设置河州卫的基础上，再次设置西安行都指挥使司，并将朵甘卫升格为朵甘行都指挥使司，将乌思藏卫升格为乌思藏行都指挥使司，达到提升管理权限的目的。

洪武八年（1375 年），明朝在西藏阿里地区设置了俄力思军民元帅府，负责管理藏区西部的大片区域。明太祖朱元璋规定藏区各级官员的官阶由朝廷统一划分，遇到大小事务皆可向大明皇帝陈奏。

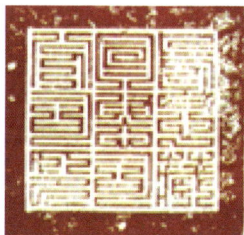

▲ 乌思藏印图

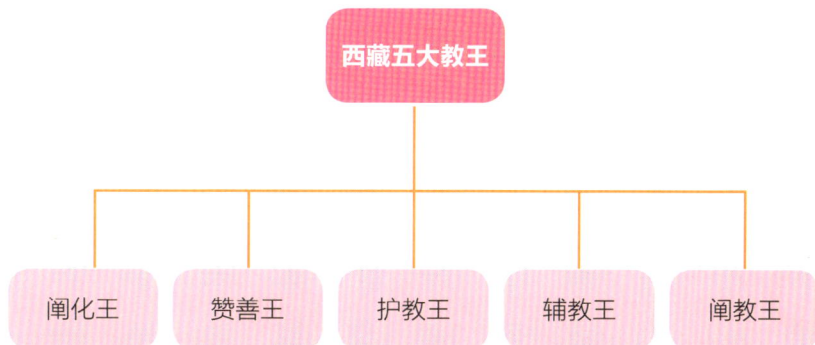

▲ 西藏五大教王示意图

▲ 布达拉宫

　　在确定了西藏的都指挥使司、卫、所的三级行政体制后，明朝开始委任藏族各大首领担任各个官职，让藏人管理藏人。且藏区的指挥使、千户等重要官职经过明朝批准后便可世袭，这样一来也有利于进一步稳定藏区内部事务，便于各藏区首领臣服，并使之愿意为明朝效力。

历史拓展

　　茶马互市起源于唐宋时期，是一种古老的汉族与藏族间的贸易方式。在藏区纳入明朝管辖后，因藏区对茶叶的需求量巨大，且当地因气候条件不产茶叶，明朝便与藏区开始进行贸易，用茶叶交换藏区的马匹。后来，明朝便将茶叶作为重要物资用于控制藏区官民，使其不敢轻易叛变。

延伸思考　西藏纳入明朝版图有哪些历史意义？

时间轴　1369-1374 年

1369 年	朱元璋派人前去西藏招降
1370 年	吐蕃宣慰使及诸多藏族首领归顺明朝
1371 年	镇西武靖王卜纳剌归顺明朝
1374 年	明朝在河州、朵甘、乌思藏等地设置行都指挥使司

科举南北榜之争

南北榜案又被称为南北榜之争，是发生在明朝初年洪武朝末期一场有关科举制度的事件。但这一事件并不涉及科举舞弊与反舞弊，而是因为科举录取中南北方人数悬殊过大。这也正是明廷为了扩大统治基础、安抚北方士子的一次政治事件。

科举放榜引发争议

洪武三十年（1397 年），明太祖朱元璋为了表示对会试的重视，彰显考试的公平，特意将年迈的翰林学士刘三吾定为主考官。刘三吾为人正直慷慨，深受士林学子们敬重，让他作为主考官，足以表明明太祖对科举的重视，对国家未来栋梁的渴望。

经过会试评定后，刘三吾作为主考录取了 51 名学子，但这 51 名学子全部都是南方人，没有北方人，这种现象在以往的科举考试中从未出现过。这一结果也从侧

历史拓展

翰林院从唐朝开始设立，此后各朝代，无论政治地位高低，翰林学士始终是社会中地位最高的士人群体，堪称当时知识分子中的精英，社会地位优越。到明朝时，翰林院成为养才储望之所，负责修书撰史，起草诏书，为皇室成员侍读，担任科举考官等。

主考：刘三吾	51 名学子来自南方
	1397 年明朝科考
京城、礼部骚乱，北方学子告状	朱元璋息事宁人，增录北方学子

面展现了当时明朝南北方经济文化水平的差异。

面对这一结果，北方学子自然不愿意接受，认为主考官刘三吾是南方人，所以偏袒南方学子。为此，北方学子纷纷跑到礼部，向朝廷告状，甚至拦截官员诉说冤屈。一时间，南京街头各种有关科举考试的

▲ 明朝考生观榜图

小道消息传出，难以辨别真假，主考官也无法对这些传闻予以辩解。

朝廷官员得知这一消息后大为震惊，言官纷纷上书恳请明太祖查清此事。朱元璋本想借这次考试来笼络人才，不想却引发轩然大波，导致北方士子难以平复愤懑之情。随后，明太祖派自己信任的官员一道负责调查此事，从未能录取的试卷中增录北方学子，此事才得以平息。

北榜问世

经过调查人员的认真复查，此前刘三吾所录取的 51 人全都凭借真才实学被录取，考生水平很高，没有任何偏袒的因素存在。但这一调查结果的发布将意

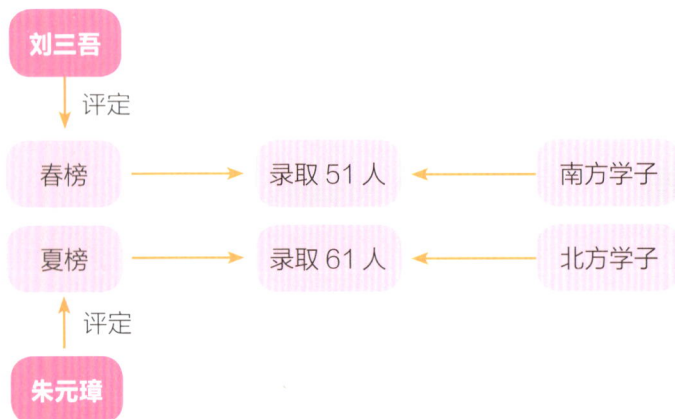

▲ 南北榜示意图

味着北方学子的学识不如南方学子。北方学子当然无法认同，北方籍官员为此再次向朝廷提出异议。有人为了达到诬陷刘三吾的目的，竟然说他们曾经私下里叮嘱参加复查的张信等人选择北方学子考试的陋卷，即使进行复查，北方学子也难以入选。

这种说法自然是犯了明太祖的大忌，他将此次考试的主考官及副考官三人认定为"蓝玉案的余党"，并将刘三吾定义为"反贼"，将其流放。而曾经认为科举考试有假的张信也被处死，其他参与复查的几人也因秉持公正而获罪。侍讲戴彝、廷试第二名的尹昌隆因为了解明太祖要求复查的目的，便录取了北方学子而免于惩罚。

同年六月，朱元璋亲自对北方落榜学子进行策问，进而录取了 61 名北方学子，因此将此榜单称为北榜，北方学子的愤怒才得以平息，南北榜案得以告一段落。明太祖此举想借此事制衡南北方的政治格局，限制打击江南地区的地主阶层，避免南方官员集团势力过于强大，从而威胁到朝廷政局；同时也有利于提高北方及西北地区学子们学习的积极性，均衡政治关系，稳定明朝的统治。

历史拓展

明朝从成化年间开始，科举考试采用八股文的答题形式，以此方法来录取学子，被称为八股取士。八股文严格限定选题范围，对文章句子的长短、字的繁简、声调的高低、字数的多少等都有要求，使得考试难以自由发挥。明廷以此来禁锢知识分子们的思想，以达到维护统治的目的，但以此方法挑选出来的学子只是精于研习考试技巧，多无真才实学。

时间轴　1397 年

二月　会试录取结果引发北方落榜学子的强烈不满

三月　朱元璋派人调查录取结果事宜

五月　参与调查的官员多数都获罪

六月　朱元璋录取北方学子 61 名，南北榜案结束

延伸思考

大家通过南北榜案，对于当今的教育制度有何看法？

明卫所制度的设立

卫所制度是朱元璋建立明朝后所创立的军事制度，对维持明朝的统治起到了重大的作用。卫所制度包含各级军事机构，从中央的五军都督府到各省的都指挥使司下属的卫、所，其中所又根据不同的级别分为千户所与百户所，共同组成了明朝的卫所制度。

明朝设立军事制度

朱元璋在建立明朝前，其所拥有的军力，除了最原始跟随他的士兵外，还有通过战争从元军处获取的以及从其他起义军处擒获的兵力，当然最主要的兵力来

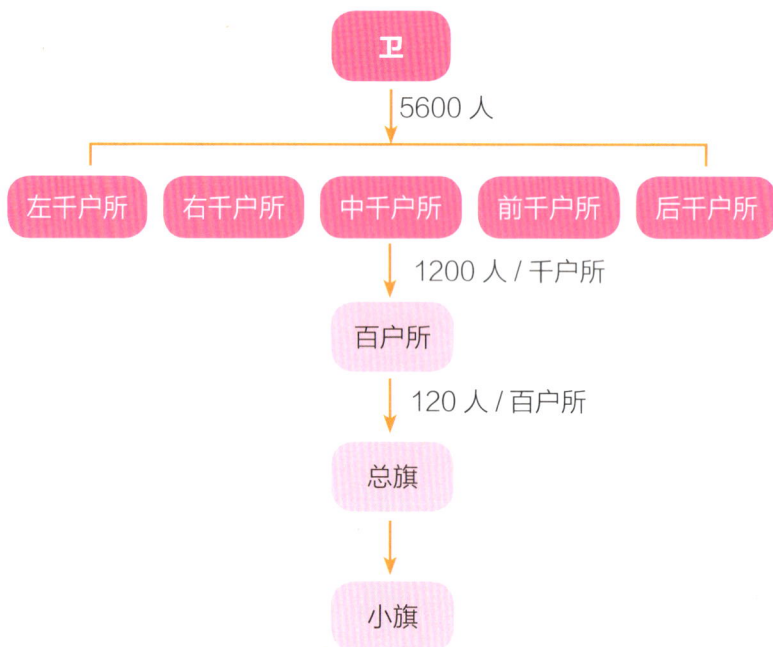

▲ 明朝卫所编制

源还是征兵，并以此来保证兵力不会枯竭。

明朝建立后，朱元璋需要建立一套完善的军事制度来维护明朝在各地区的统治。于是，朱元璋借鉴隋唐时期兴盛的府兵制度，于洪武十七年（1384年）在明朝各个军事地区设立军卫，五千六百人作为一个卫，下辖编制：千户所、百户所、总旗、小旗。五军都督府作为明朝中央直管的军事机构，对各地的卫所进行管理。当明朝需要对内或对外征战时，便会调集卫所的士兵出征打仗，若处于和平时期，便会继续屯兵于各卫所。

明朝实施的军事制度中，要对卫所士兵的户籍进行单独编册，称为军户。军户在明朝初年主要包括以前元朝的军户以及新建立的军户，后来朱元璋还专门命人把所有的军户编成黄册予以正式确立。

> **历史拓展**
>
> 五军都督府的前身是大都督府。洪武十三年（1380年），大都督府被朱元璋改为中军、左军、右军、前军、后军共五军都督府。每都督府设左、右都督、正一品，并设有五军断事官。五军都督府彼此平行，互不统辖，各自与兵部直接联系，最后奏请皇帝裁定。

一旦士兵成为军户，其后代子孙则可世袭，保留军户身份。朝廷对于军户在管理上实施严格的措施，以此来确保兵源的稳定性。如果有士兵想要废除军户的身份，是很难办到的，明朝廷对此控制十分严格。尽管如此，各地总有些士兵借助权贵的帮助去除军户，致使军户数量逐年减少，这不利于卫所制度的稳定。

军户的隐患

一个军户家庭，只要不去除军籍或家里无男丁，都需要令其中一个成年男丁去卫所当兵，这名士兵便被称为正军，其余参军的士兵称为馀丁。因为，正军进入卫所后，军户家庭便背负着沉重的经济压力，需要一名馀丁协助其在无战事时耕种田地。明廷出于对正军的考虑，便免除其差役，在卫所服役的馀丁与军户旗下的一名男丁也可免除差役。

对于军户所出的正军，明廷往往将其安排到距离家乡较远的地方，以防其偷逃回家。但遥远的路途对于远行的正军来说是一种极大的考验，经常有正军在路

▲ 明代《筹海图编》中所示浙江台州府周边的卫所城市

上出现状况或是生病。明廷为了让正军长期身处卫所为国效力，便要求有妻子的正军可携妻子一同前往，明廷给他们安置住所及农田，并为他们提供粮食。但因卫所在不同时期存在着人为或突发状况，致使朝廷所分发的粮食不足以支撑正军及其妻子的生活。

在各地卫所驻守的军户士兵被卫所官员按不同比例分为守备军与屯田军，但

▲ 明军骑兵雕像

▲ 明代灵山卫腰牌

明朝建国后，出于军事的需要，在明朝各地设立了诸多卫所，大都起到了抵抗外敌的作用。其中有四大卫颇为闻名，即天津卫、威海卫、金山卫、镇海卫。这四大卫在明朝后期东南沿海抵御倭寇等战役中发挥着重要的作用。

守备与屯田的人员并不是固定的，会隔一段时期进行轮换，以此来平衡卫所的管理。被安排屯田的士兵，经过一番劳作后，按照要求上交一定的粮食，供给守备军及卫所官员食用，这样便无须明廷单独划拨粮草给守备军，以此减轻朝廷压力。但这一养兵制度随着明朝政治、官吏的腐朽黑暗而逐渐变得名存实亡。

如若正军在征战时战死，便需要让军户中的成年男丁进行补充，以此保证正军的数量。但因军队需要在远离家乡的地区长期驻扎，导致多数军人的生活颇为艰苦。自明朝建立后，每年的逃兵颇多，各地为了保证军事的正规建制，对于战死或逃亡的士兵予以从军户中填补或追捕。在此期间，时常会有军官借此贪污，使得百姓深受其害，反而令逃兵现象更为猖獗。

延伸思考 卫所制度给明朝初期的统治带来了哪些影响？

时间轴 1384—1388 年

| 1384 年 | 朱元璋设置军卫制度 |
| 1388 年 | 朱元璋命人为军户编造黄册 |

◎ 那些被杀的开国功臣们

在封建时代，开国功臣总会因为不同的原因而不得善终，朱元璋更是历朝历代中诛杀开国功臣最多的一位皇帝。在明朝初期，跟随朱元璋建立明朝的一批开国功臣多被诛杀，且牵连者甚多，除病逝者外，只有朱元璋幼时的玩伴汤和得以善终。

最后一位丞相

虽然朱元璋当了皇帝，但其出身不高，且控制欲很强，因此对于大臣尤其是开国功臣防范甚严。朱元璋最害怕大臣们结党营私，如果大臣们成为铁板一块，他这个皇帝就要被架空。当时的丞相胡惟庸便在做这件事，以致获罪。

历史拓展

胡惟庸，明朝开国大臣，明朝中书省丞相。后因骄纵，被怀疑有叛乱之心，被朱元璋处死。随后丞相制度被废除，因此胡惟庸成为中国历史上最后一任丞相。

胡惟庸是开国六公之一李善长推荐给朱元璋的。自当上丞相后，胡惟庸便任用与自己关系亲近的人。更严重的是，他过于独断，许多生杀黜陟等重大案件，不向朱元璋请示便擅自处理，这怎能不引起朱元璋的警惕。

根据明史记载，丞相胡惟庸邀请朱元璋去其旧宅中观看祥瑞。朱元璋欣然前往，但途中得到一名太监报信，发现胡惟庸家中暗藏伏兵，这让朱元璋大为震怒，遂以"枉法诬贤""谋逆"等罪名处死了胡惟庸，随后下令彻查，牵连了一大批胡惟庸的好友，数万人因此获罪。

在诛杀胡惟庸之后，朱元璋再未设立宰相，也严令后世子孙不得再设丞相职位。此后，包括清朝也再未有丞相的职位出现，中国封建王朝的丞相职位就此彻底消失。近代以来，越来越多的学者认为，胡惟庸案只是朱元璋的一个借口，他的目的是解决君权与相权的矛盾，加强皇帝的权威。

第一贵胄李善长

李善长案其实是胡惟庸案的延续。之前，胡惟庸虽然被杀，但朱元璋却决心将火烧到开国功臣们的头上。关于胡惟庸案的调查一直持续，每隔一段时间就会调查出一位胡惟庸当年的同党，然后将其定罪。洪武十八年（1385 年），李善长的弟弟李存义、侄子李佑被揭发，说是当年胡惟庸谋逆的同党，但朱元璋念在李善长的功劳上，免除死罪，将李善长一家安排在崇明以便控制。次年明州卫指挥林贤通倭事发，供认称是受胡惟庸的指使。

李善长的弟弟被论罪后，李善长应该明白朱元璋的用意，更应该低调地做一名普通百姓，或许可能得到善终。但李善长却偏偏做些让朱元璋疑心的事，他写信给汤和，借用 300 名士兵修缮房屋。面对老战友的请求，汤和不好意思回绝，当机调拨 300 名士兵给李善长，但在士兵出发时，汤和就将李善长借用士兵的事情上报给了朱元璋。

对谋反一事甚为敏感的朱元璋，听到此消息后疑心大增，更不用提李存义被告发一事。但朱

李善长（1314-1390 年），明朝开国功臣，堪比西汉开国功臣萧何，为明朝的建立做出了突出的贡献。晚年受到胡惟庸案的牵连，李善长及 70 多位亲属被诛杀，悲惨殒命。

元璋真正对李善长动手的理由是曾为胡惟庸家中管事丁斌的供词。丁斌因胡惟庸之事受到牵连，同时他还是李善长的远房亲戚，李善长曾屡次写信请求皇帝赦免自己。朱元璋则派出左都御史詹徽调查丁斌，谁想到丁斌却招供说胡惟庸曾经与李善长商议过谋逆的事情，而李善长态度暧昧，采取了默许的态度。

此供词一出，御史们纷纷上书，请求诛杀李善长，于是朱元璋下旨诛杀李善长一家七十余口，与此同时，另有吉安侯陆仲亨、延安侯唐胜宗、平凉侯费聚等为大明立下汗马功劳的大臣们均受到胡惟庸案的牵连而死。明太祖亲自下诏罗列他们的罪状，加在狱辞里，纂成《昭示奸党三录》，布告天下。

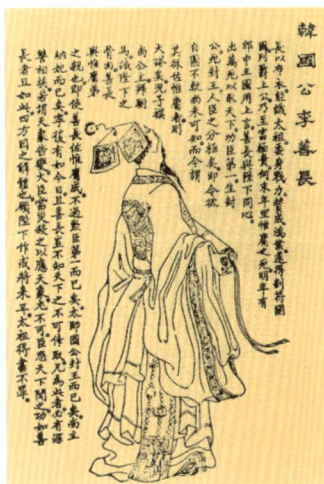

居功自傲的蓝玉

朱元璋诛杀开国功臣的另一大案是蓝玉案。最初蓝玉从军时，跟在常遇春身边，是常遇春的妻弟。蓝玉作战勇猛，头脑灵活，受到常遇春的赏识，常遇春经常在朱元璋面前夸赞蓝玉。在明军统一全国的战争中，蓝玉平定四川，征讨西蕃，又在南征与北伐期间屡立战功，被封为凉国公。

蓝玉多次立下战功，朱元璋对其赞许有加，这便让蓝玉变得日渐骄横无比。尤其在中山王徐达、开平王常遇春死后，蓝玉常以第一功臣自居，还蓄养了许多庄奴、义子，其义子横行霸道，搅得百姓不得安宁。蓝玉还曾强行霸占东昌民田，被御史查问时，却反将御史赶走。

还有一次蓝玉北伐得胜归来后，因为是夜间，驻守喜峰关的将士并未及时打开城门，

▲ 蓝玉

蓝玉便指使士兵破关而入，这让朱元璋很不高兴。蓝玉的骄横远不止这些，在与朱元璋共食的宴席上，还经常口出狂言；另外他还操纵军中职位任免，朱元璋对其越发忌惮。蓝玉，作为朱元璋留给太子朱标的班底，随着朱标的死去也就没有存在的必要了。

此时，与蓝玉有旧怨的燕王朱棣上奏朱元璋，"在朝公侯，纵恣不法，将来恐尾大不掉，应妥为处置"。其意非常明确，提醒朱元璋对蓝玉等人应该下定决心，防止将来朱家的天下被外姓人夺去。但蓝玉却没有意识到随着太子朱标的离世，朝中的情况已然大变，仍旧肆意妄为，把持军权。

洪武二十六年（1393 年），锦衣卫指挥使蒋瓛告发蓝玉谋反，并牵连景川

历史拓展

蓝玉，明朝开国将领，战功卓著，在攻破北元的战役中贡献巨大。明朝建立后，他骄横无比，明太祖朱元璋忍无可忍下以谋反罪诛杀了蓝玉，牵连者多达万余人。

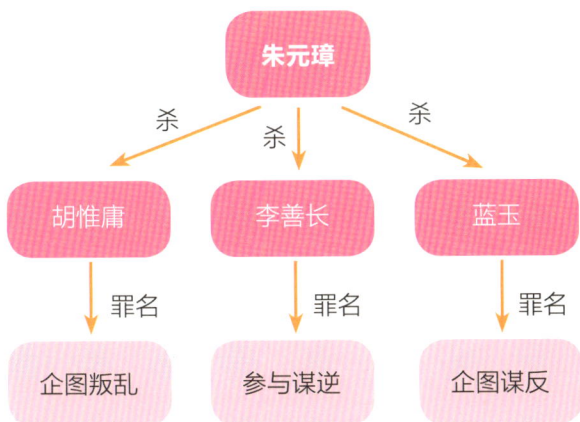

朱元璋
├── 杀 → 胡惟庸 → 罪名 → 企图叛乱
├── 杀 → 李善长 → 罪名 → 参与谋逆
└── 杀 → 蓝玉 → 罪名 → 企图谋反

▲ 朱元璋诛杀主要功臣示意图

侯曹震、鹤寿侯张翼、定远侯王弼等人。朱元璋深感不安，于是将一应人等以谋反论罪，株连三族。此案不仅如此，还牵连出许多文武官员，被杀者共一万五千余人。朱元璋还亲手写了封诏书布告天下，以此警示朝中官员。

至此，那些跟随朱元璋打天下的功臣们都已被屠戮殆尽，那些有勇有谋的英雄们，打了一辈子的仗，最后竟然没有个好下场，未尝不让人扼腕叹息。

历史拓展

汤和作为明朝开国文臣武将中少有的得以善终的一员，正因其能够正确看待局势。虽然汤和在明朝建立后受到巨大恩赏，但他并不贪功，安分守己。在明太祖朱元璋晚年准备对开国大将们动手前，汤和主动向朱元璋请求解除兵权回乡安度晚年。在归乡后，汤和始终过着平静的生活，不牵扯任何与朝政相关的事情，得到朱元璋的信赖，最终因病去世。

延伸思考 朱元璋近乎杀光开国功臣的深层次原因是什么？

时间轴　1370-1393 年

1370 年	胡惟庸经李善长推荐成为丞相
1371 年	李善长告老还乡
1380 年	胡惟庸案事发
1385 年	李善长案事发
1393 年	蓝玉案事发

◎ 明初的政治制度

明朝初始，基本沿用元朝旧制，着重于加强中央集权，在中央设三大府：中书省，下统六部，执掌行政事务；大都督府，统管军事；御史台，职掌监察事务。地方设行中书省，置平章政事，总管地方事务。随着天下大定，朱元璋对这样的政治制度感到不满意，便亲自设立制度，来加强自己的权威。

明初的政治机构

明朝同样设有六部，但与元朝不同的是，随着丞相一职的废除、中书省的取消，六部的地位得到大大提升，需要处理的政务也逐渐增多，因此每部又各自增设一位侍郎来处理增加的政务。

在废除丞相制度后，朱元璋亲自处理政务。一个偌大的国家需要处理的政务繁多，朱元璋渐渐感到力不从心，于是设立了四辅制度来为自己分忧。这项制度在洪武十七年被废除，改为由翰林院挑选学士来辅佐处理政务，所选之人被任命为大学士，是为内阁机构的雏形。

明朝还沿袭了元朝的监察机构，设立了御史台，但在洪武十三年（1380年）时将之废除，两年后又设立了新的监察机构即都察院，虽然名称不同，但其职权仍是负责监察百官。

明朝的政治机构还包括五寺，即大理寺、太常寺、光禄寺、太仆寺、鸿胪寺。大理寺、刑部和都察院合称为三法司，其职权与今日的最高法院相似。大

> **历史拓展**
>
> 朱元璋生性多疑，对大臣们充满戒心，常派密探四处巡视。洪武十五年（1382年），正式建立锦衣卫组织。洪武二十六年（1393年），因朱元璋认为锦衣卫一贯施行酷政，侦办蓝玉谋反案时"非法凌虐，诛杀为多"，于是下令大削锦衣卫的实权。

理寺的首长称为大理寺卿，也是九卿之一，其余四个寺的职权较低。太常寺负责祭祀；太仆寺负责管理马匹；光禄寺负责寿宴；鸿胪寺负责接待外宾。

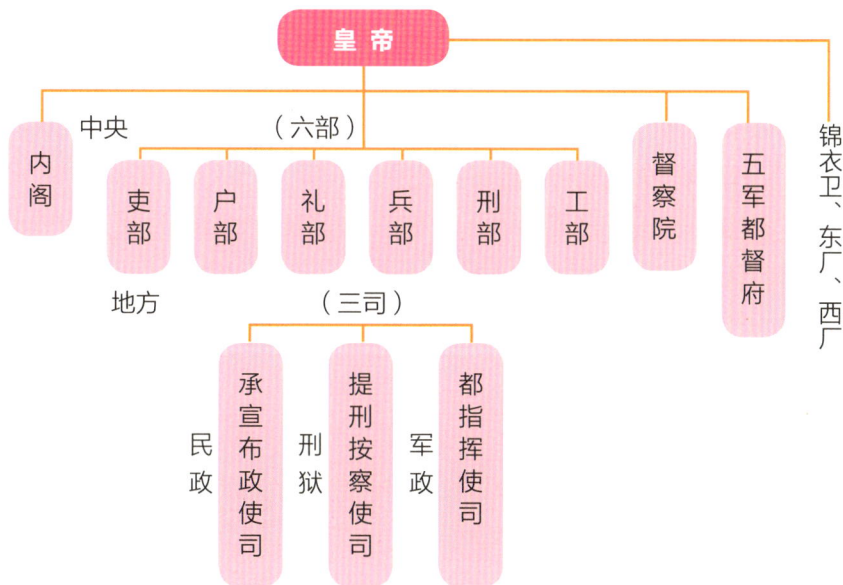

```
                        皇 帝
        ┌─────────────────┬──────────┬──────┬──────┐
   中央              （六部）                      锦
 ┌────┐  ┌──┐┌──┐┌──┐┌──┐┌──┐┌──┐  ┌──┐┌────┐  衣
 │内阁│  │吏││户││礼││兵││刑││工│  │督││五军│  卫
 └────┘  │部││部││部││部││部││部│  │察││都督│  、
         └──┘└──┘└──┘└──┘└──┘└──┘  │院││府 │  东
                                    └──┘└────┘  厂
   地方        （三司）                          、
        ┌──────────┬──────────┐                西
    ┌────┐  ┌────┐  ┌────┐              厂
  民 │承宣│ 刑│提刑│ 军│都指│
  政 │布政│ 狱│按察│ 政│挥使│
    │使司│  │使司│  │司 │
    └────┘  └────┘  └────┘
```

▲ 明朝中央集权示意图

　　明朝最具特色的机构是特务机构。出于对百官的不信任，朱元璋采取严密的特务统治，遂即设立锦衣卫，直接听命于皇上一人，可以逮捕任何人，并进行不公开的审讯。成祖永乐大帝及明宪宗分别设立东厂和西厂，明朝的特务政治之后一直延续。

　　除以上制度外，朱元璋还实行了分封制，将自己的亲属封为藩王，以辅佐皇帝，加强皇室权威。这为之后的明朝内乱埋下祸根。纵观封建王朝历史，除汉晋曾实行分封制外，其余朝代皆未实行，究其原因便是防止皇室内乱。朱元璋分封的藩王，大多领有军队，这对后

▲ 出土的锦衣卫腰牌

继皇帝的皇位构成极大的威胁，此后的"靖难之变"正是由此制度引发。

明朝政治制度比历朝历代都完备，在加强中央集权和皇权上下了很大的工夫，但其分封制与特务统治也为日后的内乱埋下了伏笔。

整顿吏治和经济

在整顿吏治方面，朱元璋的要求非常严厉，对官员极为严格，惩治贪污更是毫不手软。空印案和郭桓案，便说明了此事。

明初空印案发生在洪武九年（1376年），朱元璋严惩地方计吏预持空白官印账册至户部结算钱谷。朱元璋对此案极为重视，并因此诛杀数百名官员，连坐被杀人数以万计。此案其实并未涉及太多的贪污，只是朱元璋为整顿吏治借题发挥，可算得上是一大冤案。

明朝时期，地方需要派人到户部报告财政账目，所有账目必须和户部审核完全相符方能结算。如有不符之处则被驳回，由地方重新验算，但因为当时交通不便，如若重新验算必然耗费很多时间，因此大多地方官员都备有事先盖过印信的空白书册，如有错漏可直接使用，避免浪费时间。事实上，这是元朝时期的做法，至明朝时一直在沿用。

这样一来，实际报上的数字只有户部与地方报账的官员知晓，极易引发官官相

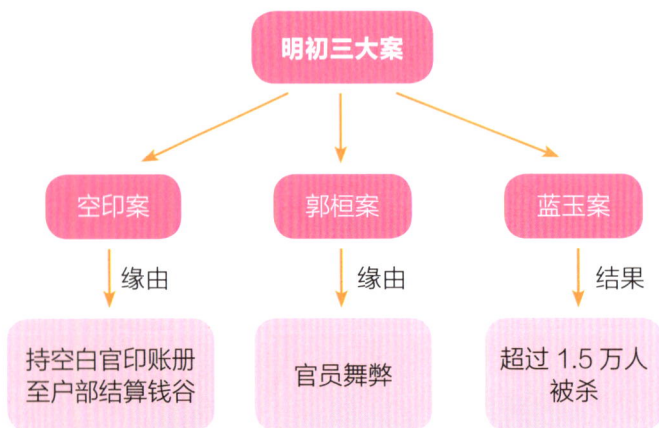

▲ 明初三大案官员舞弊示意图

明朝的宗室制度，借鉴元朝，形成了一套属于自己特色的体系。明朝的藩王虽然被分封但并不赏赐土地，拥有爵位但不管理百姓，领取俸禄但不处理政务，而且不能参与士农工商之事宜，可以世袭。这一套制度的目的是为了保障朱明宗亲长久的富贵，为子孙提供荫蔽之所。

护，互相贪污。朱元璋知道此事后大为震怒，认为其中必有贪腐之事，下令彻查，将使用空印的各地官员全部论罪诛杀。此外，还有万余人牵连其中。此案让明朝官员噤若寒蝉，不敢再行违规之事。

虽然朱元璋对贪腐惩治极其严格，但仍有官员以身犯禁。洪武十八年（1385 年），朱元璋怀疑北平承宣布政使司李彧与提刑按察使司赵全德偕同户部侍郎郭桓等人共同舞弊，于是下令彻查。

调查还未出现结果，就有御史告发郭桓等人，总共贪污两千四百多万石粮食。郭桓案发，牵连了全国十二个布政使司，牵涉礼部尚书赵瑁、刑部尚书王惠迪、兵部侍郎王志、工部侍郎麦至德等。《明太祖实录》中记载："自六部左、右侍郎以下，赃七百万，词连直、省诸官吏，系死者数万人。"朱元璋此做法虽让贪官震动，但因为牵连太广，不免造成很多冤案。

纵观朱元璋所设立的政治制度，由皇帝、藩王、外戚、驸马组成的家天下体制，希望在权力、礼法和亲情的共同作用下稳固地支持大明王朝的江山，并设立锦衣卫，建立特务政治来监察官员，以严刑重典威慑百官。这些制度起到了稳定朝局的作用，但也为之后藩王作乱留下祸根。

延伸思考 朱元璋为什么要设立锦衣卫，又为什么在几年后将其废除？

时间轴 1376–1387 年

1376 年	空印案事发
1380 年	朱元璋废除御史台
1382 年	设立都察院，并设立锦衣卫
1385 年	丞相制度被废除，郭桓案也于同年事发
1387 年	朱元璋废除锦衣卫制度

第二章

盛世的来临

朱元璋对太子朱标寄予厚望，一直把他当作继承人来培养，但可惜朱标英年早逝，朱元璋不得不立朱标的儿子朱允炆为皇太孙。朱允炆生性宽仁，做事有些优柔寡断，又在削藩问题上处理不当，引发了藩王的叛乱，最终燕王朱棣起兵成功，成为皇帝。朱棣的继位开启了崭新的篇章，明王朝也逐渐走向盛世。

建文帝改制

明洪武三十一年（1398 年），朱允炆继承帝位。继位后的朱允炆增强文官在朝政中的作用，任用方孝孺、齐泰、黄子澄等推行一系列改革。建文帝提出不少利于国计民生的政策，但其削藩的做法引起各地藩王的不满，燕王朱棣以"变更祖制"为名起兵造反。

朱允炆，明朝第二位皇帝，明太祖朱元璋之孙、皇太子朱标之子。因朱标英年早逝，朱允炆被立为皇位继承人。朱允炆继位后，实施一系列改革并进行削藩，后被燕王朱棣以"清君侧"为由起兵夺取皇位，最后不知所踪。

实施改制的缘由

建文帝朱允炆作为明太祖朱元璋的皇长孙继位为帝，在继位前便受其父朱标的影响，崇尚"仁"的治理理念。继位后，他又受到方孝孺治国思想的影响，着手对一些不良政策予以变革，其中有几个原因促使建文帝迫不及待地进行改制。

其一，朱元璋在位期间，朝廷经常发生重大案件，其中空印案、胡惟庸案、郭桓案、蓝玉案等令人惊心动魄，导致大批的文臣武将被杀，为明朝立下汗马功劳的开国将领几乎被杀光。朱元璋死后留给建文帝的皆为幼臣弱将，难以支撑大局。

其二，因朱元璋年幼时对元朝腐败的政治深恶痛恨，所以在他继位后便开始实施严刑峻法，希望以此来限制明朝官员的行径。虽然朱元璋通

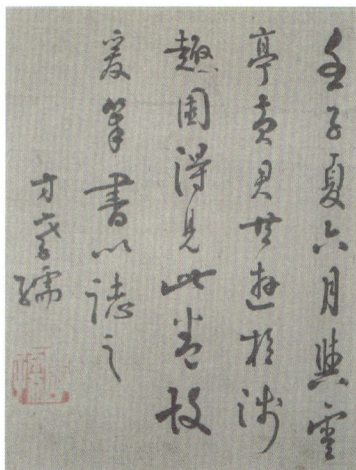

▲ 方孝孺笔墨

过这种方式集中了权力，但同时也令明朝官员以及百姓人人自危，明朝百姓并不能真正感受到社会的安稳。

其三，朱元璋在位时，实行重农抑商的政策，使得明朝主要的财政收入源于农民的赋税。可一个国家的建立，需要太多的人力、物力、财力，朱元璋便对富庶的江南地区征收重税。出于对受灾地区百姓的关爱，朱元璋曾多次减免受灾地区的赋税徭役，但明朝整体的赋税还是偏重。

▲ 方孝孺画像

其四，为了巩固王朝，朱元璋重启分封政策，将自家子孙分封各地，希望以此来护卫明朝的安危。为了达到拱卫朝廷的目的，朱元璋给予各大藩王极大的权限，包括豢养士兵。但随着建文帝的继位，他深感藩王拥兵自重对朝廷的威胁，便处处提防，而藩王也害怕建文帝继位后对他们"下手"，双方心中矛盾重重。

建文帝变更官制

因建文帝深受儒家治国思想的影响，在改革治国之道时便将文臣作为倚重对象，大量提拔优秀的文臣来管理朝廷。同时，建文帝也十分重视科举，想借此选拔文人充实官场。这样一来不仅有利于提升官员的文化水平，也便于更好地治理国家，一改洪武时期官员多为开国勋贵及其门生的状况。

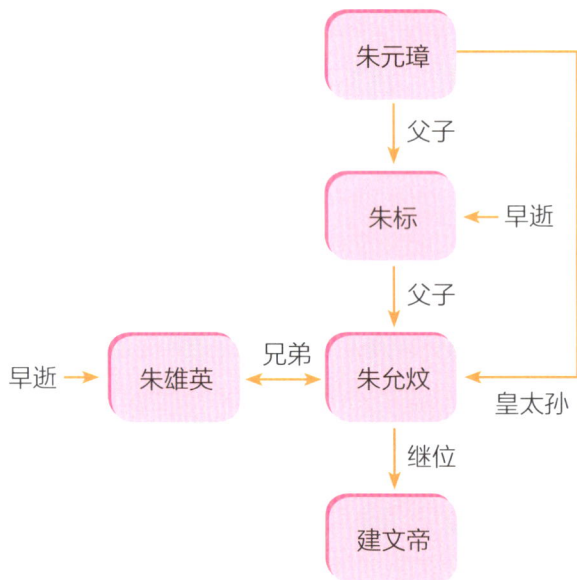
▲ 朱允炆继承皇位示意图

此外，拥有丰富一线工作经验的地方官员也是建文帝所要选拔的重点对象，如云南右布政使陈迪被任命为礼部尚书，浙江左布政使王纯被任命为户部尚书。这样一来朝廷的重要官职不至于被一个或几个集团所掌控。建文帝所选拔出来的朝廷大员都有着高尚的人格品质，不为金钱权力所迷惑，这些选拔官员的举措很好地清除了官场的不正之风。

建文帝对官场的改革提高了文臣的地位。起初，朱元璋因以武力夺取天下，因此在官职品级的设定上，更为重视武将，而对文官却有所忽视。朱元璋在位期间，承担

▲ 明代文官武将

重要事务的六部被定位为正二品，五军都督府的左右都督官职却是高出六部，为正一品，这不利于整个官场的和谐发展，使得文官总觉得自己地位低于武官。为此，建文帝提高了文官的品级。

另外，因朱元璋时期属于开国初期，大批的开国功臣将士们被授予了官职，导致诸多官职被他们占据。但因为他们之中的多数人文化水平不高，所以对于国家治理几乎没有建树，尽管如此，朝廷还是需要供养他们。因此，建文帝淘汰了那些冗官冗员，让他们另谋出路，由此一来各地百姓需要承担的负担也因此减轻。

建文帝宽政减刑

朱元璋在位期间，掌握绝对的权

历史拓展

中国古代，从隋炀帝开始，官员级别分为九品，每一品有正从之分，称为九品十八阶，是中国古代的官员等级制度。朝鲜王朝、越南阮朝、琉球国第二尚氏王朝沿用明清制度，也是规定九品十八阶。

力，对国家事物具有独断权，对于朝廷官员予以严格监视。建文帝一改旧制，为整个国家营造出一种宽松的政治环境。对于国家的很多政务，他并不都抓在手上，而是放权让各个位置上的大臣进行处理，信任他们的办事能力；同时将朱元璋时期设置的六科给事中改为左右拾遗，负责给建文帝提出为政的意见，而不是一味地监视官员的言行举止。如此一来，官员便会对国家社稷、百姓福祉尽心尽力。

对于赋税政策，建文帝也予以宽大对待。在洪武后期，因为朱元璋钟情于佛教，所以地方上投其所好，大修寺院，致使大批农田被侵占，因田地减少，百姓生活更加困难。朱元璋在制定赋税政策时，不遵照一视同仁的原则，唯独对江南地区征收重税，对其他地区则是轻收赋税。这两点都在建文帝继位后予以休改，建文帝下诏限制佛教的发展，使全国的寺院所占田亩之外的区域都平均分给百姓，不得占用。其次，降低江南地区的重税，与全国其他地区的水平保持一致，这一地区的百姓可以通过科举进入户部任职，改变了此前朱元璋对江南地区百姓为官的限制。

▲ 江南科举贡院

建文帝商议削藩

在改制的路上，建文帝有一个十分重要的策略便是削藩，以此向藩王集团直接发起挑战。为此，建文帝与其肱骨大臣便一起商议削藩的策略，最后出了三个削藩的方案。

第一，武力削藩。方孝孺、黄子澄、齐泰等智囊团以前朝藩王作乱为鉴，陈明藩王手握重兵给朝廷带来极大的危害，主张以武力削藩，从根本上解决藩王可能带来的问题。虽然这一方案直接了当，但极可能造成藩王的强烈反抗，还会让建文帝背上历史骂名。

第二，间接削藩。大臣高巍借鉴西汉时期主父偃的策略，对藩王实行异地推恩措施，让藩王的子孙分封到藩地之外的地方，从而有效削弱藩王的势力。

历史拓展

朱标作为明太祖朱元璋的长子、建文帝朱允炆的父亲，在明朝建立后便被确立为王朝的继承人。朱标为人十分仁慈，对兄弟友爱，曾经反对父亲朱元璋的过度杀戮，但因其早逝而无缘皇帝之位，朱元璋便将其子朱允炆立为皇位继承人。后世多认为，如果朱标能够顺利继承皇位，燕王朱棣是不太可能起兵反抗朝廷的，懿文太子朱标的早逝无疑给明朝宗室带来了不稳定因素。

但是这一方案需要等到藩王的子孙长大，需要很长的时间才能实施，不便于在短期内达到削藩的目的。

第三，徙地削藩。大臣卓敬提出让位于北方的藩王迁移到南方地区，削弱其稳固的势力。他还提出，燕王朱棣有着丰富的战争经验且其军事实力雄厚，建议建文帝首先对其进行削弱。

由于建文帝生性软弱，对燕王十分畏惧，便没有采用卓敬的策略。

皇宫内有诸多藩王安插的耳目，建文帝与大臣们商议的削藩策略被泄露，建文帝因此不得不放弃另外两种削藩方式，被迫采用最直接的方案——武力削藩。

延伸思考
建文帝的改制是否符合当时明朝的国情？

削藩引发的恶果

建文帝在削藩的过程中，首先削减了实力较为弱小的藩王。燕王朱棣为了自身考虑，以"清君侧"的名义起兵，引发了藩王与朝廷间的战争。

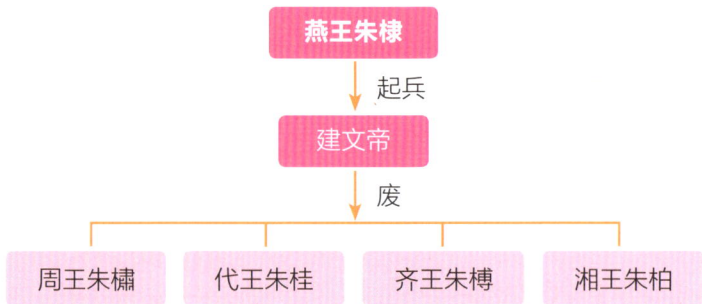

▲ 建文帝削藩形势图

燕王起兵

建文元年（1399 年），建文帝密诏北平城内的军队逮捕朱棣，但其行动早被朱棣得知，并带领八百亲兵控制了北平城。由于朱棣历来驻守边疆，在军中威望甚高，北平城周边军队纷纷归附，朱棣由此控制了北平及其周边地区，兵力数万人。

朱棣起兵造反的消息很快便传到南京，建文帝派兵讨伐燕王，但因早年朱元璋大杀功臣，以致此时建文帝手中根本没有能征善战的将领，不得不起用老将耿炳文。耿炳文率领十三万大军会攻北京，到达真定（正定）后按兵不动，本想等大军完成三面合围后一举击败朱棣，却没想到手下将领张保向燕王投降，泄露了耿炳文的兵力分布，并作为内应将耿炳文兵力调往滹沱河南岸，燕军在中秋夜趁敌军不备，突袭并占领雄县。之后，朱棣率兵在滹沱河北岸击败耿炳文主力，随后耿炳文带领残兵逃回真定城中固守不出。燕军全力进攻三天未果，于是率兵返回北平。

滹沱河兵败的消息传到南京，建文帝听从黄子澄建议，撤掉耿炳文，任命李景隆为大将军。但这李景隆本就是纨绔子弟，根本不知如何行军打仗。李景隆赶

李景隆，明朝开国将领李文忠之子。在燕王朱棣起兵后，被朝廷封为大将军，率领大军抵御燕王的进攻，因被朱棣所击败而被削职。燕军逼近南京时，李景隆开金川门迎敌，致使南京失守。朱棣即位后，封李景隆为太子太师，赐功臣勋号，加柱国，列于群臣之首。但一年后李景隆因被群臣弹劾，朱棣削去其功臣勋号，不久后更被削去爵位，抄没家产。

至前线，收拢耿炳文的部队，带领着号称五十万大军的军队，前往河间驻扎。朱棣根本没把李景隆放在眼里，亲率大军前往永定驰援，并命令部下只可固守，不许出战。当年十月，李景隆来到北平城并下令进攻，朱棣之子朱高炽带领将士死守，由于李景隆的胡乱发号施令，贻误战机，致使明军始终未能攻下北平。

另一方面，朱棣驰援永平郡，击败吴高，而后绕小路来到宁王朱权的领地大宁，用计将朱权、宁王妃、宁王世子拿下押往北平，胁迫宁王帮助自己，并将宁王所属大军收编，实力由此大增。随后朱棣率领大军返回支援北平，途中与李景隆在郑村坝决战，由于李景隆错误的指挥，明军被朱棣杀得大败。李景隆下令部队丢下粮草辎重撤军，这让朱棣获得数十万人的军用物资。随后，朱棣率领燕军回到北平，击败正在攻城的明军，成功守住北平。

建文元年（1399 年）十二月，为消除东北方的顾虑，朱棣用反间计令建文帝误认为吴高与其勾结，导致辽东守将吴高

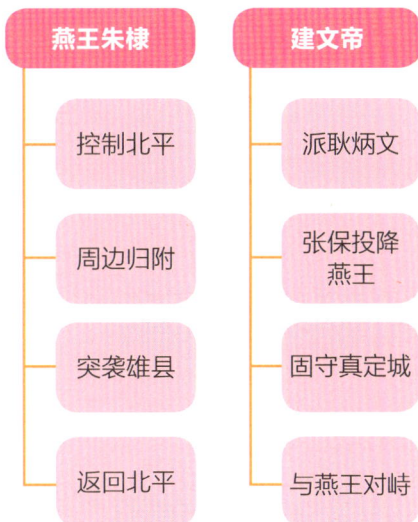

燕王朱棣	建文帝
控制北平	派耿炳文
周边归附	张保投降燕王
突袭雄县	固守真定城
返回北平	与燕王对峙

▲ 靖难之役（一）

被削爵贬黜。第二年，朱棣主动出击，为牵制李景隆兵力，进攻山西大同。李景隆前往山西救援，却没想到朱棣在虚晃一枪后就撤回北平，这让李景隆的大军在冰天雪地中白白冻了一个月。

建文二年（1400 年）四月，建文帝向李景隆增兵，兵力增至六十万，李景隆从山东德州，郭英、吴杰等从真定誓师北伐。朱棣也率领主力南下，与李景隆决战，此战李景隆设下伏兵，待燕军前行后由后方杀出，燕军大败，朱棣险些被生擒，幸而朱高煦率兵来援，击退敌军，朱棣才得以安全撤出，双方战事稍停。

看到情势对燕军大大不利，李景隆再次派兵进攻。可就在战况危及之际，李景隆帅旗突然倒下，其士兵误以为主帅被杀而军心大乱。混乱之际，李景隆带领随从弃大军于不顾，逃离战场，将士们的士气更加低落，燕军意外地取得了此次大战的胜利，数十万明军投降燕军，朱棣兵力再次大增。四月末，朱棣率领燕军乘胜追击，进攻德州，李景隆未战先怯，带领大军逃亡济南。朱棣自然不愿

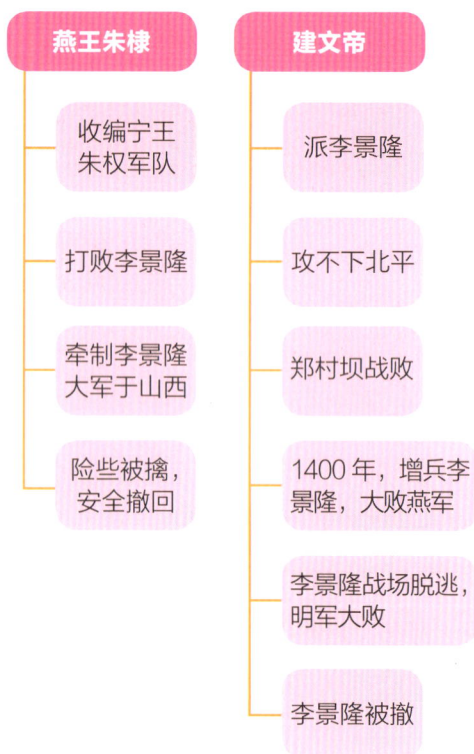

燕王朱棣	建文帝
收编宁王朱权军队	派李景隆
打败李景隆	攻不下北平
牵制李景隆大军于山西	郑村坝战败
险些被擒，安全撤回	1400 年，增兵李景隆，大败燕军
	李景隆战场脱逃，明军大败
	李景隆被撤

▲ 靖难之役（二）

意放过这一大好时机，追至济南。李景隆率领的残兵败将毫无士气可言，再次战败，逃回南京。

李景隆统兵的几个月，明军一败再败，六十万大军，死的死，降的降。建文帝于是下令免去其大将军之职。

济南与东昌之战

虽然李景隆逃回南京，但此时的济南正处于燕军的围困之下。李景隆逃走后，右参政铁铉、盛庸稳定军心，带兵坚守。朱棣射信入济南城招降，铁铉将计就计使出诈降的招数，朱棣被骗入城，但他的运气很好，未被射杀。朱棣逃出后大怒，下令攻城，围攻济南。朱棣之所以急于拿下济南，是因为其地理位置极为重要，若取得济南，进可南下进攻，退可画疆自守。但燕军狂攻三个月未果，便发动大炮攻击，仍然未能如愿。建文帝见济南危急，遣使求和，朱棣并未同意，持续进攻，却仍未能拿下济南。

建文二年七月，建文帝派兵来援，切断燕军粮道，燕军进退不得，强行突

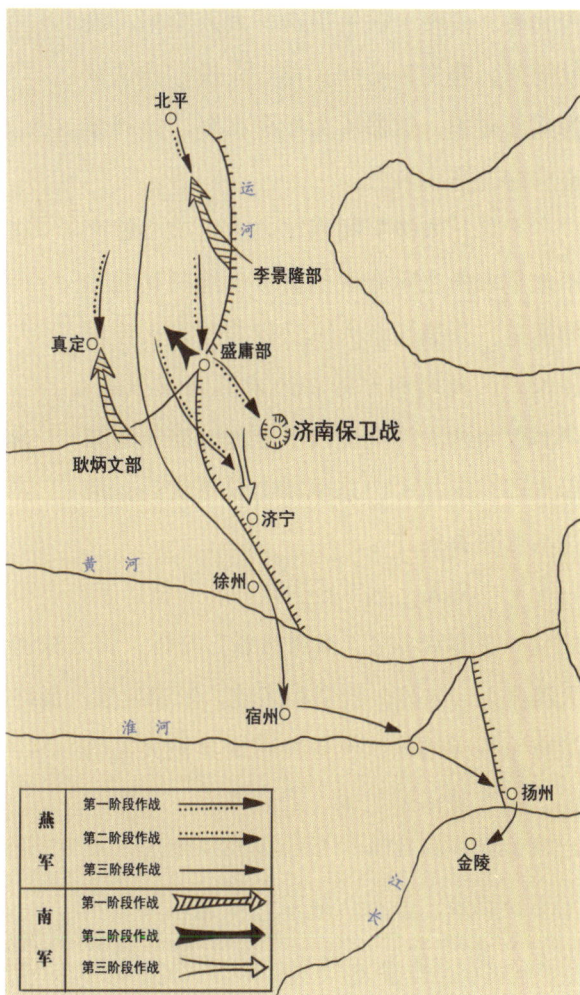

▲ 靖难之役示意图

历史拓展

铁铉是建文帝时期著名忠臣，在靖难之变时不肯投降造反夺位的燕王朱棣，被施以磔刑。后人尊其忠义不屈，在各地有铁公祠以祀之。明成祖朱棣虽恨铁铉，但仍赞其忠义，后来铁铉的子女被赦免。

围北撤。盛庸、铁铉追击，大败燕军，收复德州。建文帝听闻，龙心大悦，升铁铉为兵部尚书，封盛庸为平燕将军，命其休整后继续率兵北上。

十月，朱棣听闻南军北上，决心趁南军立足未稳之际夺取沧州，以遏制其北上的通道。朱棣亲率大军日夜兼程，火速赶往沧州，此时南军守将还未能完成布防，燕军仅用两天时间便攻下沧州。盛庸听闻后立即在东昌（山东聊城）设下伏兵，准备与燕军决战。

十二月末，燕军抵达东昌，朱棣仍亲自率军冲锋，先冲击南军左翼未果，然后又冲击南军中坚，盛庸故意打开阵，将朱棣诱入，然后将朱棣团团包围。燕军大将张玉、朱能分别引兵来救，朱棣死战，最终与朱能会合，逃离战场。但是此战燕军损失惨重，大量燕军士兵被火器所伤，张玉被南军包围，最后战死。南军大将平安亦率兵赶来，与盛庸合兵作战。燕军重整旗鼓，但再次战败，朱棣只得带领残兵北撤。张玉的战死，令朱棣大受打击，食不下咽。

东昌之战是靖难以来南军的第一场大捷，建文帝十分高兴，并以东昌大捷告太庙。盛庸军势浩大，朱棣只得退兵北返，不敢再轻易南下。

历史拓展

朱元璋在建立明朝后，实施了拱卫朝廷的分封制。朱元璋在位期间共分封了二十五个儿子，包括侄孙朱守谦在内，共计二十六个藩王。因明初各边关地区受到北元势力的袭扰，所以很多分封在北方边境的藩王都拥有军事管理权，可以主持地方军务。燕王朱棣作为北平（今北京）的藩王，便拥有一支属于自己的军队，这为他在建文年间起兵创造了良好的条件。

时间轴　1392-1400 年

1392 年	太子朱标病逝，朱允炆被立为皇太孙
1398 年	朱元璋病逝，朱允炆继位
1399 年	建文帝下令削藩，同年七月朱棣起兵靖难
1400 年	李景隆率兵六十万北伐
1400 年年末	东昌之战爆发，朱棣战败

延伸思考 如果建文帝不下令削藩，朱棣会造反吗？

改变了历史走向的靖难之变

东昌之战后，双方战事稍停，但这只是暴风雨前的宁静，因为双方正酝酿着新一轮的战争。朱棣以东昌之败为耻，与道衍和尚姚广孝商议对策，姚广孝建议朱棣再次出兵。于是，在姚广孝的坚持下，朱棣再次出兵。

南下的燕军

建文三年（1401 年）二月，朱棣祭阵亡将士，并脱下袍子烧掉，以激励将士后再次出兵南下。盛庸于山东德州驻兵二十万，吴杰、平安驻扎在真定。朱棣决定趁南军两军分隔，先破盛庸一部。三月下旬，燕军进兵夹河，盛庸结阵以待，燕军冲入盛庸阵形，双方爆发混战，厮杀至天黑，双方仍旧不分胜负，于是各自罢兵休战。次日，双方再次开战，朱棣利用建文帝不准杀害

姚广孝（1335-1418 年），明朝时期著名僧人，燕王朱棣的谋士。他为朱棣最终夺取帝位做出了突出贡献，是"靖难之役"的主要策划人。朱棣继位后，对其予以重用。另外，他在文化上贡献巨大。

他的禁令，率领随从穿过敌军，南军愕然，不敢放箭。而后朱棣率领骑兵冲阵，由于建文帝的禁令，让盛庸军束手束脚，被朱棣率领骑兵左冲右突，阵形大乱，盛庸大败，损失数万人后撤回德州。

击败盛庸后，朱棣进军真定，设计引诱真定守将吴杰出战。朱棣率领精锐攻南军东北角以破阵，没想到燕将薛禄由于战马失足而被擒，但他竟夺敌刀斩数人后，夺马逃走。此战大量燕军被南军的火枪和弓弩所伤，朱棣的帅旗被射得像刺猬一般；但是，由于朱允炆的禁杀之旨，朱棣本人反而没事。次日，双方再次交

战，燕军四面围攻，斩首六万余级，吴杰、平安等逃回真定后，坚守不出。

接连的两次战斗让南军损失惨重，燕军趁势南下，先后经过顺德、广平、大名，诸郡县望风而降。建文帝一边遣使谈判，另一边却命令盛庸等人继续作战，和谈宣告破裂。朱棣率军袭击南军粮道，成功烧毁大量南军粮船，南军损失粮食数百万石，京师大震，德州陷入窘境。建文帝在方孝孺的建议下实施反间计，决心利用朱棣长子朱高炽与次子朱高煦之间的矛盾，使燕军内部大乱，但未能取得效果。其后，燕军屡战屡胜，但却因兵力不足，无法守住打下的城池，仅仅占领北平、保定、永平三郡。

直入京师

相持的形势促使朱棣决定直接率兵南下，姚广孝也劝其直趋京师。建文四年（1402 年）正月，燕军先后击败盛庸和平安派出的先锋，而后绕过盛庸与平安的主力，到达徐州。建文帝则命都尉梅殷（建文帝的姑父）任总兵官，镇守淮安，又命魏国公徐辉祖率兵支援山东，朱棣集中兵力进攻徐州，徐州守将出城迎战失败后，选择坚守。

徐州南军坚守不出，朱棣便率兵继续南下，没承想被徐辉祖率兵阻击。燕军大败，士气低落，给养不足，意图北返。但朱棣则坚持继续南下，终于向南突出重围，在淮河取得给养，有了继续作战的资本。随后燕军进攻灵璧，双方主力在此展开决战，燕军大胜，生擒了陈晖、平安、马溥、徐真、孙成等三十七员敌将，彻底击溃了南军主力。此后，长江以北地区南军再未组织起有效的抵抗。

▲ 徐辉祖

▲ 明朝南京故宫遗址

　　灵璧之战后，燕军转向东南行进，盛庸在淮河设下防线阻碍燕军渡河，朱棣尝试取道淮安、凤阳受阻后，遣朱能、丘福率士兵数百人绕道上游乘渔船渡河，从后方突袭盛庸，盛庸败走。燕军继续南进，扬州、高邮相继归降。此后燕军所到之处，敌军不是投降就是被一举击溃。明廷大受震动，建文帝派出庆城郡主（朱棣的堂姐）前来谈判，但被朱棣一口回绝。燕军随后继续南下。建文四年（1402 年）五月，燕军已经来到龙潭，此地距离金陵不过三十里。建文帝忙向群

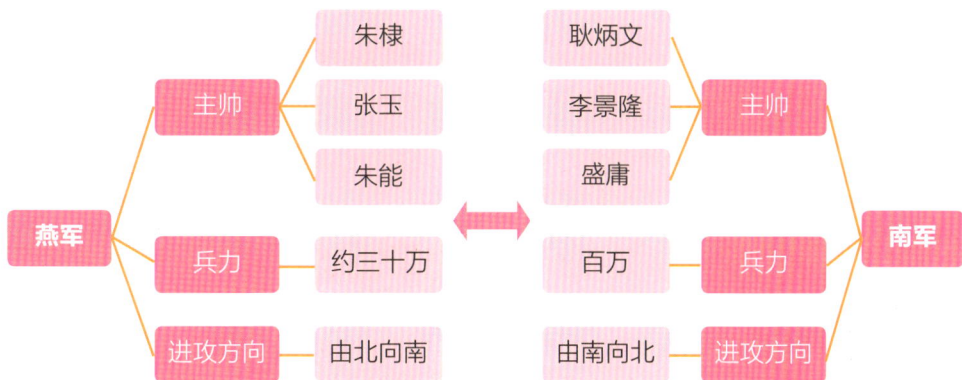

▲ 燕军与朝廷军双方势力对比

49

臣询问建议，有人建议弃城南撤，以图再起；方孝孺则表示可以依靠城中的二十万大军固守，等待各地军队来援。

建文帝连派三波使臣议和，但朱棣均未应允。此时的京城人心浮动，派出募兵的大臣也未能及时回返，已有一些大臣打算投降朱棣。七月，朱棣率军来到金陵，金川门守将李景隆打开城门，迎朱棣进城。朱棣顺利进城，靖难之变结束。

即位称帝

朱棣进城后，并未找到建文帝下落，因朱允炆在皇宫放火，其本人不知所终，因此其下落成为一大谜团。之后，朱棣于同年称帝，改元永乐。

朱棣称帝后，提升了各藩王的待遇，但却解除了藩王的兵权，同时大封功臣，恢复了朱元璋曾经废除的锦衣卫制度，重新开始实施特务统治。

"靖难之役"是明朝历史上第一场皇帝和藩王之间的内战，这场战争是建文帝朱允炆为了巩固自己的权力、决定削藩而起。"靖难之役"是明朝历史上影响深远的一次政权争夺战，不仅导致了明朝皇位归属的改变，也极大影响了此后两百多年明朝政治、思想的走向。

延伸思考 朱棣发动的"靖难之役"为什么能够取得成功？

时间轴 1401—1402 年

1401 年 2 月	朱棣率军击败盛庸
1402 年正月	朱棣进攻徐州
1402 年五月	燕军逼近南京城，建文帝请求议和
1402 年七月	朱棣进入南京城，建文帝失踪，朱棣称帝

永乐盛世

明成祖朱棣自登上皇位后，励精图治，对内大力发展经济，对外开疆拓土，极大地增强了明朝的国力。因明成祖的年号为"永乐"，后世的学者便将这一时期称为"永乐盛世"。

疆域宽广

经过长期征战，明朝疆域涵盖内地十八省，领土面积有所增长，并且曾经在东北地区、新疆东部、西藏等地区设有机构。永乐年间，明朝疆域面积最大至近 1000 万平方公里。

永乐四年（1406 年），明朝政府设置哈密

▲ 明成祖朱棣

卫，主要负责迎护朝廷使者，统领各个藩国。永乐五年（1407 年），明朝政府在东北地区设置奴儿干都司，管辖现今的黑龙江、乌苏里江、松花江流域以及库页岛等地。

迁都改革

因北平是朱棣为燕王时期的封地，此地势力稳固。朱棣夺得皇位后，为了巩固皇位，防止国内反对派再起，同时也为了能以都城为中心，控制天下四夷，登基后便着手准备将都城迁往北平，并将北平改为北京。

从永乐五年（1407 年）开始，朱棣集中全国的知名工匠，征调大量的军工与民工，历经十四年，建成了规模宏大的宫殿组群即如今的北京故宫。永乐十八

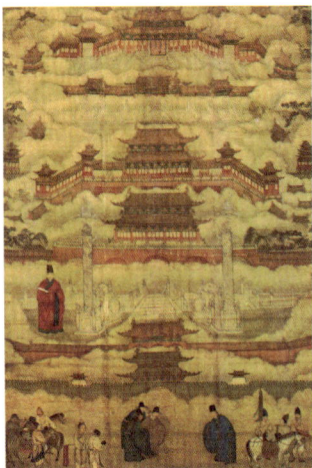

▲ 北京紫禁城

年（1420年），紫禁城正式建造完成，次年朱棣正式将都城从南京迁到北京，从此开启了"天子守国门，君王死社稷"的政治使命。

自明朝初年朱元璋杀胡惟庸而废除丞相制度后，朝廷六部直接听命于皇帝一人，大小事物均需由皇帝亲自处理。朱棣继位后，进一步完善了朝廷的文官制度，此后逐渐演变成内阁制，皇帝无须再事无巨细地处理政务，这也为明朝中后期皇帝"懒政"提供了基础。

朱棣在改组朝廷时，重新构架建立了新的官僚制度。通过改革，得到了众多士大夫的支持，其中不乏有一些曾在元朝任职的老人。朱元璋死后，建文帝废弃了朱元璋时期所建立的诸多制度，而朱棣继位后又重新恢复了朱元璋时期的基本行政框架，同时注入新的内容，以适应新时期的需要。朱棣首先着手组建新内阁，任命七位德高望重的学者到翰林院任高官，随后又任命年轻的士子就职于皇宫内的文渊阁，便于随时为皇帝出谋划策。这些方式使内阁在明朝政府事务中起到了更大的作用，成为连接皇帝与官僚制度间的纽带。

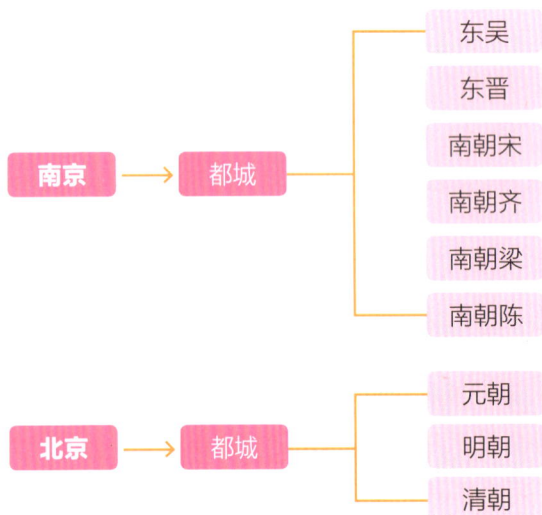

南京 → 都城 → 东吴 / 东晋 / 南朝宋 / 南朝齐 / 南朝梁 / 南朝陈

北京 → 都城 → 元朝 / 明朝 / 清朝

▲ 定都在南京与北京的朝代对比

改革军事

建文帝因削藩导致朱棣起兵而丢掉皇位，待朱棣称帝后，各地的藩王仍有很大的权利，甚至可以建立属于自己的军队，这一点令朱棣颇感不安，也深感藩王的势力过大，需要对其进行一定程度的削减。

首先，朱棣取消藩王的护卫。此时期的藩王凭借着自

```
                    朱棣军事改革

   取消藩王护卫    扩大北京      修建长城，设    制定军功职位
                护卫规模      立边防城镇      世袭制
```

己的皇族身份，在各自的封地为所欲为，因此很多藩王被朱棣指控有罪而遭到处罚，随之取消其身边的护卫，这样一来藩王便失去了对抗朝廷的资本。到朱棣的儿子朱高炽继位时，早期分封的三十个藩王的护卫部队，只有四支被完整保留下来。此后明朝各时期封王时，也很少设立护卫。

其次，朱棣削弱了南方的护卫，将朱元璋时期护卫南京的大部分卫队调往北方，同时提升北方部队的级别，以此扩大规模。如此一来，北京的京卫军便成了明朝最大的一支部队，护卫都城的安全。在大量护卫调动的同时，随之而来的是大量的人口搬迁到北京城及周边地区，其中有不少是士兵的家眷。

为了抵御长城以北游牧民族的入侵，朱棣还在北方长城沿线设立边防重镇。这一措施在一定程度上保护了明朝北方边境地区的安全。

为了鼓励百姓参军、士兵立功，朱棣还制定了军功职位世袭制，极大提升了军队的战斗力与凝聚力，也为明朝的开疆拓土、边境稳定、国家安稳奠定了基础。

经济文化发达

经过明朝初年的休养生息，到永乐年间时，经济已大为好转。朱棣同朱元璋一样对各地官员管理十分严格，他要求地方官吏需要深入百姓生活中，及时了解百姓疾苦，以便随时向朝廷汇报。这一时期，朱棣十分重视农业生产，对于各地的灾情，官员也能及时救济。永乐年间初期，全国的税粮逐年增长，百姓的生活越来越好。

永乐年间，大运河的很多路段已无法通航。为了便于河道运输，朱棣决定修复大运河，重开河运。因都城迁往北京后对粮食的需求量大增，粮食需要从富

庶的江南地区外调，重开河运便可以多开一条运输线路。永乐九年（1411年），在水利官员宋礼的监督下，明廷开始了对大运河北段的疏通，而南段的疏通工作于永乐十三年（1415年）才开始。修复后的运河体系能够从长江下游流域直接连接到都城北京，成为南北两地商业沟通的大动脉。

在文化上，永乐时期也有突出的成就。从永乐元年（1403年）七月到永乐二年（1404年）十一月，朱棣命令解缙、邹辑、姚广孝、王景等人纂修的大型类书《文献大成》（即《永乐大典》）完成，它是当时世界上最大的百科全书，更是中华民族宝贵文化的结晶。《文献大成》收录了中国古代时期重要典籍多达七八千种，上至先秦，下至明初，可谓包罗万象。

此外，永乐年间的科举制度以及编修书籍也极大地笼络了地主知识分子，很好地宣扬了儒家思想，力求改变明朝初期尊崇佛学的风气。朱棣在限制佛教发展的同时，也对佛教进行了保护，以便于维护自己的统治。

历史拓展

天津作为中国直辖市之一，其地名的由来很多人并不知晓。从字面上分析来看，天指的是天子，津指的是渡口。朱棣在靖难之役时，从天津渡河南下，最后夺取了战争的胜利。朱棣为了纪念这一胜利，将此地赐名为天津，意思是"天子经过的渡口"。而此后的天津也因其地理位置，成为海运商舶来往的重要地区，明朝廷此后还在此设立了天津卫，是守卫北京城的一道屏障。

时间轴　1403-1421年

1403年	朱棣开始削除各藩王的护卫
1404年	《文献大成》（即《永乐大典》）纂修完成
1407年	朱棣下令开始营建北京城
1411年	大运河开始修复
1421年	朱棣迁都北京

延伸思考

假使建文帝没有被夺取皇位，他会比朱棣在位期间的成就更高吗？

明朝直接管辖贵州

"贵州建制"是指明初朱元璋、朱棣两位皇帝在位时，对贵州地区建立行省一级行政区划的历史事件，宣告着中原王朝对贵州正式实施直接行政管辖。这对贵州在此后各时期的行政规划产生了巨大的影响。

贵州归属明朝

贵州在明朝之前归于中原王朝版图，但多以形式上归属为主，实际为地方势力占据。明朝建立后，朱元璋于洪武十五年（1382年）在贵州地区设置贵州都指挥使司一职，并派人前往管理，但并不被前朝的贵州宣慰使霭翠认可。之后，明军又攻占了云南地区，霭翠眼见云南也被划入明朝版图，出于长远考虑，便与宋钦一起归降明朝。朱元璋认

> **历史拓展**
>
> 宋钦族名宋阳举，元朝水东草塘司（今贵州瓮安草塘）人；于元朝至正年间（1341-1368年）从草塘迁居顺元城（今贵州省贵阳）；明太祖洪武四年（1371年），与霭翠等归附明朝，授怀远将军。宋钦对元、明两朝都建有功勋，宋氏家族在贵州地区显赫一时。

为霭翠、宋钦有管理贵州地区的经验，出于对人才的重视，便授予他们管理贵州的官职，隶属于四川行省管辖。

后湖广行省思州地区（今贵州务川）的蛮族发动叛乱，明太祖朱元璋派大军前往征讨。洪武三十年（1397年）三月，古州地区（今贵州榕江东南）的蛮族林宽率领其部众发动叛乱，杀死明军将领，朝廷任命征蛮将军前去征讨，在明军的强大攻势下，林宽不敌被擒并被送往南京。同年十月，洪州、泊里等地叛乱也被明军平定。

朱棣新设机构

明成祖朱棣继位初期，思州宣慰使之子田琛与思南宣慰使之子田宗鼎互相争斗，朱棣派人前去调查，结果判定为田宗鼎的过错，于是朱棣下令田琛与田宗鼎和平相处，仍未改变两人关系，两人依旧争斗不休。朱棣为了当地的安定，派人前去将田琛、田宗鼎二人抓到南京城，随后定罪杀死。

朱棣派遣马烨负责管理贵州都指挥使司，马烨管理十分严厉，贵州地方势力时常因不堪忍受其管理而发动叛乱，但都被马烨平定。宋钦生前为贵州宣慰使同知，死后因其子宋诚年纪尚小，其妻刘淑珍代为承袭职位。但因为马烨的严厉，刘淑珍与贵州当地百姓奋起反抗。朱棣本是让马烨更好地管辖贵州地区，没想到却引发了更大的动乱，朱棣立即派兵前往将其逮捕，贵州当地的民众对这一决定拍手叫好。

永乐十一年（1413年），朱棣一直受贵州动乱影响，便下定决心改变此前的管理方式，变为由明朝直接管辖。为此，明廷将贵州地区的思州宣慰使司更改为思州府，思南宣慰使司更改为思南府，同时又新增贵州布政使司等机构，对贵州

> **历史拓展**
>
> "黔驴技穷"一词出自唐朝文学家柳宗元的一篇文章，比喻有限的一点本事也用完了。其故事梗概为：以前在黔地没有毛驴这种生物，当地也不知道毛驴为何物。后来有人从遥远的北方运来一头毛驴，在山中觅食的老虎发现了毛驴，因对其不了解，只得慢慢贴近毛驴，结果被其大叫一声惊吓住，久而久之，老虎发现毛驴只会用蹄乱踢，没有其他本事，便将这头毛驴吃掉。虽然当时的黔地不是指贵州，但后来贵州被称作黔，黔驴技穷的故事也就跟贵州有了联系。

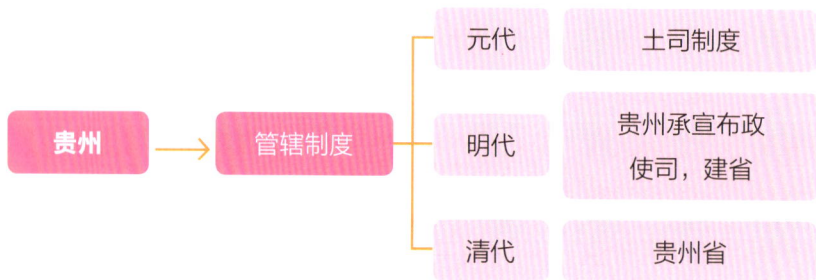

贵州 → 管辖制度
- 元代 —— 土司制度
- 明代 —— 贵州承宣布政使司，建省
- 清代 —— 贵州省

▲ 贵州管辖制度变化

▲ 镇远古城

各府、州、卫进行管理。永乐十四年（1416年），朝廷在贵州设立了提刑按察使司，负责监察贵州地区官员，并管理贵州的刑名、诉讼等事务。此外，朝廷的户部、刑部也纷纷在贵州设置地方机构。随着贵州各行政机构的完善，贵州逐渐成为由明廷直接管理的地区。

历史拓展

　　镇远古镇是贵州名镇，位于舞阳河畔，四周皆山。舞阳河河水蜿蜒，以"S"形穿城而过，北岸为旧府城，南岸为旧卫城，两城池皆为明代所建，现部分城墙和城门尚存。城内外古建筑、传统民居、历史码头数量颇多。

延伸思考

? 明廷直接管理贵州有哪些积极影响？

时间轴　1382-1416 年

1382 年	朱元璋在贵州设置贵州都指挥使司
1385 年	明军平定思州蛮族叛乱
1413 年	朱棣变更贵州地区的机构并新增机构
1416 年	贵州新设提刑按察使司，户部、刑部在贵州设置机构，贵州由明廷直接管理

唐赛儿起义

永乐年间，山东地区水、旱灾害多发，瘟疫流行，百姓生活极为困苦。山东、河南等地的群众甚至到了吃树皮、草根来维持生存的地步。山东民妇唐赛儿聚众起义，声势浩大，虽然只持续了不到一年，但却在民间产生了很大的影响。此次起义对于明朝政权造成了一定的冲击，间接地为贫苦的农民争取到了益处。

唐赛儿愤而起义

明成祖朱棣夺取帝位后，为了迁都北京便大兴土木，并且修缮运河，以便将南方的粮食运到北京城供养源源不断增加的人口。为此，明成祖大量征调百姓为朝廷的大型工程服务，大批山东百姓被迫服徭役。不仅如此，山东地区还不受老天的眷顾，灾害不断，百姓生活在水深火热之中。

历史拓展

唐赛儿，山东滨州人，明朝初期白莲教女首领，永乐年间农民起义军领袖。她领导民众进行了声势浩大的唐赛儿起义，得到了广泛响应。虽然后来起义还是被镇压，但是对当时的社会起到了积极的影响。

唐赛儿出生于山东，自幼家境贫苦，是白莲教教徒。她的父亲便是被官兵抓去服徭役，而她的丈夫林三由于冲进当地的官府讨粮而被官府杀害。由此，她的父亲悲愤而死，母亲不久后也因重病去世，原本好端端的家庭只剩下唐赛儿一个人。唐赛儿对官府非常怨恨，于是率领贫苦大众起义反抗朝廷，许多百姓加入唐赛儿的起义队伍。

永乐十七年（1419年），唐赛儿的起义军乘势攻克了青州城，夺取了青州城内军队的武器，并大开粮仓赈济灾民，以赢得灾民的广泛支持，随后回到了起义军所居住的石棚寨中。青州的指挥使进而带兵围剿山寨，唐赛儿借用山区的有

红巾军与元军激战主战场

自然灾害频发

山东

朱棣迁都北京，百姓徭役不断

"靖难之役"主战场

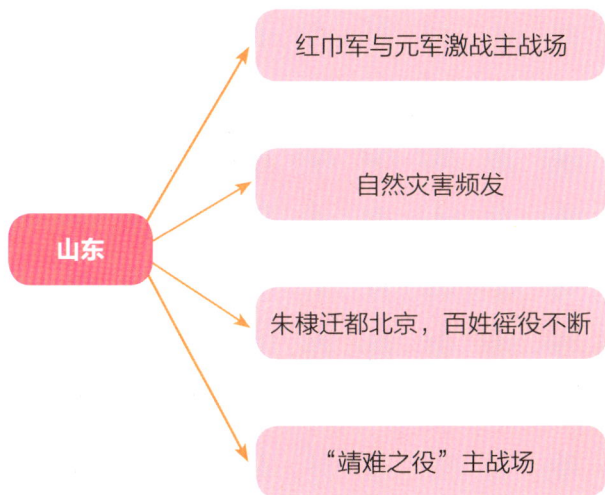

▲ 唐赛儿起义爆发原因

利地形，将明军包围歼灭。起义军胜利的消息传来，极大地鼓舞了山东其他诸多地区的百姓，大家出于对朝廷的不满，纷纷在各地起兵响应唐赛儿。

起义军很快遍及山东诸多地区，各地明军难以应对，纷纷向朝廷求援。山东的官吏本想以地方力量镇压，以免被朝廷责罚，但此时见事情难以收拾，只好向朝廷求救。朱棣得知山东起义的消息后，十分震惊，他害怕起义军阻断通往北京城的漕运，便急忙派军前往，意图对起义军进行招抚，但唐赛儿并不买账。朱棣见招抚不成，只得下令镇压。

明军将石棚寨团团包围。明军将领柳升觉得自己对付起义军根本不在话下，便十分轻敌。唐赛儿利用柳升轻敌的缘故，派人前去诈降，称寨中无水，以扰乱柳升的视线，将其主力调往城东水源地。起义军在唐赛儿的率领下，向着明军防守薄弱的地区发起突围，明军被起义军强大的攻势所击垮，都指挥使也被击毙。柳升在天亮后才知晓起义军突围的消息，便连忙带兵前来，此时起义军早已转移而去。其他地区的起义军也与明军展开了激烈的战斗。随后，起义军一起进攻安丘城，但却被从远处赶来的明军所包围，起义军不敌而遭致失败。之后，唐赛儿率领少数亲信隐匿民间，不知所踪。

历史拓展

白莲教从唐朝开始流传，是一种秘密宗教组织，历经宋、元、明、清几个中原王朝时期，在清朝嘉庆年间发生的白莲教大起义是白莲教活动的最高峰。白莲教源于佛教的净土宗，后世白莲教徒深受佛学影响，为广大的底层贫苦百姓所信奉并广为传播。在元明两代，因社会腐朽引发过多次起义运动，唐赛儿便是白莲教教徒。

唐赛儿不知所踪

此次起义经过了六十多天的奋战，遭到了明军的残酷镇压，最终失败，但起义军的主要首领唐赛儿等人却都安全地存活了下来。为此，朱棣对山东各级官吏处理起义的结果极为不满，将涉及起义的山东诸多官吏全部处死，被明军俘获的起义军也都被杀害。

▲ 唐赛儿领兵作战

明成祖为了追踪唐赛儿的下落，以免其再度出山领导起义，将京师及山东各地的女道士与尼姑都压到北京城审查，但依旧没有唐赛儿的下落。唐赛儿所领导的起义对于明成祖朱棣来说是一个极大的打击，在一定程度上动摇了明朝长时间以来的绝对统治地位。明廷为了避免再次发生大规模的起义民变，此前对百姓严厉的盘剥进一步降低，为山东诸地的百姓留下了一条生路。

历史拓展

唐赛儿勇于起义抗争的事迹成为山东百姓议论的焦点，对于她的踪迹也是众说纷纭。而当年唐赛儿起义的山寨——石棚寨被人们称作唐三寨，寨顶还有清朝同治年间所立的碑文。唐赛儿作为山东滨州人，得到了滨州人民的广泛纪念，并为其修筑了雕像及祠堂，成为滨州不可遗忘的传奇人物。

延伸思考 唐赛儿起义代表着哪些农民精神？

时间轴 1357—1420 年

1357 年	明教传播广泛
1406 年	山东济南发生蝗灾
1419 年	唐赛儿率众起义
1420 年	起义被镇压，唐赛儿下落不明

永乐年间的对外战争

朱棣继位后，积极进行对外战争，开拓明朝疆域，打击外部势力。因明朝边境外的势力或民族可能对中原地区产生威胁，朱棣便采取主动进攻的方式来捍卫明朝的安全。南征安南国、北征蒙古的对外战争，便是在这一历史背景下发生的。

南征安南国

安南国古称交趾，从汉唐以来，一直是归中原王朝统辖。五代十国后，因当时割据势力混乱，安南得以独立成国。元朝末期，中原战乱不断，安南便乘机脱离中原政权而独立，并发兵攻占了元朝的丘温、庆远等五县。明朝建立后，明太祖朱元璋曾命令安南国王归还此前占领的领土，但此时的安南国由国相把持朝政，拒不归还。因明朝初建，百废待兴，朱元璋便将远征安南国一事搁置，安南国便处于半独立的状态之下。

之后，朱元璋把安南国、占城国以及柬埔寨一起列为不征之国，并作为祖训遗留下来。朱棣继位后，认为安南国会威胁明朝南部的安全，便不顾朱元璋的祖训，想要将其纳入明朝的版图。永乐四年（1406年），朱棣派兵攻打安南国。永乐五年（1407年），明军大获全胜，明朝封黎

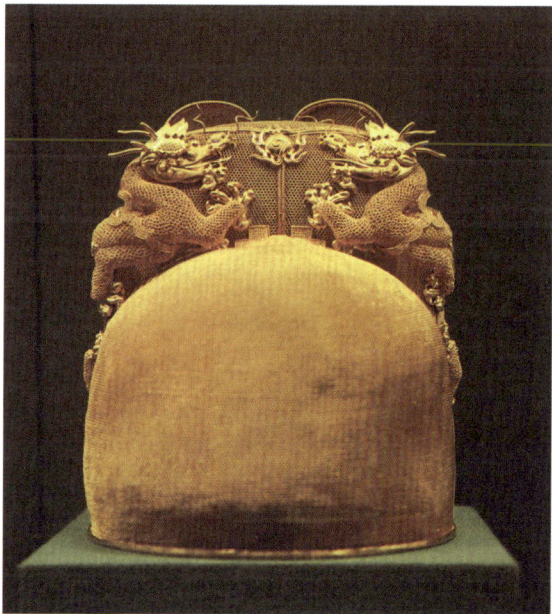

▲ 明朝金翼善冠

利为安南国王，安南国从此向明朝称臣朝贡。

北征蒙古残余势力

元朝灭亡后，其残存势力一直骚扰明朝北部边境地区，让明朝政府颇为苦恼。为了彻底解决元朝的残余势力，明成祖决定出兵征讨。永乐七年（1409年），东部蒙古的本雅失里汗处决了明

安南国		
隶属	→	秦朝到唐朝
脱离	→	南汉（五代十国）
割据	←	吴权于公元939年称王
管辖	→	明朝永乐年间
册封	→	明朝宣德年间
纳入	→	明朝嘉靖年间

▲ 安南国在不同时期的隶属关系

朝派出的一位使节，明朝将领丘福随后率领征讨大军又遭惨败并丧生，为此明朝政府颇为气愤，力图报复。

永乐八年（1410年），明成祖朱棣率领超过三十万大军从北京出发到达胪朐河（今克鲁伦河），将本雅失里汗的大本营摧毁，此后击败蒙古知院阿鲁台，但此次并未使蒙古完全屈服。永乐十二年（1414年），朱棣再次亲率大军进攻蒙古，明军深入到蒙古腹地击退了瓦剌蒙古人，瓦剌酋长马哈木兵力锐减，率军败退。此次战役打了四个多月，朱棣带兵凯旋京师。两年后，马哈木去世，暂时解除了瓦剌蒙古人对明朝的威胁，阿鲁台却趁机将其势力深入到瓦剌内部，不久后又开始袭扰明朝，朱棣准备再次攻打蒙古。

永乐二十一年（1423年），朱棣发起了第四次攻打阿鲁台的战争，目的是阻止其对北方边境的骚扰。但这是一次小规模的征战，明军未能与阿鲁台的部队产生接触，后来朱棣才得知瓦剌人已

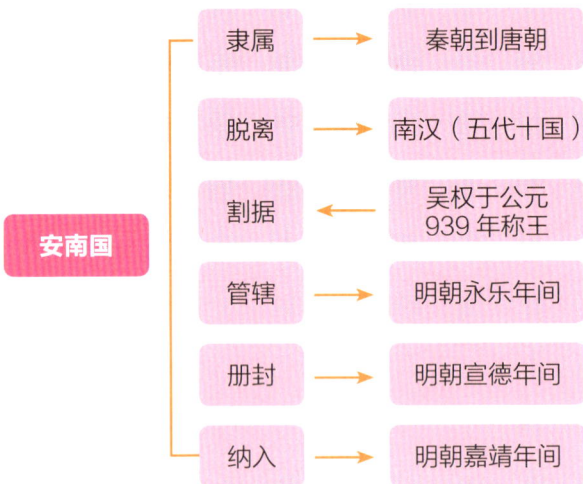

历史拓展

元朝被朱元璋灭亡后，其残余势力退到蒙古大草原并在此建立了政权，因其疆土地处明朝北部，因此被称作北元。北元政权不甘心中原疆土被朱元璋占据，几次南下进攻明朝，但未能重新夺回曾经的都城大都（今北京）。明军为了破解北元势力的袭击，几次北征蒙古，并于洪武二十二年（1389年），在明军悍将蓝玉的进攻下使北元灭亡。此后北元残余势力分裂，但依旧对明朝边境地区产生威胁。

时间	1409 年、1414 年、1422 年、1423 年、1424 年
地点	蒙古大草原
双方	明军 VS 鞑靼、瓦剌
将领	朱棣 VS 本雅失里、阿鲁台
兵力	明军 50 万
结果	明朝胜利

明成祖朱棣亲征蒙古

▲ 明成祖亲征蒙古

经将阿鲁台的部队击败，因而朱棣只好无功而返。

永乐二十二年（1424 年），因阿鲁台的党羽侵入明朝边境进而威胁大同，朱棣决定再次发起远征蒙古的战争。明军进入蒙古腹地后，还是没能遇上阿鲁台的大帐。明军将领请求继续深入作战，但朱棣担心会遭遇危险便撤回了军队。同年八月，朱棣在榆木川（今内蒙古自治区呼伦贝尔市海拉尔区）病逝，而遗留下来的蒙古问题依然未能得到完全解决。

延伸思考 朱棣在位期间频繁对外用兵，是利大于弊还是弊大于利？

时间轴 1407-1424 年

1407 年	安南国纳入明朝版图
1410 年	朱棣亲征蒙古
1414 年	朱棣再次亲征蒙古，4 个月后凯旋回京
1423 年	朱棣发起第四次攻打阿鲁台的战役，无功而返
1424 年	朱棣最后一次亲征蒙古，返回路上病逝

◎ 郑和下西洋

郑和下西洋是明朝初期官方组织的海上远航行动，途经西太平洋、印度洋，拜访了 30 多个国家和地区，最远还曾到达过东非、红海和美洲地区。这一返航同时也是中国历史上的一次世界性壮举，加强了明朝政府与海外各国间的联系，向海外诸国传播了先进的中华文明。

准备远航

郑和本名三保，年轻时便入宫做了太监。入宫没几年，他就被派到燕王朱棣的府上。三保聪明伶俐，勤奋好学，在燕王府受到朱棣的重视。朱棣起兵造反后，三保追随朱棣在"靖难之役"中立下汗马功劳。朱棣称帝后，三保因功被任命为内宫监太监。朱棣为三保赐国姓"郑"，于是三保从此更名"郑和"。

郑和，明朝著名的航海家、外交家，深受明成祖朱棣的信任。之后，郑和受到朱棣的委派开始带领庞大的船队下西洋，对外交往，在永年间六次下西洋，后来在宣德年间再次下西洋，最终完成了七下西洋的壮举，其功绩被后人所敬仰。

郑和深受朱棣的信任，朱棣登基不久，便命令郑和率领船队出海远航。关于郑和出海的目的，一直众说纷纭，大多数史学家认为郑和远航是为宣扬国威，发展海外贸易，与西洋国家建立友好关系；当然还有一种说法是，郑和下西洋是为了寻找失踪了的建文帝，然而此种说法并不被史学界接受，因为郑和每次出使都浩浩荡荡，带着大批船队，即便建文帝流亡海外，用这种方法寻找建文帝的话，效率也太低。无论是何种原因，郑和就这样带着 27000 多人，驾着 200 多艘船于永乐三年（1405 年），开始了"下西洋"的旅程。

七下西洋

郑和第一次航海，来到了爪哇岛上的麻喏巴歇国。此时巴歇国的两个国王（东王与西王）之间正在交战。西王刚刚打败东王，占领东王的地盘。郑和此时却在东王的港口上靠了岸，还派人到岸上去打探消息并准备在集市上做生意，没想到却碰到了西王的军队。军队的指挥官以为郑和是前来帮助东王的，就下令将郑和派到岸上的一百多人给杀害了。

郑和知道此事后异常愤怒，他手下的士兵也准备去找西王报仇。在西王得知手下军队杀害了

▲ 郑和下西洋宝船的木刻画

▲ 郑和宝船

▲《瑞应麒麟图》，描绘了 1414 年郑和下西洋时榜葛剌国进贡的麒麟

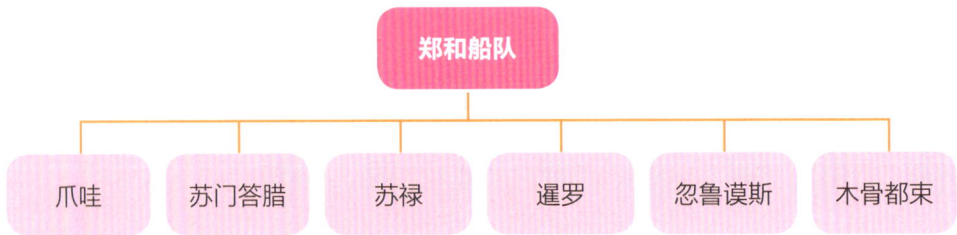

明朝的士兵后非常畏惧，派出使者带上六万两黄金表示愿意补偿郑和一方死难的士兵。郑和见到西王派来赔罪的使者后，明白此事是一场误会，就将此事报告给朱棣，提议化干戈为玉帛，和平处理此事。最终在朱棣的指示下，郑和没有接受麻喏巴歇国的赔偿，事情得以和平解决。

当地的华侨首领施进卿报告说，此地盘踞着一伙海盗，首领名叫陈祖义。这伙海盗无恶不作，经常抢劫过往船只，于是郑和决定率兵围剿。海盗虽然久经海山，却还是敌不过明朝正规军队。此战，郑和剿灭贼党五千多人，烧贼船十艘，获贼船五艘，生擒海盗陈祖义等海盗首领。此后，郑和先后到达苏门答腊、满剌加、古里等国家，于永乐五年（1407 年）回国，押陈祖义等献上。陈祖义等被问斩，施进卿则被封为旧港宣慰使。

```
                    郑和船队
   ┌──────┬──────┬──────┼──────┬──────┐
  爪哇  苏门答腊  苏禄   暹罗  忽鲁谟斯  木骨都束
```

▲ 郑和船队去过的主要国家

永乐六年（1408年），明成祖命工部造宝船四十八艘，并再次派郑和远航，前往南洋多个国家，赐各国国王锦绮纱罗若干，永乐七年（1409年）夏回国。

两个月后，郑和第三次出海到达锡兰山国时，曾奉命到到锡兰山寺布施，并建《布施锡兰山佛寺碑》，此碑现存于科伦坡博物馆。在郑和访问锡兰山国期间，锡兰山国王亚烈苦奈儿意图谋害郑和，夺取战船，将郑和诱骗到国中，并发兵五万围攻郑和船队。郑和趁锡兰

山国倾巢而出、国中空虚之际，带领随从两千官兵，取小道出其不意突袭亚烈苦奈儿王城，破城而入，生擒亚烈苦奈儿及其家属。回国后，郑和将亚烈苦奈儿一家献给朱棣，朱棣念其无知，将其释放，但不可再担任国王，而是命礼部选其国

▲ 郑和下西洋宝船模型

人中贤者为王。

此后的郑和陆续进行了三次远航，到郑和第六次航海归来后，暂停了远航的行动。永乐二十二年（1424 年），明成祖去世，明仁宗朱高炽即位，并以经济空虚为由，下令停止下西洋的行动。直至明宣宗朱瞻基即位后，他以海上各国多不来朝贡为由，命令郑和第七次出海远航。此次远航意在恢复番邦朝贡，因此郑和一行去了许多国家，但在远航途中，郑和因劳累过度于宣德八年（1433 年）去世，明朝船队则在副使王景弘的率领下返航。

这七次航海给大明朝带来了很多好处，从航海开始，陆陆续续地有三十多个国家和明朝交好，向明廷进贡钱财、宝物。而且，郑和航海还打击了明朝周边的海上势力，破除了明朝的海上威胁。

当时，郑和下西洋的规模之大、时间之长、范围之广都是空前的。它不仅在航海活动上达到了当时世界航海事业的顶峰，而且对发展明朝与亚洲国家间政治、经济和文化上的友好关系具有深远影响，郑和称得上是一个伟大的航海家和冒险家，直到现在，还有许多国家、许多人民记得郑和及其事迹。

延伸思考 郑和七次下西洋除了产生的积极影响外，还有哪些消极影响？

时间轴　1405-1431 年

1405 年	郑和第一次下西洋
1407 年	郑和第二次下西洋
1409 年	郑和第三次下西洋
1413 年	郑和第四次下西洋
1417 年	郑和第五次下西洋
1421 年	郑和第六次下西洋
1431 年	郑和第七次下西洋

仁宣之治

明朝经过洪武、建文、永乐三朝发展，到了明仁宗朱高炽、明宣宗朱瞻基时期，因其采取宽松治国、息兵养民等政策，整个明朝社会呈现出一派繁荣景象。而这一时期的明朝国力最强、政治最为清明，被史学家称为"仁宣之治"。

政治清明

明朝在朱元璋、朱棣两代雄主的统治下，社会相对稳定，经济也得到快速发展。但在这安稳背后却隐藏着较大的危机，朱元璋颁布的严刑峻法对各级官员都是一个巨大的威慑，中央朝廷与官员间的矛盾变得越发尖锐，而封建社会各阶层间的固有矛盾也不断深化、日趋紧张。明仁宗、明宣宗为了解决王朝此前遗留下来的弊政，采取了一系列的政治措施。

明仁宗一继位便开始改组内阁，随后授予他的心腹顾问高位，利于开展新的政府工作。与此同时，明仁宗任命的地方行政与司法官员都是有才能并且守纪律的。明仁宗还对文官科举制度作了一些调整，此前在科举制度中考取进士的南方人要比北方人多，为了达到南北相对平衡，明仁宗规定了南北方进士数量的录取比例，这样能保证北方人占全部进士人数的 40%，不至于形成一方独大的局面。这一政策经明、清两朝各时期简单的修改而一直被沿袭。

继明仁宗之后的明宣宗，保留了前朝的政治体制，但在具体的政治制度与行政操作中，明宣

朱高炽（1378-1425 年），明朝第四位皇帝，庙号为仁宗。朱高炽继位后，一改永乐年间对外征战策略，而是注重国家休养生息，并进行了诸多变革。只可惜朱高炽在位不到一年便去世了，但后世对他却有很高的历史评价。

朱瞻基（1398-1435 年），明朝第五位皇帝，明仁宗嫡长子。朱瞻基继位后，继续秉承其父的治国理念，政治清明，经济得到发展，整个社会呈现出一派盛世气象。他与其父的统治时期被后世称为"仁宣之治"。

宗也进行了一些改变，从整体来看，调整力度不大，力求政局相对稳定。

这一时期内阁的权力得到进一步加强。内阁可以定期上朝面见皇帝，并且讨论重要的国家大事。遵循明仁宗的先例，内阁可以直接向皇帝呈递密奏。对于内阁拟定的奏议，若无较大的争议，皇帝一般都会采纳，随后便可以进行具体的贯彻实施，如此一来，内阁便成为皇帝与六部之间的桥梁。

仁、宣二帝在位期间，推行息兵和与民休息的政策，对于臣子的谏言，他们乐于接受，广开言路，使得关于言论的恐怖刑罚得到极大的缓解。对于众臣提出的意见，明宣宗总能虚心接受，并常以汉文帝、唐太宗为学习榜样。

洪武、永乐时期，明朝政府建立了一套十分严酷的刑罚措施，让官员、百姓整日生活在恐惧之中，生怕自己不小心说错话而受到处罚或牵连。到了仁宣时期，出于对百姓的关爱，这种刑罚措施在一定程度上得到缓解，这也体现了"仁宣之治"的施政特点。明宣宗还注重对百姓进行教化，让百姓知晓法律条令，减少犯罪。

同时，"仁宣之治"时期对科举制度也进行了一系列的改革，对官吏的任用采取严格的考察制度，对宦官干政、贪官污吏进行监管，并在各地设立巡抚，加强朝廷对地方官员的督查。这一时期在官员的任用上坚持任人唯贤、唯才是举，改变了此前任用官员的不正之风。通过合理任用官员与监察并举的措施，官场贪腐贿赂的现象逐渐减少。

平定叛乱

明仁宗去世时，太子朱瞻基当时还在南京，皇帝驾崩的消息传出后，汉王朱高煦准备在朱瞻基回北京的路上将其截杀，从而夺取皇位。没想到朱瞻基提前得

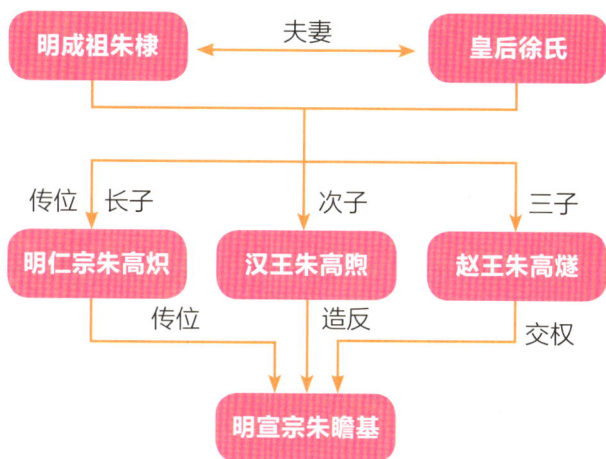

▲ 朱高炽与朱瞻基人物关系

到消息，换了一条线路回到北京继位。汉王朱高煦曾在"靖难之役"中立下汗马功劳，认为自己才是继承皇位的不二人选。在明宣宗继位后，他依旧没有放弃动用武力夺取政权的野心。他像父亲朱棣当年起兵一样，将"清君侧"作为反抗明宣宗的武器，矛头直指朝廷重臣夏原吉。

明宣宗早就知晓汉王的野心，刚即位便开始为平叛做准备。当汉王竖起反抗的大旗时，明宣宗在大臣杨荣的建议下御驾亲征，这一举动极大地震慑了汉王及其盟友。此前愿意与汉王共同起兵反叛的几路人马不敢轻举妄动，汉王的军队很快便投降。大臣们都劝谏明宣宗将汉王就地正法，明宣宗却念其是自己的亲叔叔，不忍杀害，只是将其贬为庶人看管起来。

而后，明宣宗回京立刻传召他的另一个皇叔朱高燧。明宣宗将汉王的下场告诉他，朱高燧明白，宣宗这是想让他交出兵权。为了活命，他乖乖地交出了自己的兵马。至此，明朝初期近半个世纪的外藩问题得到了解决。

历史拓展

汉王朱高煦叛乱，以"靖难"为借口，檄文列举了各大臣的罪状，夏原吉排在首位。宣德三年（1428 年），夏原吉随明宣宗北巡。明宣宗拿过夏原吉袋里的干粮尝了尝，笑着说："怎么这么难吃？"夏原吉答道："军中还有挨饿的呢。"燕王朱棣曾询问过翰林院的解缙各廷臣的长短，解缙回答："夏原吉有德行雅量，却不能远离小人。"

对外交往

明仁宗在位时，继续派兵守卫北方，以防蒙古人的侵扰，并继续保持与中亚、南洋各国的联系。安南国也是明仁宗一直关心的问题，虽然其早已被纳入明朝版图，但仍内乱不断，没有得到彻底平定。因时机还不成熟，明仁宗对安南国继续执行诱降政策。

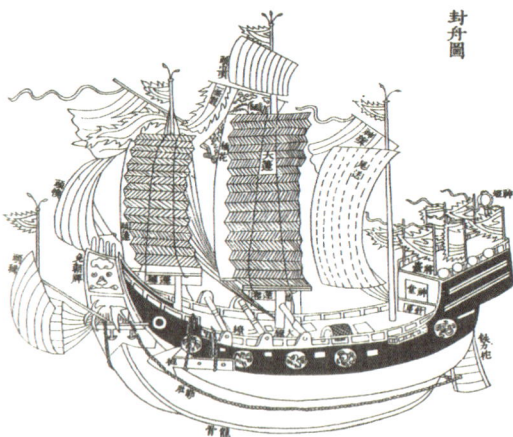
▲ 明代福船

▲ 郑和下西洋纪念邮票

明宣宗继位后，明朝周边的哈密、占城、琉球中山、爪哇等数十个小国都来朝贡。宣德六年（1431年）正月，因外番国家这时大多不来朝贡，明宣宗命令郑和再次远航。在返航期间，郑和于宣德八年（1433年）四月去世，这也是郑和最后一次下西洋。

明宣宗在位时恢复了与日本的联系，此前因日本将军足利义持对明朝的敌意，双方关系在朱棣时期比较紧张。此时双方关系虽然有些改善，但足利义持依旧不愿与明朝达成任何协定。足利义持的继承者足利义教在对待明朝的关系上与其有很大的不同，这一时期明朝与日本沟通良好，

明朝宣德年间由景德镇御瓷厂所产的青花瓷被世人评价极高，宣德瓷也为后世所熟知。与明朝其他时期所烧制的青花瓷相比，宣德瓷烧制技术更为高超，造型古朴典雅，釉色晶莹艳丽，纹饰多姿，造型丰富且有着精雅古朴、浑然庄重的特点。

双方互派使团到访，明朝使团到达日本后也会受到热情的接待。

明宣宗在外交上继续执行明仁宗时期推行的收缩策略，一改永乐时期大幅度对外交往的状况，只和永乐时期定期前来纳贡的国家保持例行接触。与此同时，明朝继续实施海禁，不允许百姓出海到国外定居或经商，主要保持朝廷对海外贸易的垄断。但这些禁令无法阻止偷渡等行为的发生，依旧有沿海百姓在这一时期不断下南洋谋生。

历史拓展

明代《郑和航海图》中附有四幅《过洋牵星图》，其是指用牵星板测量所在地的星辰高度，然后计算出该处的地理纬度，以此测定船只的具体航向。郑和船队在横渡孟加拉湾和印度洋时，只能依靠罗经和天体导航，最终以《过洋牵星图》为依据，"观日月升坠，以辨东西，星斗高低、度量远近"，结果收到了出奇的效果。郑和船队继承了中国古代天体测量方面的成就，形成了一种自成体系的先进航海技术，从而使中国当时天文航海技术达到了相当高的水平。

时间轴　1424－1431 年

1424 年	朱棣去世，皇太子朱高炽继位
1425 年	朱高炽去世，皇太子朱瞻基继位
1426 年	朱瞻基平定汉王朱高煦叛乱
1431 年	朱瞻基派郑和第七次下西洋出使诸国

延伸思考　"仁宣之治"与"永乐盛世"有哪些深层次的关联？

◎ 明宣宗废后

宣德年间，明宣宗朱瞻基为了立宠爱的孙贵妃为后，煞费苦心地设计废除了胡善祥的皇后之位。废后为皇家与朝廷的大事，涉及国之根本，明宣宗便进行了周密的安排，最终完成废后事宜，胡皇后也成为明朝第一位被废除的皇后。

宣宗意欲废后

胡善祥在朱瞻基还是皇太孙时，便因为贤良淑德而被选中嫁给了他，成为皇太孙妃。在朱瞻基的父亲朱高炽继位后，朱瞻基顺利成为皇太子，胡善祥成为皇太子妃，朱瞻基继位后便自然成为皇后。

可惜胡皇后未能诞下皇子，只是生养了两个公主，没能得到明宣宗的恩宠。这时凭借关系进宫嫁给明宣宗的孙贵妃，将明宣宗与宫人所生的儿子认作自己之子，并得到明宣宗的宠爱。为此，明宣宗想要让孙贵妃取代胡皇后，也借此提升孙贵妃之子的地位。

▲ 明代皇后凤冠

废后毕竟是朝廷大事，明宣宗知道很可能会引起大臣们的反对，便召集张辅、蹇义、杨荣、夏原吉、杨士奇五位大臣商议此事。明宣宗以孙贵妃有子，地位应该提升为由，询问大臣该如何安置胡皇后，并且提到了胡皇后可能无法再生育一事。

大臣杨荣明白了宣宗的意思，便直接提出可以废除胡皇后，改立孙贵妃。明宣宗听到杨荣提出废后十分高兴，

▲ 蹇义画像

但为了不给群臣留下话柄，便询问以前朝代是否有废后的先例。蹇义便以宋仁宗曾将郭皇后降为仙妃的事情禀明宣宗此事古已有先例。

但其他三位大臣却对废后之事有着不同的意见，杨士奇以宋仁宗废除皇后遭致大臣们劝谏为例表示，历史上对废后都持否定的态度。五位大臣意见不一，明宣宗便让他们回去商议。

胡皇后被废

第二天，明宣宗再次召集五位大臣询问结果，杨荣列举了胡皇后一系列过失，表示宣宗可以此为由废除胡皇后。明宣宗看完后对此并不认同，宣宗的本意虽是要废除胡皇后，但并不愿意用诋毁胡皇后的方式来达到目的。而杨士奇则趁机劝明宣宗谨慎行事，不要轻易行废后之事。

明宣宗想要废除胡皇后的心思非常坚定，不久后又单独召见杨士奇询问意见，杨士奇推脱不过，表示愿意为宣宗出谋划策，并问起胡皇后与孙贵妃的关系。明宣宗表示他们二人关系融洽，但自己更为看重未来的储君，皇后因为生病的原因又不能再生

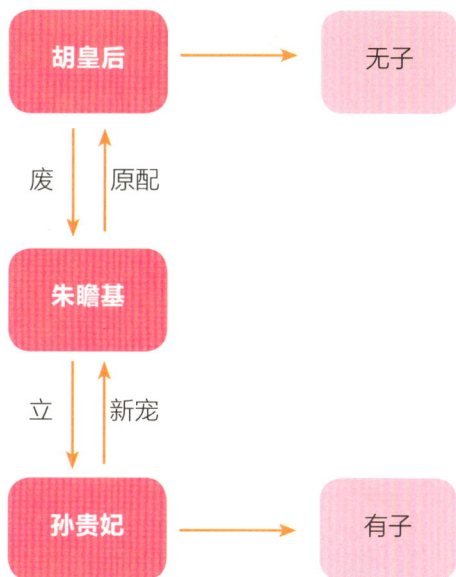

▲ 朱瞻基废立皇后

子，便想让孙贵妃的地位更高。

杨士奇听后提出可以利用胡皇后生病的时机，劝说其辞去皇后之位，但保持以前对胡皇后的恩眷。明宣宗对于这一建议表示认同。

明宣宗便依照杨士奇的办法行事，果然取得成效。不久，明宣宗召见杨士奇，并说胡皇后已经主动提出让位于孙贵妃，但孙贵妃没有接受，皇太后也未同意。虽然如此，但明宣宗知道，废后之事很快会有结果。

▲ 杨士奇

宣德三年（1428年），孙贵妃正式取代胡皇后，而胡皇后在辞位后居住在长安宫，被赐号静慈仙师。虽然胡善祥被废除皇后之位，但张太后出于对她的怜爱，还时常召她见面。不仅如此，在内宫的宴会上，胡善祥总被张太后安排居于孙皇后的上位落座。胡善祥没有品行缺失却失去皇后位，明朝的百姓都很同情这位废后，几年后明宣宗也时常感到后悔，谈起废后一事时，总是感叹："这是我年少冲动所为啊！"

历史拓展

立皇后一事，明廷除了看中外在条件，还考虑政治上的因素，对外戚控制朝政非常警惕，避免重蹈前朝外戚擅权的覆辙。因此，明朝的皇后多来自民间，少有家室显赫的皇后。所以明宣宗在废除皇后的事情上，也不必顾虑皇后亲族的力量，废后之事也显得颇为顺利。明朝几乎没有出现过外戚干政的事件，这在我国历史上是少有的。

延伸思考 明宣宗废除胡皇后的事件说明了什么？这体现出明朝怎样的选后制度？这样的选后制度有何利弊？

时间轴 1425-1428 年

1425 年 — 胡善祥成为皇太子妃

1426 年 — 胡善祥成为明宣宗的皇后

1428 年 — 明宣宗废除胡善祥的皇后之位

第三章

走向衰落的大明

　　明王朝经历了洪武时期的开国、建文时期的战乱，直到朱棣的文治武功以及之后的"仁宣之治"，整个明王朝呈现出一番盛世之相。但随着"仁宣之治"的终结，明朝相继经历了土木堡之变、瓦剌军进犯、夺门之变、宦官干政等事件，国力逐渐走向衰落。这一时期的明朝面临着诸多挑战。

◉ 宦官王振专权

正统年间（1436-1449 年），明英宗朱祁镇宠信太监王振，给予他很多特权。王振利用职权经常干扰朝政，致使朝政混乱，百姓生活水平下降。"仁宣之治"的盛世到此戛然而止。同时，明英宗宠信宦官也开了一个不好的先例，宦官弄政成为明朝中后期朝局混乱的原因之一。

▲ 明英宗画像

王振逐渐起势

王振出生于明朝的蔚州（今河北蔚县），年轻时读过一些书，后来做了教书先生，但以他的学问难以考取更高的功名。王振为了能够出人头地，便将目标瞄向了皇宫。在永乐末期，他进宫做了一名宦官。因王振善于揣摩人心，且有一定的文化，在宣德年间深得明宣宗朱瞻基的喜爱，成为东宫的一员，负责服侍当时的皇太子朱祁镇。虽然皇宫内部宦官之间争斗不休，但他一直低调行事，懂得如何保全自己，不卷入权力争斗的旋涡之中，尽心尽力照顾皇太子。皇太子朱祁镇因长期被王振服侍，便对其信赖有加。

等到明宣宗去世，皇太子朱祁镇继位后，因其年幼，无法亲政，便由其祖母太皇太后张氏辅佐朝政。明朝吸取之前各朝代的教训，不允许太后或外戚专权，因而太皇太后虽然是听政，但不擅

历史拓展

王振出生于蔚州，后来为了谋取功业入宫成为宦官，因其曾经服侍过还是太子的明英宗，在明英宗继位后对王振十分恩宠。王振借着明英宗的宠信，拨弄朝政，后虽有所收敛，但在太皇太后张氏去世后，变得更加肆无忌惮，最终引发明朝政局的动荡。

权，朝廷大事还是交给皇帝的几位辅政大臣即杨荣、杨溥、杨士奇等处理。明英宗继位后，将自己身边的司礼太监更换为自己信赖的人。王振便借着服侍过明英宗的优势，顺利成为皇宫内宦官的领头人，掌管司礼监。司礼监总领皇宫内各大宦官衙门事务，是名副其实的宦官集团权力中枢，权力极大。

历史拓展

司礼监是明朝内廷管理宦官与宫内事务的"十二监"之一。明代胡惟庸案废相后，司礼监因主管皇帝文书、印玺、宫内礼仪等业务，遂上升为"十二监"之首，成为内廷权力最大的机构，其主管虽仅具有外朝三品之级别，但其权力可与内阁首辅匹敌，有"权过元辅"之称。

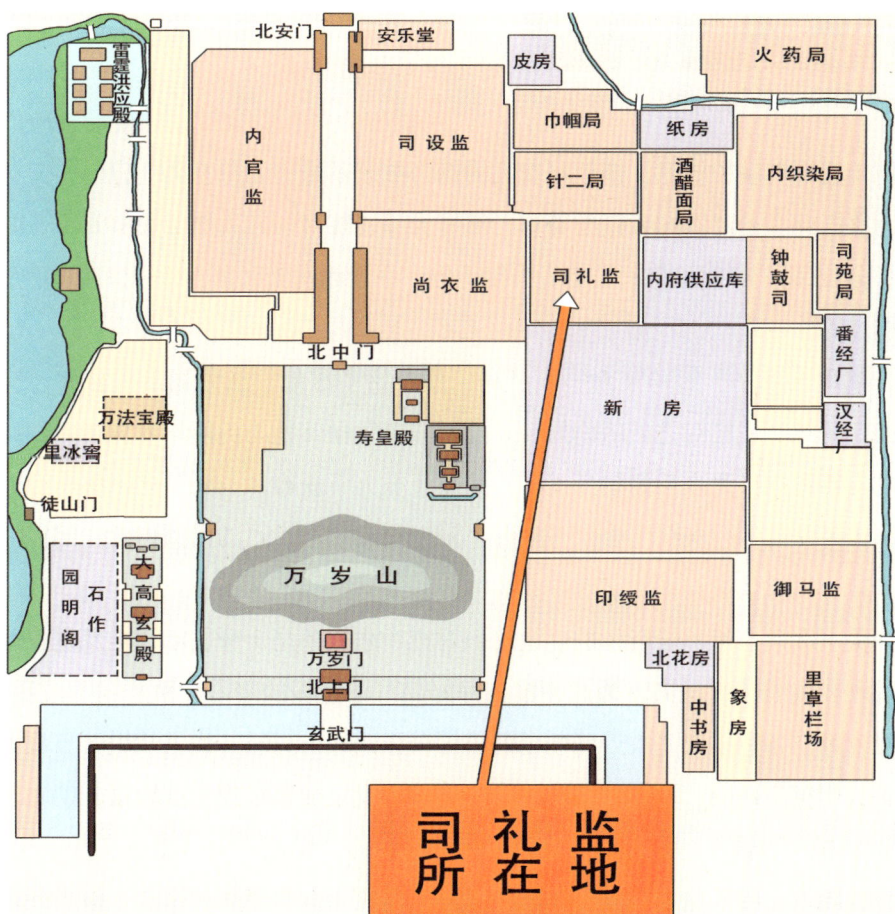

▲ 司礼监位置图

▲ 诚孝昭皇后张氏（太皇太后）

王振虽然受明英宗的恩宠掌管大权，但因有太皇太后及"三杨"对明英宗的全心辅佐，在很多事情上不敢随意做主，害怕受到他们的排挤与攻击。为此，王振在太皇太后与"三杨"面前，唯唯诺诺，并极力讨好他们。一次明英宗与宫内的小太监们一起玩球，这对于一个年幼的皇帝来说是件再正常不过的事，但王振便借此事发挥，次日当着三位老臣的面向明英宗劝谏不要玩球误国。"三杨"听后为他的忠心爱国而感动，逐渐放松了对他的警惕。

王振作为司礼监太监，需要经常向内阁大臣传递明英宗的旨意。但他每次去内阁都故意不进去，只在外面宣旨，"三杨"认为王振此举是对内阁大臣的尊重，便摒弃掉以往对司礼太监的固有看法。时间一长，"三杨"便直接将王振请进内阁传旨，并让他就座歇息，这种待遇之前是不曾有过的。

辅政大臣之一的杨荣因年事已高，便开始考虑他们从内阁退出后如何使内阁稳定延续，来应对之后的朝局。于是"三杨"便开始为内阁培养新势力，让贤能的大臣可以成为今后的朝廷支柱。虽然王振为了获得"三杨"的好感而行事小心，但时常趁他一人在明英宗身边时，对明英宗灌输自己的治国理念，间接地干预朝政，同时借机在军队培育自己的势力。

太皇太后虽然不管具体的朝政，但对宫中事宜还是十分关心。她发现王振以权谋私、大有干政动向，为此便准备好好敲打下王振的野心，防止其干政乱国。经过一番准备后，太皇太后将朝廷的英国公张辅、"三杨"、尚书胡焕共五位大臣召集到明英宗面前，告知明英宗五位大臣受先皇之命辅佐他治理国家，朝政大事需要与五大臣商议，五大臣同意的事情才能实施。随后，太皇太后又找来王振，并让他跪下，呵斥他侍奉皇帝但不守规矩，按照祖制与明朝的律法，应当处以死刑。王振听后十分害怕，生怕自己的野心暴露，这时明英宗马上替王振求情，五大臣出于对王振的同情也向太皇太后求情。太皇太后本意也不是真的要处死王振，见皇帝与大臣们都在替他求情，便顺势立下规矩，不许王振干预朝政，如果违反，决不饶恕。王振连连答应并磕头谢恩。

受到太皇太后的这一番"教育"，王振不得已只好低调行事，短时间内不敢再做出格的事，对皇宫内的权贵都小心翼翼地服侍。虽然王振内心无比渴望权力，但处处受人掣肘，只好伺机而动。

正统六年（1441 年），紫禁城内的奉天殿、华盖殿、谨身殿等三大殿重新修缮竣工，为此皇宫内大摆筵席。虽然明英宗十分宠信王振，但依照祖制，宦官无权参与。因王振时常陪伴在明英宗身边，明英宗在宴会上没有看到王振的身影，感觉不自在，便派人前去看望王振。

王振见明英宗派人来看自己，开始表现出对自己未能参加宴会的不满，并将自己比作周公，将明英宗比作周成王，认为他有着周公辅佐成王的功绩，却不能与其共赴一宴。明英宗得知王振的意思后，不但没有觉得他有僭越之意，反而觉得是自己不对，连忙派人去请王振来参加宴会。王振的到来得到了大臣们的欢迎，此事说明王振此时已获得了大臣们的信赖。

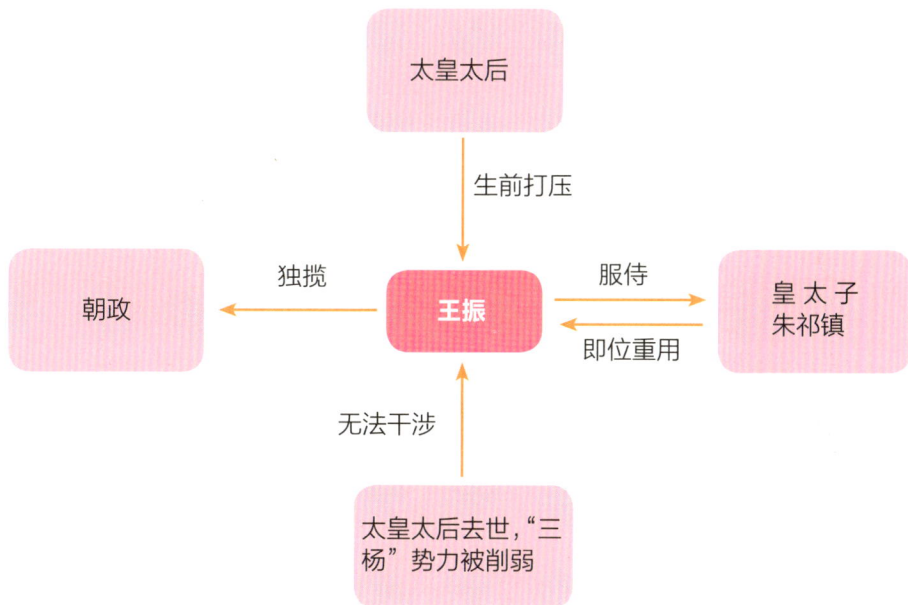

太皇太后 →（生前打压）→ 王振

朝政 ←（独揽）← 王振 →（服侍）→ 皇太子 朱祁镇 →（即位重用）→ 王振

太皇太后去世，"三杨"势力被削弱 →（无法干涉）→ 王振

▲ 王振擅权

王振开始独揽大权

随着太皇太后的病逝，压在王振头上的最后一座大山终于被挪开。而在朝廷内阁中，最具谋略的杨荣已于前年病逝；杨士奇之子杨稷为人敖横，因为施暴杀了人，杨士奇迫于诸多压力也只好借年老患病为由辞职；杨溥虽然还在内阁，但他的心计远不如王振。内阁中的新势力又因资历、威望尚浅得不到群臣支持，而明英宗又对王振予以充分的信任，由此王振开始独揽大权。

早在明朝立国之初，明太祖朱元璋在宫门内留下了刻有"禁止宦官干预政事"的牌匾。王振每次看到都感觉是在影射自己，心中十分不悦，便私下派人将那块牌匾盗走，丝毫不把明朝祖制放在眼里。不仅如此，王振还大量搜刮钱财为自己兴修豪华的府邸，以供享乐。

王振擅权的重要体现便是扰乱官场，一些谄媚之人努力巴结王振以此来获得升迁，而那些违背他的人，便会被其报复，遭到惩罚甚至是贬谪。诸多大臣因听从于王振而被委以重任，不仅如此，他还将亲戚与心腹安插进入重要岗位，以便服务自己。经过王振的运作，官场上形成了一个以他为核心的集团，而这一切都源于明英宗对他过分的信任与放纵，多数官员更加不敢与他作对。

▲ 太监王振所建北京智化寺

正统八年（1443年），修缮才两年的奉天殿被雷电击中一个角落，明英宗害怕是上天怪罪，引发祸事，便下令让群臣谈论朝政的得失。翰林侍读刘球提出让明英宗亲政，不要把权力交由手下，这无疑是与王振作对。王振大怒，便找借口栽赃刘球将其下狱。正巧编修官董磷想要升迁为太常寺卿亦同是得罪王振，被他关押入狱。王振便借董磷陷害刘球，在其党羽的严刑逼供下，董磷不得已承认是受刘球的指使想要任职太常寺卿。刘球面对王振的诬陷无可奈何，又无力自证清白，因此被冤死。大臣们得知刘球已死，都不敢向明英宗言明不利于王振的事情，此时的王振做事更加有恃无恐。

王振仗着自己在宫中的权势，大肆敛财，久而久之，向王振送礼便成为宫中一条不成文的规矩，如若有人不愿送礼，便会受到王振党羽的报复。国子监祭酒李时勉为人正直，从不迎合王振，便遭其记恨。此后，王振借口李时勉砍掉国子监前面古树的树枝，意图砍伐官家的树木留作私用，于是便惩罚他戴着沉重的枷锁在国子监门前示众，但李时勉依然岿然不动，顶着烈日站了三天。他的学生们实在看不下去，前去为他求情。在几方的压力下，李时勉才被释放。此外，还有明朝大臣于谦曾因进京没给王振送礼而遭其诬陷，后来在众多官民进京请愿的舆论压力下，于谦才被释放。

王振大权在握的几年里，培养了庞大的个人势力，许多正直之士因此受到迫害，正统朝后期官场变得尤为黑暗。王振利用权势所积攒的财富越来越多，一时间官场贿赂成风，"仁宣之治"的成果被践踏。不仅如此，王振对北方的边防守备也大加干涉，导致明军战斗力低下，无法抵抗瓦剌对明朝边境的侵犯。

时间轴　1435-1446 年

1435 年　朱瞻基去世，皇太子朱祁镇继位

1442 年　太皇太后去世，王振开始擅权

1443 年　刘球因向皇帝进谏被王振害死

1446 年　于谦被王振诬陷，后在民众的巨大压力下，才得以释放

延伸思考　宦官干政给朝局带来哪些方面的恶劣影响？

土木堡之变

明朝正统年间，明英宗朱祁镇北征瓦剌。此次征战中，明军惨败，明英宗被俘，诸多明朝良将大臣战死，以瓦剌军全胜而告终，"仁宣之治"的成就被毁，明王朝开始走上衰落的道路。

引发战乱

正统十四年（1449 年）二月，瓦剌首领也先派遣两千多人向明朝上贡战马，却谎称是三千人，想要朝廷多给予赏赐。但王振却按照具体的人数分发赏赐，不愿意多给。出于对瓦剌谎报人数的报复，还削减了马价的五分之四。因为明朝没能满足瓦剌的要求，瓦剌便开始在明朝边境制造事端，随后对明朝发起进攻。

明军在瓦剌军的进攻下不断战败，来自前线失败的战况不停地传到北京。明英宗在王振的蛊惑下准备亲征，朝廷大臣见

▲ 也先

状纷纷上书劝谏，但明英宗只相信王振。同年七月，明英宗命令其皇弟朱祁钰驻守北京，随后便率五十万大军亲赴战场。

土木堡惨败

在行军过程中，明军由于组织不当，军政大小事务皆由王振把持，导致军中一片混乱。同年七月，明军出居庸关，经过怀来、宣府，随后进入大同。也先始

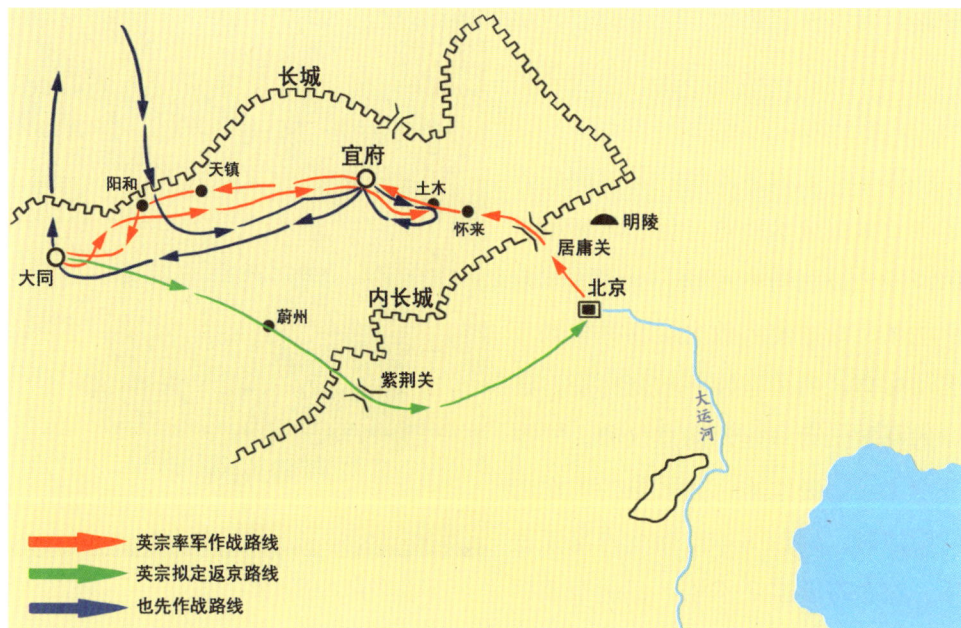

▲ 土木堡之变示意图

英宗率军作战路线

英宗拟定返京路线

也先作战路线

终不与明军正面交锋，为引诱明军深入而主动北撤。明军在王振的指令下坚持北进，得知前方惨败，才急忙下令撤退。

王振本想让明英宗按照原定计划返京，因返京路线经过其家乡蔚州，于是他便想在家乡父老面前逞威风，但走到半路，又害怕明军经过蔚州时破坏了他在老家的庄稼，因而导致行军路线屡次改变，明军也被拖累得疲惫不堪。当明军按照

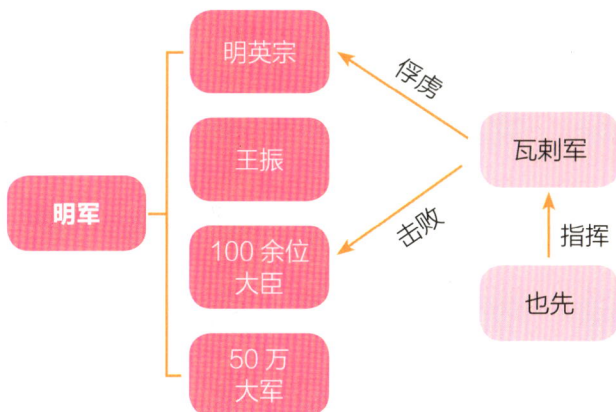

▲ 明军与瓦剌军势力对比图

原路返回行至宣府时，三万骑兵已经被瓦剌军消灭。随后明军向土木堡撤退，瓦剌军却步步紧逼。

明军在土木堡休整，长时间的奔袭导致明军缺水严重，但土木堡附近的河流已被瓦剌军占领。也先为了麻痹明军，派遣使者前去议和并告知会主动撤离。明英宗没有丝毫怀疑，遂命内阁学士曹鼐起诏同意议和。王振下令士兵前去饮水，当大量的明军奔向河边时，因饥渴难耐而变得毫无秩序，整个军队混乱不堪，瓦剌军则乘机发起进攻。

▲ 乌纱翼善冠（皇帝常服）

面对瓦剌军的突然袭击，明军仓促应战，阵形大乱，而早已埋伏在四周的瓦剌军则以逸待劳，明军无路可逃遭遇惨败，诸多王公大臣战死，明英宗也被擒获。

历史拓展

瓦剌是活跃在明朝北部边境以外的势力，同时也是蒙古族的一支。在明朝前中期在与鞑靼部的斗争中获胜，开始称霸蒙古各族，对明朝边境地区产生严重的威胁。此次土木堡之变便是瓦剌崛起的信号，但此后便逐渐衰落。

延伸思考

？明军在土木堡战败，谁的责任更大？是宦官王振，还是皇帝朱祁镇？

时间轴　土木堡之变

1449年二月 宦官王振未能满足瓦剌首领也先要求，挑起战端

1449年七月 朱祁镇御驾亲征瓦剌

1449年八月 明军在土木堡战败，朱祁镇被瓦剌军俘虏

明军击退瓦剌

明军在土木堡之变中遭受惨败，面对皇帝被俘、瓦剌大军逼近北京城下的局面，明朝在爱国大臣于谦等人的主持下，众志成城一起抗击瓦剌军，最终取得胜利，击退了瓦剌军，保住了明朝都城。

打响北京保卫战

瓦剌军将明英宗俘虏后，在伯颜帖木儿的提议下，也先准备要挟明朝并索要财物。此时，朝中有不同见解，有些大臣主张将都城南迁，京城的达官贵人也纷纷南逃，害怕瓦剌军攻入北京城洗劫财物。而兵部侍郎于谦和陈循、王直等主战大臣坚决反对迁都，认为保卫京师才是立天下的根本。由此，于谦临危受命任兵部尚书，负责对抗瓦剌军事宜。

以于谦为首的大臣们认为朝廷不可一日无君，应早立新君，如此瓦剌便没有要挟明朝的资本，并建议孙太后立郕王朱祁钰为帝。孙太后同意大臣们的建议，但郕王以皇兄未归而推辞，在大臣们的再三请求下，郕王无奈只得答应，以第二年为景泰元年，遥尊明英宗为太上皇。同时命令边关将领不得与瓦剌军私下接触，如果瓦剌军以太上皇的名义提出要求也无须答应。

也先见被俘虏的明英宗对瓦剌没半点儿益处，便恼羞成怒出兵进攻北京城。也先借送太上皇回京为由，命令明朝各边关开启城门。正

于谦（1398-1457 年），明朝一代名臣。在土木堡之变明英宗被俘后，于谦力主迎立朱祁钰为帝，并率军击退瓦剌军的进攻，挽救了当时明朝的危急局势，被后世所敬仰。但他在明英宗复辟后遭人诬陷被杀，令人遗憾。

统十四年（1449 年）九月，瓦剌军进攻宣府、大同，同年十月，瓦剌军攻陷了白羊口、紫荆关、居庸关后直逼北京城。因明朝的精锐部队损失惨重，北京城告急，北京保卫战即将打响！

瓦剌军败退

于谦主张背城决战，认为明军如果向瓦剌示弱，会使瓦剌军更加猖狂。于谦将大军列阵于北京城的九门外，并用重兵在德胜门设伏，形成了以城为营、以战为守、分调援军、内外夹击的作战部署，力图与瓦剌军在北京城下决一死战。当瓦剌军逼近北京，也先将瓦剌军布置在西直门以西地区，于谦派兵在广宁门打败瓦剌军先锋，夺回被俘的明军一千多人，后又派兵在午夜袭击瓦剌军。

而后，也先挟持明英宗到德胜门外的土城上，要求于谦、石亨等人前去迎接并索要财物，其目的是为了捉拿明军主将，让朝廷不战而降。于谦看穿了也先的阴谋，一面派官员去朝见太上皇，一面积极准备偷袭瓦剌军。于是，两路明军主动出击，斩杀瓦剌军数百，大振军心。

随后，瓦剌军集中力量进攻德胜门，于谦命令石亨埋伏在四周，并派少量骑兵佯装战败引诱敌人。也先未能识破计谋，亲自率领数万精锐骑兵穷追不舍。当也先率领的骑兵进入埋伏圈后，于谦便下令反击，此次瓦剌军损失惨重。也先此时发觉明军的主力还在德胜门，便集中军力攻击西直门。西直门守军击败了也先的先头部队，随后双方不断增兵支援，最终明军击退了瓦剌的进攻。

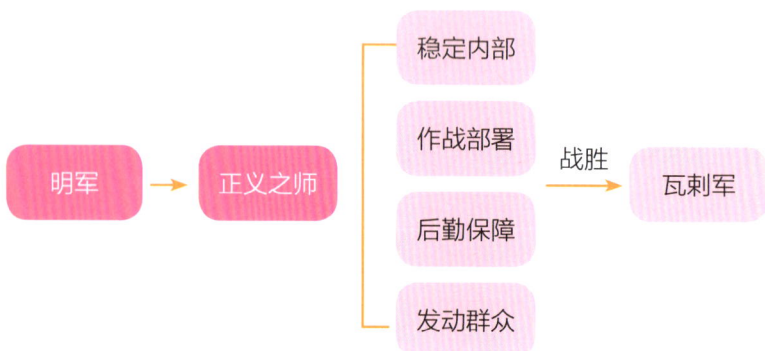

```
               ┌──── 稳定内部
               │
               │     作战部署      战胜
明军 ──→ 正义之师 ┤              ──────→  瓦剌军
               │     后勤保障
               │
               └──── 发动群众
```

▲ 明军取得北京保卫战胜利的因素

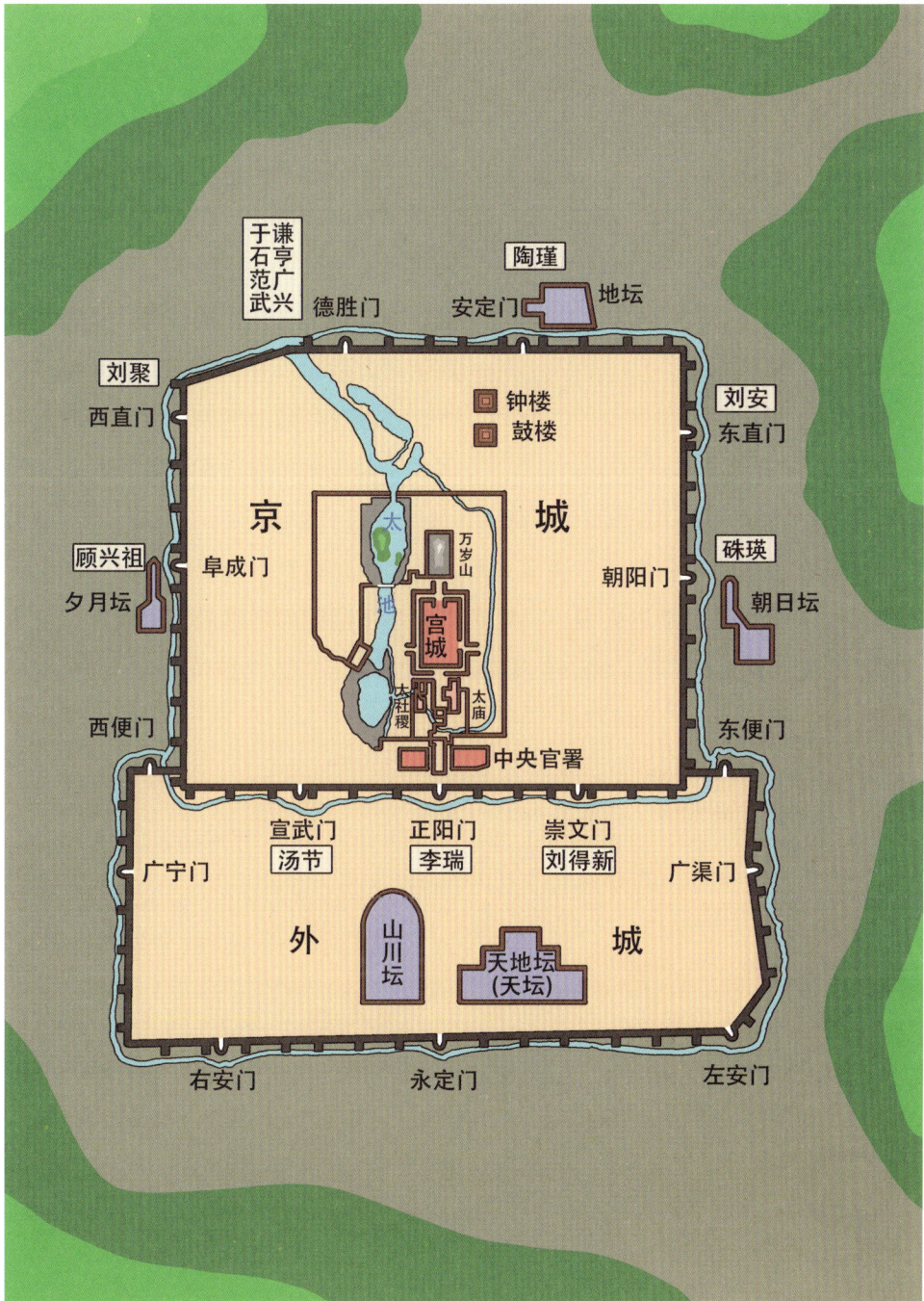

于谦
石亨
范广
武兴

陶瑾

德胜门 安定门 地坛

刘聚
西直门

钟楼
鼓楼

刘安
东直门

京 城

顾兴祖
夕月坛

阜成门

太液池

万岁山

朝阳门

碟瑛
朝日坛

宫城

西便门

太社稷 太庙

东便门

中央官署

宣武门 正阳门 崇文门
广宁门 汤节 李瑞 刘得新 广渠门

外 城

山川坛

天地坛
（天坛）

右安门 永定门 左安门

▲ 北京保卫战兵力分布图

历史拓展

明朝永乐年间营建完紫禁城后，皇宫由不同的门所守护。其中内城包含九门，分别为：南面的正阳门、崇文门、宣武门，东面的朝阳门、东直门，西面的阜成门、西直门，北面的安定门、德胜门。外城共有7座城门，分别为：永定门、左安门、右安门、广渠门、东便门、广宁门、西便门。内城门与外城门共同护卫着皇宫内的安全。

不甘失败的也先率军调转目标进攻广宁门，于谦命令守军在城外的街巷拦截，在关键地带埋伏设防，派兵在广宁门外迎战瓦剌军。明军用火器和弓弩击退了瓦剌军的进攻，而此时的明景帝派遣数百名骑兵攻击敌阵，想要抢夺功劳，反而搅乱了明军的阵势。瓦剌军见此情形，趁机反扑，追击明军至德胜门外。在这样的危急时刻，德胜门附近的居民奋起反抗，纷纷爬上自家房顶，用砖石砸向瓦剌军，随后于谦的援军赶到，共同击退了瓦剌军。

也先在进攻北京各城门时屡次失败，瓦剌中路军在进攻居庸关时与明朝守军大战七天七夜还是遭遇失败，同时也先洞悉了明朝的各路勤王军队也在前来支援。也先害怕瓦剌军的后路被援军切断，便带领一路人马挟持明英宗向紫荆关撤退。

瓦剌军开始撤退后，于谦命令石亨用炮火袭击也先的军营，炸死瓦剌军一万余人。瓦剌军在撤退途中，一路上烧杀抢掠，随后明军分路追击，瓦剌军不断败退。经过明朝军民的不懈努力，明军最终取得了北京保卫战的胜利。

延伸思考 明军能在北京保卫战中取得最后的胜利，有哪些原因？

时间轴　北京保卫战

1449年九月	朱祁钰登基为帝，瓦剌军向明朝发起进攻
1449年十月初	瓦剌军进逼北京，北京保卫战开始
1449年十月十一日	瓦剌军进逼北京，北京保卫战开始

明英宗重登帝位

明英宗在瓦剌进攻北京失败后被放回，但却被明景帝囚禁。景泰八年（1457年），将领石亨、大臣徐有贞、太监曹吉祥等人发动政变，拥戴被囚禁在南宫的明英宗朱祁镇复位，史称“夺门之变”。

密谋复辟

瓦剌首领也先在进攻明朝都城北京失败后，又数次南下，但因明军防范严密而未能成功。瓦剌作为游牧民族，在长期的征战中损耗了大量的人力、财力，又因与明朝作战，更是丧失了与明朝通商的机会。景泰元年（1450年）八月，也先无条件地将明英宗释放回了明朝。

朱祁钰（1428-1457年），明宣宗朱瞻基次子，明英宗朱祁镇之弟。正统年间被封为郕王，在明英宗被瓦剌俘虏后继任为皇帝。后在夺门之变中失去皇位，随后因病去世。

明英宗回到北京后，令明景帝坐立不安，认为明英宗有可能威胁到自己的皇位，便将他锁在南宫。为了防止明英宗与外界沟通，明景帝将南宫大门上锁灌铅，派人严加看管。在南宫，明英宗的生活时常吃穿不足，其原配皇后不得已只能自己做些女红，托人偷偷带出去变卖补贴家用。明景帝甚至派人把南宫附近的树木全部砍完，防止有人藏匿在树上给明英宗传递消息。明英宗就是在这样的环境中度过了七年的软禁生活。

景泰八年（1457年）正月，明景帝病重，召重臣石亨嘱托身后事。但石亨见明景帝命不久矣，便在心中打起了小算盘。出宫后，石亨立即派人找到前府右都督张軏和宦官曹吉祥，向他们告知皇帝的病状，并商议之后的出路。

明景帝在继位后罢黜太子朱见深，立自己的儿子朱见济为太子，但朱见济没过多久便夭折，明景帝在病重后无子继承皇位。石亨便向张軏、曹吉祥提议说："如今皇帝已经病重，如有不测，又无太子继位，不如乘此机会请太上皇复位，如此一来我们便有了扶立皇帝的不世之功。"随后三人一拍即合，准备借此良机飞黄腾达。

他们三人进行了周密的安排，各自分路去实施。宦官曹吉祥进宫去见明英宗的生母孙太后，并取得她的支持。石亨与张軏去找太常寺正卿许彬商议，但许彬以自己年老不中用为由拒绝，转而让他们去找徐有贞。于是他们又连夜去找徐有贞，徐有贞认为复辟之事需要赶紧下手，经过一番谋划，众人决定在正月十六日晚上发动政变。

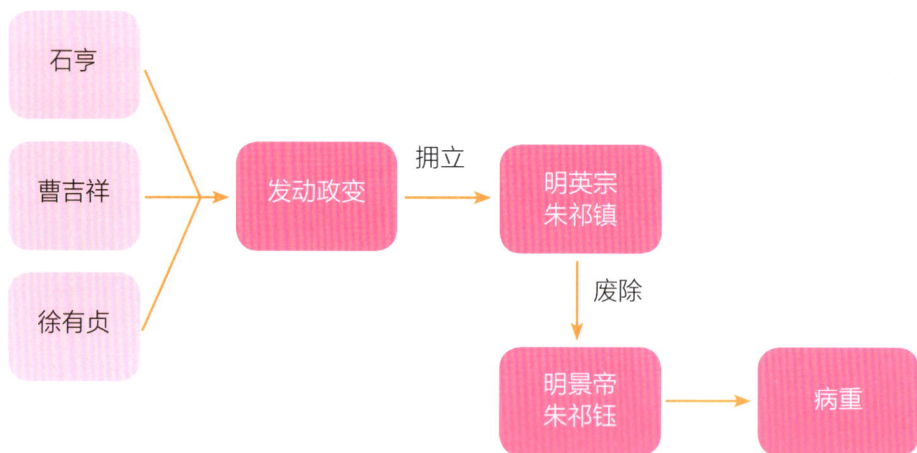

▲ 夺门之变

英宗复位

这天，徐有贞换上朝服忐忑地离开家。在他前往皇宫的路上，徐有贞又顺路邀请了杨善和王骥作为同党一起参与复辟事宜。他们作为老臣，都表示要报答太上皇。张軏借口瓦剌袭扰边境，北京城需要保护进而调兵入城，而石亨作为明军大将掌管着皇城的钥匙，在皇城内畅通无阻。与此同时，石亨及其侄子、曹吉祥及其侄子和张軏所率领的大队京营兵，一起向皇宫进发。之后，进行复辟的大队人马从长安门直接进入皇城，随后便将皇城宫门反锁，以防外部援军进来。

他们带着军队顺利抵达南宫，但南宫守卫及其森严。石亨便派人用重木撞门，将大门右边的墙震开一个大洞，大家从洞里一拥而入。

此时明英宗正在读书，被突然一群人闯进来吓着了，以为是明景帝派人来杀自己。没想到他们纷纷跪倒在地高呼万岁，明英宗这才明白过来。

众人都十分欣喜，簇拥着明英宗前往内宫。当他们走到东华门时，守门的士兵因不了解情况前去拦截。明英宗站出来表明自己的身份，士兵们都大吃一惊，不敢阻拦。明英宗等人随即便打开守门，径直进入皇宫，朝着皇帝举行朝会的奉天门而去，众人一路高呼"万岁"。

此时已近天明，大臣们早早在午门外等候，准备上朝。没想到等他们进入奉天门后，发现皇位上坐着的不是明景帝，而是明英宗。众臣不清楚状况，犹犹豫豫，此时徐有贞站出来高呼："太上皇复辟了！"随后明英宗对大臣们宣布："景泰皇帝病重，群臣迎立朕复位，你们依旧担任原来的官职。"众臣见此，知道大局已定，只好跪倒参拜高呼万岁。就这样，明英宗时隔八年后，又重新登上皇帝之位。

延伸思考

朱祁镇能够重新登上皇位，是历史偶然还是历史必然？

时间轴　1450—1446 年

1450 年	明英宗朱祁镇被瓦剌放回，明景帝朱祁钰囚禁朱祁镇
1452 年	朱祁钰废朱见深皇太子之位，立儿子朱见济为皇太子
1453 年	朱见济夭折，谥号怀献太子
1457 年	朱祁钰病重，石亨等人协助朱祁镇复辟，朱祁镇重登皇位

曹石引发动乱

明英宗在曹吉祥、石亨等人的拥立下复位。因拥立之功，他们得到明英宗的宠信，手中权力也越来越大。曹吉祥、石亨也越发骄横，还与内阁首辅徐有贞发生冲突，引发明英宗的不满。后来曹吉祥、石亨二人勾结，发动叛乱，但未能成功，被明英宗镇压。

曹石恶行

明英宗复位后因感念曹吉祥与石亨的功劳，对他们十分倚重，他们的亲属也因此得到提拔。不仅如此，许多大臣借此依附于他们，二人权势得到进一步加强。

石亨作为明军大将，越来越不满足于现状。他为其心腹冒领恩赏，其他将领都敢怒不敢言。巡抚大同都御史年富不愿与其为伍，便遭到石亨陷害而入狱。后经过大学士李贤向明英宗保举，经过一番调查并没有找到年富有罪的证据，这才将其释放，但因未能恢复官职，年富只得归乡养老。

有御史因不满曹石二人侵占百姓利益，向明英宗弹劾二人，却遭至曹吉祥与石亨的记恨，想要报复御史，同时也对大学士李贤、内阁首辅徐有贞不满，认为御史是受他们指使。徐有贞与曹吉祥、石亨虽然都是迎立明英宗的功臣，但其与石亨等人不同，他对朝廷忠心耿耿，于是便与曹石二人划清界限。徐有贞、曹吉祥、石亨三人在朝中明争暗斗，引发明英宗不满，转而倚重自己培养的锦衣卫。

令人没想到的是，明英宗信任的

历史拓展

石亨，明朝将领，在北抗瓦剌的战争中颇有战功，后因功封侯。他在"夺门之变"中拥立明英宗复辟，为此受到明英宗的信任。但石亨借此功在朝廷飞扬跋扈，培养自己的势力，最后落得身死狱中的下场。

锦衣卫指挥门达却是曹吉祥与石亨的党羽，在曹石二人的授意下，门达借着明英宗的信任，说弹劾石亨的御史李贤是徐有贞授意的。明英宗对这一说法半信半疑时，曹吉祥借机向明英宗提及因他们的迎立之功，却被李贤、徐有贞等人记恨，一心想要除掉他们。明英宗却一时心软，认为曹吉祥说的也有道理，且又有门达的汇报，便将李贤、徐有贞降职，重新重用曹吉祥与石亨。

李贤，字原德，明代名臣。"土木之变"时，李贤脱难回京。景泰二年（1451年），上正本十策，受明景帝赏识，升任兵部右侍郎。英宗复辟后，迁翰林学士，入内阁，升吏部尚书。英宗病重，召李贤委以托孤重任，辅佐明宪宗。

石亨因为手握大权，不仅不把群臣放在眼里，对明英宗也颇为放肆。一次石亨带着他的两位心腹未经允许，直接闯入明英宗所在的文华殿，令明英宗大为惊讶，连忙询问石亨。但石亨却毫不在乎地直言他们此前的迎立之功，想让明英宗为他们升官。后来工部侍郎职位空缺，明英宗对石亨奏请其同乡孙弘担任此职位

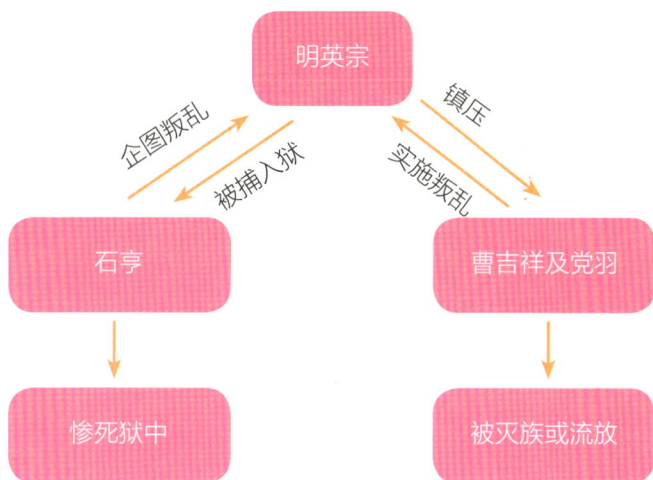

▲ 曹吉祥石亨结局示意图

也予以同意。没过多久，石亨又想让孙弘更进一步，担任尚书一职，这让明英宗觉得石亨过于骄横，便没有同意。

明英宗与李贤讨论政事，认识到了自己对曹吉祥、石亨等人过于放纵，不应该赋予其过多的权势。而对于曹石等人的迎立之功，李贤认为他们只是投机之举，明英宗复位是名正言顺，这时明英宗才开始对曹石二人留有戒心。

曹石企图叛乱

天顺二年（1458年），兵部尚书陈汝言被大臣举报受贿，从其家中搜出巨额财富。因陈汝言为石亨所推举，明英宗便让石亨等人前去查看，同时想到了景泰年间的重臣于谦的清贫，这才明白石亨等人制造"夺门之变"只是为了荣华富贵。天顺三年（1459年），有人向朝廷告发石彪，奉旨调查的锦衣卫经过一番取证后，将石彪抓获。明英宗念及石彪的功劳，想让其回到北京城做官而不加以定罪，但石彪认为自己留在大同权势更大，便授意其党羽向明英宗请求让他继续防守大同边镇。明英宗通过锦衣卫获知石彪想要留在大同的意图后，十分震怒，便派人将石彪交由锦衣卫审理。

在锦衣卫的严刑拷打下，石彪经受不住便承认自己的罪行，同时发现许多事都与石亨有关。石亨因受到石彪的牵连，被明英宗罢免职位。石亨觉得自己有功，却遭此待遇，十分委屈，便向其心腹吐露想要叛变之意，并许以其高官。但石亨的心腹认为叛变的事情过大，不敢多说一句。

虽然明英宗感念石亨此前的功劳，并没有对石亨进行严厉的处罚，但对他仍有戒心，随后派锦衣卫对石亨家进行了布控。石亨企图叛变的想法被锦衣卫获知，随即上报给明英宗，石亨于是被逮捕入狱。石亨未能经受住严刑拷问，惨死狱中，其党羽也被逐一清理。

曹吉祥见石亨被杀，预见到下一个便是自己，于是企图发动叛乱，走一步险棋。此前投降明朝的蒙古将士很早就被其收为自己的势力，在石亨、石彪死

历史拓展

曹吉祥，明朝宦官，在正统年间，曾依附于王振，后来与石亨等人一起发动"夺门之变"。因拥立之功获得明英宗的宠信，成为司礼监掌印太监，权倾一时，后因企图叛乱被杀。

石彪被告发贪污，石亨受牵连罢免职位

石亨意图发动叛乱被明英宗知晓，惨死狱中

曹吉祥发动叛乱，明英宗早有防范，将叛乱镇压，诛杀曹吉祥

▲ 曹石叛乱过程

后，曹吉祥的侄子曹钦便召集人马急于起事，担心被锦衣卫侦查到端倪而误了先机。在经过一番精密安排后，曹钦摆下宴席，商议反叛大事。但令其没想到的是，蒙古降将中有人中途离席告密，被统领禁卫军的孙镗得知。随即，曹钦谋反的消息传到皇宫，明英宗得知后，马上派人前去逮捕曹吉祥，并封锁皇宫。

曹钦见此前约好的天亮便会打开城门，却迟迟未开，察觉到事情可能泄露，转而将自己痛恨的锦衣卫统领逯杲及都御史寇深杀死。曹钦想要攻入皇城，但在禁卫军的进攻下遭致失败。曹钦不得已率军回到自己的府邸。在孙镗军及援军的包围下，曹钦投井自尽，其家中的人员也被杀光。

等到皇宫内局面平定，明英宗便宣布曹吉祥谋反一事，第二天曹吉祥被凌迟处死，曹家及其姻亲被灭族，参与叛乱的人也悉数被杀。至此，石亨、曹吉祥两大权臣相继身死，宣告了"曹石之乱"的终结。

延伸思考 臣子权力过大对于朝廷会带来哪些隐患？

时间轴　1457-1461 年

1457 年	曹吉祥、石亨等人因迎立明英宗复位受到恩宠
1458 年	石亨心腹兵部尚书陈汝言因贪污被抓
1459 年	石彪被捕获牵出石亨，致使石亨被免职
1460 年	石亨企图叛变后，惨死狱中
1461 年	曹吉祥伙同曹钦叛乱被镇压，随后被杀

成化新风也成空

明英宗朱祁镇去世后，皇太子朱见深继位，改元成化，是为明宪宗。明宪宗在位前期，能够任用贤臣治国理政，政治清明，经济渐渐复苏，还多次减免民间税赋，成果堪与"仁宣之治"媲美。但明宪宗在统治后期宠信宦官，导致宦官专权弄政，一大批贤臣因此被诬陷放逐，朝政混乱，当时的社会出现不稳定的状态，成化初期的治理成果也被破坏。

朱见深（1447-1487 年），明朝第八位皇帝，明英宗朱祁镇长子。朱见深继位后，社会风气相对清明，平反了诸多案件，经济慢慢复苏，但他也因重用奸佞对朝政带来危害，是一位褒贬不一的帝王。

为政新风

天顺八年（1464 年）二月，明英宗病逝，皇太子朱见深继位，次年改年号为成化。明宪宗继位后，第一时间平反了天顺时期于谦被诬陷谋

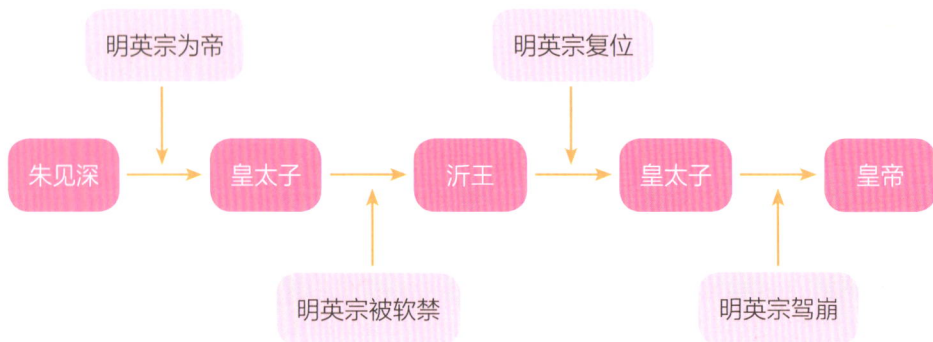

```
明英宗为帝                          明英宗复位

朱见深 → 皇太子 → 沂王 → 皇太子 → 皇帝

        明英宗被软禁                明英宗驾崩
```

▲ 朱见深地位变化

反的冤案，并且恢复于谦之子的官职。对于曾经废除自己太子位的明景帝，明宪宗不计其仇，恢复其帝号，重新修缮其陵寝。这一系列做法赢得朝廷大臣们的称赞与认同。

明宪宗任用李贤为相，内阁中还有彭时、商辂等人，整个朝廷有着不少的人才，朝政风气比较清明。在治国策略上，明宪宗宽免赋税，减少刑罚，实施了一系列有利于朝局稳定、社会安稳的政策，俨然有明君之相。

历史拓展

"荆襄流民"是从元代开始就困扰朝廷的一个难题，他们主要聚集在现今的郧县地区。这一块区域山峦叠嶂，又处于湖广、陕西、河南三省的交界地带，此前一直是一个没人管理的地区。每当周边发生战乱或灾荒，很多人便都往这一块区域聚集，聚集的人数最多时可以达到近百万。

值得一提的是，明宪宗在治理流民上也颇有心得。成化年间，在湖北一带，刘通、石龙进行农民起义，但后来被朝廷镇压。为了解决对流民的安置问题，朝廷特地设置了郧阳府，命原杰前往安抚流民，并将流民用户籍的形势固定在了当地。随后又在此设置了郧阳巡抚，很好地解决了这一难题。

弊政同存

明朝的前几任皇帝为加强中央集权，设置了几大机构，如明太祖朱元璋设立的锦衣卫，明成祖朱棣设立的东厂。到了成化年间，明宪宗设立西厂，与东厂、锦衣卫并存，合称为厂卫。西厂直接听命于皇帝，不受任何机构和个人节制。

西厂的首任首领为明宪宗宠信的宦官汪直，他借用锦衣卫的力量在明朝各地建立特务网络，凭借着皇帝的恩宠，大肆招募人员。资历更久的东厂也不是西厂的对手，连东厂的首领都被迫听命于汪直。

明宪宗成立西厂之初只是为了替自己刺探消息，但汪直却为了能够做出"功绩"，办了诸多大案，其办案的数量、速度，连东厂和锦衣卫都望尘莫及。如此一来，便引得朝廷上下人心惶惶，整日提心吊胆，生怕因为某句话或某件小事被西厂盯上。此后，汪直领导的西厂又办理下诸多"大案"，不少被汪直视为眼中钉的朝廷大臣纷纷被剪除。眼看汪直的势力逐渐膨胀，这让明宪宗深感不安，便将汪直调离京城，西厂也随之解散。

历史拓展

　　万贵妃年轻的时候只是一名侍女，奉孝恭皇后的命令去照顾当时是皇太子的朱见深，但随着朱见深的父亲明英宗被俘，朱见深的地位变得极其不稳定，之后便不出所料地被废除了太子之位。服侍朱见深的宫女太监们出于自身的考虑纷纷离开他，但唯独万氏当时对其不离不弃，一直陪伴着他。朱见深没想到后来父亲重新登上皇位，自己也再次成为太子，在朱见深登上皇位后，将万氏封为贵妃，并对其一直保持宠爱。

　　明朝官场造成了严重的破坏，带来诸多不良后果。皇帝将官爵视为私物，只根据自己的喜好随意指派人为官。此外，朝廷官员中充斥着大量不学无术的官员，朝廷的吏治遭到严重破坏，政府运转大受影响。传奉官这一制度还衍生出一个重大的弊病便是买官卖官猖獗，获得皇帝授官权限的人可以通过卖官大发横财，导致朝廷中无一贤才。

延伸思考

❓ 明宪宗童年时父亲被囚禁的经历对他日后的执政产生了哪些影响？

　　此外，明宪宗还设立了皇庄，其本质是与民争财，扩充皇室财富的来源，满足宫中奢靡生活的需要。皇庄不单单只是皇帝本人的田产，而是包括皇太子、妃子、在京的王爷们的庄田。明宪宗所设立的皇庄，开了明代皇室土地兼并的先河。自此权贵们纷纷开创属于自己的私人田庄，在一定程度上破坏了明朝统治的基础。

　　明宪宗时期还有一个弊政，那就是传奉官。传奉官无须经过正常的官员选拔程序，直接由皇帝任命。这一制度对

时间轴　1464—1487 年

1464 年	朱祁镇去世，皇太子朱见深继位
1475 年	朱见深立朱祐樘为皇太子，恢复郕王朱祁钰的帝号
1476 年	朱见深设置郧阳府安置流民
1477 年	朱见深设置西厂加强统治
1482 年	朱见深下旨废置西厂
1487 年	万贵妃暴毙，朱见深随即去世

◎ 郧阳民变

荆襄地区的流民问题一直是朝廷的一大难题。成化年间，刘通、石龙、李胡子等人率领数万流民发动起义，被兵部尚书白圭、都御史项忠等带兵镇压。为处理此地的流民问题，明朝政府对此处的流民设置专门的机构管理，加以安抚。

刘通、石龙起义

早在元朝时，郧阳地区便是流寇作乱的猖獗之地，虽然明朝初年曾对此地区进行过清剿，不允许流民进入，但到了正统朝初年，由于郧阳地区周边闹饥荒，许多百姓不得不进入这片区域采掘草木为食。随着郧阳地区聚集的百姓越来越多，这里逐渐变得无人管理。

陕西汉中府官员认为，需要对郧阳地区的流民进行诛杀，不然容易带来更大的危害。明英宗对此上奏予以驳斥，认为百姓只是因为饥寒不得已才聚集，不用派兵诛杀，应派人前去安抚。但没多久，流民中便形成了一股势力。之后，锦衣卫认为郧阳的流民会进行反叛，便奏请朝廷控制驱散流民，但仍没得到同意。而郧阳作为湖广、河南、陕西三省交界，皆被三省官员推诿不是自己的管辖范围，对郧阳流民置之不理。

由于朝廷没及时镇压，引发了刘通、石龙的起义。成化元年（1465 年），刘通、石龙与其党羽，聚集上万人将襄阳、邓州等城洗劫一空。右副都御史王恕为此对其予以安抚，但流民依然不肯散去，王恕只得请求朝廷派兵予以

历史拓展 ○

流民是中国几千年封建统治所发生的一个社会现象，几乎每个时期都会存在。因受到古代以农业为主、自给自足的自然经济模式的影响，当自然灾害或战争来临，因各地官员救灾不及时，农民为了生存不得不远离家乡，外出讨生计。在历史上的荆襄流民、走西口、闯关东等，都是流民四起的最好印证。

平息。同年五月，朝廷派遣三股明军一起围剿起义。成化二年（1466年）二月，刘通率领四千余人围攻王信防守的房县，历经四十多天都未能攻破。王信为了迷惑刘通，便派人冒着危险偷偷出城，在距离房县城墙五六里外的地方鸣大炮，致使刘通误认为是明军的援军到了，害怕被前后围攻便急忙撤退。

同年三月，兵部尚书白圭负责荆襄地区的军务，向明宪宗请求兵分四路围剿流民叛军，获得批准。五月，白圭率领的明军进驻南阳后击破叛军，其他几路明军各自分兵进剿。起义军畏惧明军的势力，分散逃跑。明军截断其退路，将其包围并擒拿住刘通，随即将其送往北京城，其他被俘的叛军将领，皆被处死。

刘通虽被处死，但石龙依旧在外作乱。六月，石龙率残余势力在四川大昌县（今属重庆巫山）作乱，朝廷派兵围剿。石龙、刘长子等人在巫山被白圭包围。刘长子为了戴罪立功，将起义首领石龙遣送给明军，还有六百多名叛军也相继被朝廷诱捕，叛军因此被平定。几个月后，石龙、刘长子皆作为叛军主犯被处死。

李胡子起义

成化四年（1468年），朝廷安排大臣负责治理荆、襄、南阳等地的流民，以防再次引发动乱。成化六年（1470年）十月，流民余党李胡子再次率领流民发

▲ 南阳府衙

动起义，并自称太平王。地方官员多次派兵前去抓捕，但均未成功。十一月，朝廷再度派兵前去征讨。

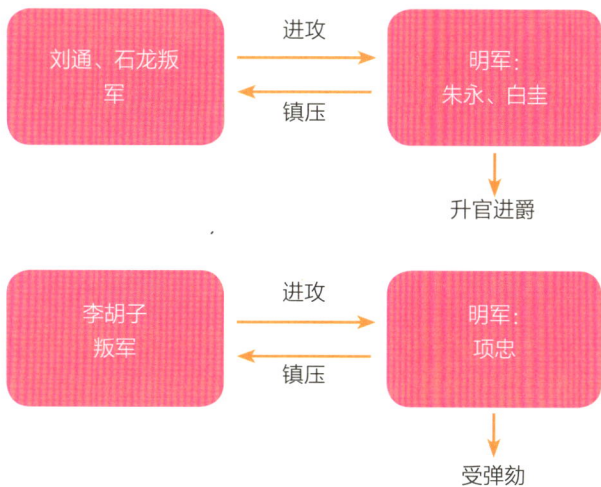

成化七年（1471 年）正月，朝廷派遣的右都御史项忠经过长途奔波来到襄阳，由于明军兵力不足，便向朝廷申请调遣地方兵前去支援，但这一请求却遭到了白圭的反对，他害

▲ 郧阳民变示意图

怕因此引发骚乱。项忠则认为调兵非常有必要，因为被遣返的流民人数众多，若发生事端，事态会更为严重。朝廷采纳了项忠的意见，并让其对流民用心安抚。

十一月，明军抓获起义军首领李胡子，后陆续擒获其他义军。在项忠的长期安抚下，有多达四十万流民被遣送回家乡。在这一过程中，不少流民因各种原因死去。因流民死难者众多，项忠的此次遣返被朝廷的言官评判为滥杀，受到朝臣的抨击。

同年十二月，项忠将李胡子等一百多名叛民押回北京城，刑部对他们予以定罪处罚。李胡子叛乱之事完结。

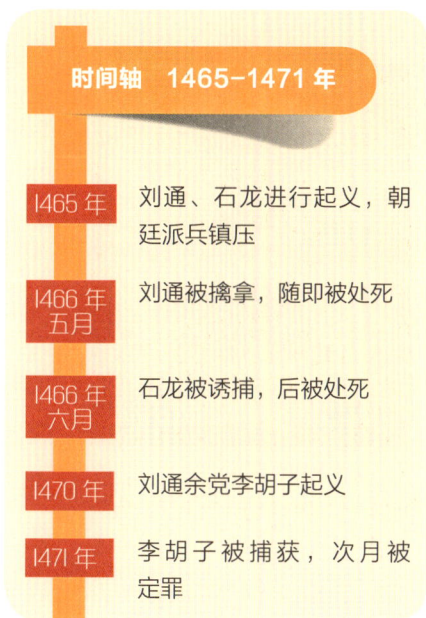

延伸思考 发生在郧阳地区的民变反映了明朝在管理上有哪些失误？

时间轴 1465-1471 年

1465 年	刘通、石龙进行起义，朝廷派兵镇压
1466 年五月	刘通被擒拿，随即被处死
1466 年六月	石龙被诱捕，后被处死
1470 年	刘通余党李胡子起义
1471 年	李胡子被捕获，次月被定罪

◎ 弘治中兴

明孝宗朱佑樘在位期间，明朝出现短暂辉煌，因明孝宗品行宽和，成化朝时期颇为混乱的政局得以改观，整个明朝风气为之一新。

官场革新

成化二十三年（1487年），明宪宗朱见深去世，皇太子朱祐樘继位，于第二年改元弘治，是为明孝宗，又称弘治皇帝。明孝宗继位伊始，面对的便是父亲明宪宗留下的烂摊子。因前朝镇压农民起义，耗资巨大；北部边境蒙古骚扰不断，派兵征讨常常无功而返；朝廷内的官员不思进取，只知混日子；各地还天灾不断，民不聊生。

朱祐樘（1470-1505年），明朝第九位皇帝，明宪宗之子。他即位后一改此前的弊政，将明朝治理得井井有条，开创了一个全新的局面，后世对其政绩评价颇高。

首先，明孝宗将目标对准官场，将成化朝通过行贿、吹捧上级而升职的官员都进行了撤换，内阁人员也有更替，像成化朝当了十年内阁首辅的外戚万安便首先被罢免。明孝宗罢免奸佞，任用贤才，净化了弘治一朝的官场环境，为后来的"弘治中兴"打下了坚实的基础。

明孝宗召回在成化朝因直言被贬的正直贤能的官吏，并予以重用。重臣王恕被明孝宗重新起用为吏部尚书，负责官场考察事宜。因成化朝吏治腐败，贪腐贿赂成风，导致官场考察形同虚设，各级官员肆意妄为。王恕决意改变成化朝的风气，对考察的标准予以严格要求，不允许有任何弄虚作假存在。仅仅弘治朝的当年，因未通过官员考察而被罢免的官员就有百余人。而新任的兵部尚书也在军队进行了严格的考察，罢免了一大批不符合要求的武官，对各地方武力装备进行了整顿，在一段时期内使明军的战斗力得到了较大程度的提升。

此外，还有一大批被明孝宗重新启用的大臣都在不同岗位上发挥着作用，明朝官场呈现出新的气象。

对官员提出标准

成化朝时期，皇帝身边的宦官以职务之便专权乱政，给明孝宗留下深刻的印象。明孝宗继位后便对宦官进行严格的管理和约束，大幅削弱宦官职权。特务机构东厂与锦衣卫也不敢如前朝一般随意抓人生事，只能奉守本职，这一时期锦衣卫首领大多都能做到公正办案，对刑罚的使用也较为宽松。这是明朝其他时期所难以见到的现象。

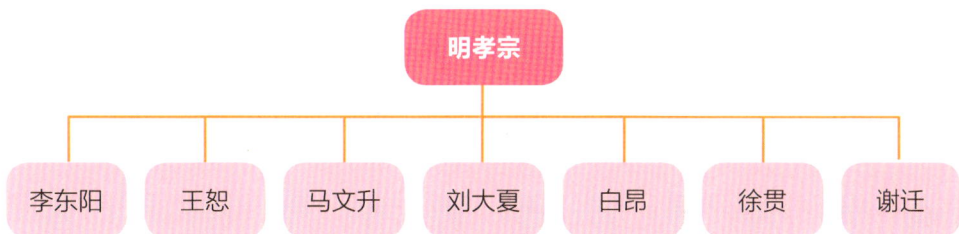

```
                        明孝宗
   ┌──────┬──────┬──────┼──────┬──────┬──────┐
 李东阳   王恕   马文升  刘大夏  白昂   徐贯   谢迁
```

▲ 明孝宗时期主要大臣

以往考核明朝官员，有两种方式。第一种是京察，即对在京城的五品以下官员进行考核，每六年考核一次；第二种是外察，即考察各地方官员，每三年考核一次。考核官员最开始由各省按察司负责实施，后因御史权限加大，朱棣在位时便改为由巡按御史与按察司共同考核。巡按御史是朝廷下派的官员，按察司是省级官员，如果按察司与被考核的官员相互串通，巡按御史也将无能为力。明孝宗认识到这一考察制度的弊端，遂于弘治八年（1495 年）宣布由巡按御史与各省的巡抚共同完成考核，从而剥夺了按察司的考察权。

这一改革既能有效防止地方官员间的相互勾结，又将考察权收归中央，利于加强中央集权。另外，巡按对官员的评定只有经吏部判定后，才允许言官对判定不合格的官员进行弹劾；对判定结果不满的官员，也可上书陈述，自我辩解。

在成化朝时期，官员懒政普遍存在，混日子成为许多官员的常态。而懒政直接导致办事效率低下。明孝宗为改善官员懒政的情况，对官员提出了明确的要求。明孝宗规定，只要是交给大臣讨论的奏章，倘若是普通的事宜，复奏的时间不允许超过两天；倘若事宜较为复杂，涉及多个部门，不允许超过十天；倘若是涉及战争等重大事宜，不允许超过十五天。这一规定下达后，整个朝廷官员的办事效率顿时提升了许多，政务处理机制更快速地运转起来。

勤政节俭

因明孝宗幼时曾在艰苦的环境下生活过，便养成了宽厚仁慈、躬行节俭的品德。明孝宗继位后勤于政事，努力扭转当时国力凋敝的局面，还重开了成化朝废置的经筵制度，向大臣们咨询治国之道；另外还开辟了文华殿议政，充分利用早午朝之外的时间，与内阁大臣们商讨国家大事。

因明孝宗锐意进取，渴求治国方略，文武百官纷纷献言献策，有的陈述当

▲ 成化年间的时恩寺

前的政策弊端，有的提出利国利民的政策。明孝宗对于实用的谏言献策大加赞赏，并很快采纳实施，兴利除弊。

以往各朝各代，皇帝多奢靡成风，宫中多铺张浪费。而明孝宗则力求节俭，减少皇宫的花费，皇宫的各类服侍人员比成化年间减少了一大半，花销最少的时候只有成化年间的六成。对于婚姻，明孝宗提倡一夫一妻制，因而在后宫上的花费自然就少之又少。

除了自己节俭外，明孝宗还禁止宗室、勋贵大臣等权势阶层兼并农民的土地，多次减免一些出现灾情地区的夏税、秋税，这些做法有助于缓解社会矛盾与危机，不至于形成大的动乱。明英宗、明宪宗在位时，大小农民起义不断，其中的几次还对朝廷造成了不小的麻烦，但明孝宗在位时却几乎没有出现过大规模的农民起义，从这一点便说明了明孝宗对国家的治理取得了显著的成效。

延伸思考 明孝宗能成为明朝中期的中兴之主，与他本人的性格有多大的关系？

时间轴 1487—1505 年

1487 年	朱见深去世，皇太子朱祐樘继位
1488 年	朱祐樘启用众多成化朝被贬的正直官员
1489 年	朱祐樘命人修治开封处的黄河决口
1492 年	朱祐樘命工部治理苏松的淤塞河道
1497 年	明军大败吐蕃番军，收复哈密
1505 年	朱祐樘去世

第四章

中兴的曙光

　　明朝中期，多次爆发农民起义，尤其是在明武宗朱厚照即位后，战事频发，外有鞑靼达延汗进犯，内有农民起义和宦官乱政等重大事件发生。"弘治中兴"的局面被破坏殆尽，直至嘉靖皇帝继位后才挽回颓势。但嘉靖中后期，皇帝渐渐不理朝政，明朝外患严重，国力日渐衰落。至隆庆及万历年间，内阁首辅张居正推行改革，才最终成就中兴局面。

刘瑾乱政

明朝的政治制度虽然避免了历代时常发生的外戚乱政，但也有其弊端，那就是许多的明朝皇帝非常信任太监，因此造成多次宦官乱政事件。明武宗朱厚照继位初期宠信宦官，作为"八虎"之首的刘瑾权倾朝野，致使明朝政局一片混乱，百姓生活困苦。身为皇帝的明武宗却只知玩乐，不理朝政。

刘瑾受到重用

刘瑾于明朝景泰年间出生于陕西，小时候被皇宫里的太监收养，继而也进宫做了太监。明孝宗在位期间，刘瑾曾犯下重罪，本该被处死，却侥幸被赦免，还被派去服侍当时的皇太子朱厚照。

明孝宗去世后，朱厚照继位，改元正德，是为明武宗。刘瑾因曾经侍奉过明武宗，才得以掌管钟鼓司。刘瑾借此引诱明武宗游玩作乐，明武宗因此越来越欣赏刘瑾，便将其安排到自己身边委以重任。朝臣对于刘瑾等人干扰皇帝处理朝政的行为颇为不满，大臣们屡次向明武宗劝谏，但明武宗不予理睬。内阁大臣刘健等人提出将刘瑾治罪，得到不少大臣的支持。

在大臣们的强烈谏言下，明武宗作出让步，打算把刘瑾派到明朝陪都南京，好让大臣们不再关注刘瑾。但刘健等大臣不肯让步，坚持要诛杀刘瑾，明武宗没有同意刘健等人对刘瑾的处理意

刘瑾（1451-1510 年），明朝宦官，明武宗宠臣。刘瑾凭借明武宗的信任，在朝廷上肆意枉为，大幅培植党羽，进行买卖官爵，收受贿赂，最后被人告发而被处死。刘瑾死前被从家中搜出巨额财富，富可敌国。

历史拓展

正德皇帝不愿住在紫禁城，而是在宫外建了一座"豹房"，里面选了大量美女于其中供其淫乐。他不喜上朝，宠信刘瑾、张永、丘聚、谷大用等号称"八虎"的宦官。1510年刘瑾被凌迟处死。

见，大臣准备再次集体向明武宗进谏，但却被刘瑾得知。

得到消息后，刘瑾连忙率领其余的"七虎"一起进宫向明武宗哭诉。对于大臣们给自己定下的罪名，刘瑾反驳说是司礼监太监王岳意图勾结内阁大臣们对皇帝进行限制，还说大臣们的此种做法极有可能对皇权造成影响，并言明司礼监向着内阁而不向着皇帝，内阁大臣们才敢这样逼迫皇帝。

明武宗听完刘瑾的辩解，对此十分认同，立即宣布将司礼监、东厂、西厂交由"八虎"掌管，抨击"八虎"的太监与大臣，抓的抓，杀的杀，撤职的撤职。刘瑾非但安全渡过了此次危机，手中权力还得到极大提升，此后行事更加肆无忌惮。

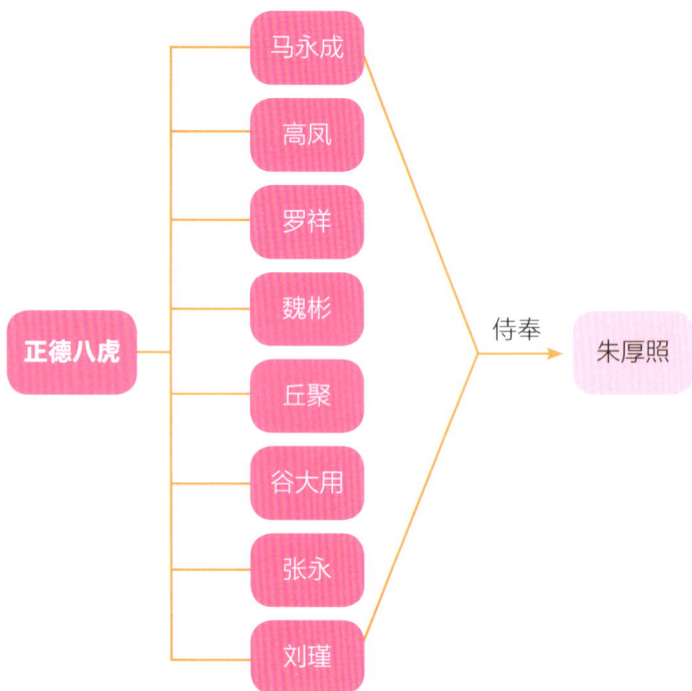

```
                  马永成
                  高凤
                  罗祥
                  魏彬
  正德八虎         丘聚      侍奉   朱厚照
                  谷大用
                  张永
                  刘瑾
```

▲ 正德八虎

刘瑾肆意用权

刘瑾手中权力增强后，开始大力打压曾经弹劾自己的大臣，提携自己党羽的官职，扩大自己的势力。为了控制明朝各边镇地区势力，刘瑾派遣自己的心腹前往监管。因刘瑾掌管司礼监，常经手内阁的奏折，如若有对自己不利的内容，刘瑾便会隐瞒不报或是虚假汇报，进而蒙蔽明武宗，事后便会采取措施对弹劾自己的大臣进行报复。

刘瑾不仅干预朝政，还贪恋财富，他利用自己"一人之下，万人之上"的地位，大肆贪污受贿。刘瑾说服明武

▲ 明武宗（正德皇帝）画像

宗从各行省的库房中收刮金银财宝充实皇家私库，借机中饱私囊，贪墨了大量财宝。

因每年都会有地方官员到北京朝见皇帝，大臣们为了以后的官运亨通，纷纷向刘瑾行贿，且数额巨大。因明朝官员俸禄偏低，未能从百姓手中盘剥到足够钱财的官员为了讨好刘瑾，只得在京城内借款，用来行贿，为此负债累累，回到地方后便变本加厉地聚敛地方财富。不仅如此，官员升迁也需要向刘瑾进献谢礼，以此感谢刘瑾的提拔之恩。官员行贿金额越多，提拔的职位便越高；如果行贿过少或是不愿意行贿，便会被撤职。买卖官职成为刘瑾获得巨额财富的绝佳途径，这一时期的吏治形同虚设。

历史拓展

刘瑾虽贪婪专权，但颇有政治才能，也从未将国事当作儿戏。史载，刘瑾将奏章带回自己家中后，并非随意批改，而是与人商议决定，并交由内阁李东阳审核后下发，颇为慎重。刘瑾主事期间，针对时弊，对政治制度作了不少改动，还推行过一些新法。

刘瑾被处死

刘瑾肆无忌惮地弄政与贪污，致使明朝的吏治混乱，各地百姓在地方官吏的剥削下生活十分艰难，整个社会极不稳定。正德五年（1510年）四月，明朝宗亲安化王便借宦官刘瑾专横跋扈引发天下百姓不满的情绪，联合其封地宁夏的一批军官起兵叛乱，明武宗率兵前去平叛。安化王的叛乱势力终究不敌明军，安化王被明军擒获，叛军很快溃散，叛乱得以平定。

历史拓展

凌迟是古代刑罚的一种，通俗的说法是千刀万剐。原意为大山丘陵的坡度逐渐降低，而将其适用于刑罚上，便是将活人身上的肉一刀又一刀的割去，使犯人因疼痛而被慢慢折磨致死，是一种极其残忍的惩罚方式。凌迟刑在中国历史上存在近千年，直到清朝末年才被废除。

安化王此次叛乱是打着刘瑾乱政的名号，平叛功臣都御史杨一清与监军太监张永因不满刘瑾素来的行径，便商议借此良机除掉刘瑾。张永在回宫向明武宗回奏战况时，顺便向明武宗揭发刘瑾的种种恶行，此时的明武宗才察觉到自己被刘瑾所蒙蔽，立刻派人前去捉拿刘瑾。

刘瑾被抓后，明武宗从刘瑾家中抄出了数额巨大的财富，据清朝时赵翼的《二十二史札记》所载，刘瑾有黄金250万两、白银5000余万两。不仅如此，明武宗还搜到了刘瑾意图谋反的罪证，令明武宗坚定了诛杀刘瑾的决心。经过审理，刘瑾最终被处以凌迟之刑。

延伸思考 刘瑾大肆贪腐财富对明朝社会造成了哪些恶劣影响？

时间轴　1506-1510年

1506年	刘瑾执掌司礼监
1510年四月	安化王以刘瑾乱政为借口进行叛乱
1510年八月	刘瑾被凌迟处死

刘六刘七领导起义

正德五年（1510年），刘六刘七起义爆发，范围波及很广，受到各地贫苦百姓的支持。虽然最终被明军镇压，但却给明廷带来了极大的震撼，加速了明朝官场的内部整治。

起义的爆发

刘六与刘七出身明朝北直隶文安县。正德四年（1509年），明武宗的宠臣刘瑾为了稳定北直隶地区的社会局势，派遣御史宁杲前来此地镇压动乱。宁杲为了邀功，对当地的农民进行了极为残酷的镇压，大量的无辜百姓惨死在这场镇压活动中，刘六、刘七的家人也因此事被杀。为此，刘六、刘七对朝廷十分痛恨，力求报仇雪恨。

正德五年（1510年）十月，刘六、刘七在北直隶霸州领导农民起义。当地贫苦百姓长期受到朝廷的欺压，纷纷加入到起义队伍中，起义军的力量迅速增强。与此同时，山东的杨虎也因对朝廷不满发动起义，并率领队伍与刘六、刘七汇合，起义军力量再次得到壮大。正德六年（1511年）三月，联合起来的起义军相继占领了北直隶的博野等城池，随后又向山东进攻，占领了山东的广大区域。山东的地方军不敌起义军，接连败逃。

起义军占领城池后，将那些剥削贫苦百姓的地主官僚诛杀，并从官府获取兵器，增强起义军的战斗力。虽

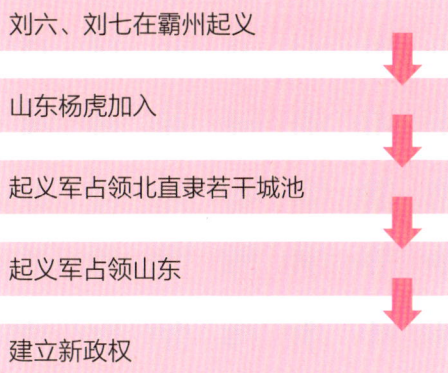

刘六、刘七在霸州起义

↓

山东杨虎加入

↓

起义军占领北直隶若干城池

↓

起义军占领山东

↓

建立新政权

▲ 刘六、六七起义爆发

然明朝增派官员指挥明军作战，但明军畏惧起义军的势力，按兵不动，起义军得以进一步占据城池。随着起义的形势越来越好，众人便有了建立新政权的计划。为了扩大斗争成果，起义军兵分两路，分别在山东与河南两地与明军抗衡。

同年五月，统领东路军的刘六、刘七率军从山东辗转河南、湖广、江西等地，之后向北发展，进军到霸州地区；杨虎则率领另一路起义军由河南经山西后到达北直隶的文安县，两路起义军再一次会师，并在霸州屯兵，对明朝都城北京产生了极大的威胁。明朝廷抓紧派人指挥明军对起义军进行合围，但最终未能成功。

之后，杨虎率领的起义军与刘六的起义军继续辗转各地坚持与明军对抗，令北直隶、山东、南直隶等地的明朝官兵疲于应付。之后，杨虎在南直隶受到明军的袭击不幸牺牲，其余部由刘惠等人继续统领。而刘六则率军在山东又掀起一番浪潮，对明朝宗亲的封地进行攻击，进而破坏明朝的漕运船只。

起义最终失败

正德七年（1512 年）正月，刘六的起义军经过转移再次来到霸州，刘惠等人所率领的另外一支起义军在河南、南直隶等地作战。这支起义军推举刘惠为奉天征讨大元帅，并对起义队伍进行整编，喊出了诸多振奋人心的口号。起义军借着士气在河南占领了不少城池，随后又转战湖广襄阳。二月，明朝调集明军对位于河南的起

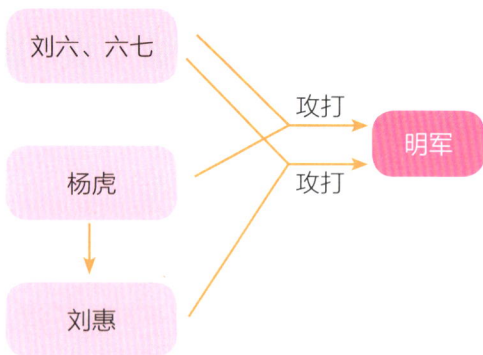

▲ 起义军对阵图

义军进行包围。作为起义军大元帅的刘惠在河南地区的一次战斗中不幸中箭不治身亡，随后其副帅赵燧也被抓捕，死于北京城。

而刘六、刘七起义军将目标瞄准北京城，但通往北京城的道路被明军严防死守，难以攻入。刘六、刘七出于对战局的考虑，放弃攻打北京城，随后由其家乡文安先是进入南直隶，而后又北上进入山东。明军在山东地区布好大网等待起义

▲ 码头漕运蜡像

军前往，虽然起义军得以突围，但也付出了惨重的代价。因明军在北方地区严防死守，起义军调转方向向南进军，刘六率部过长江时因所乘的船只沉入江中而溺水而亡，刘七则继续率军转移。同年七月，刘七率起义军在南直隶的狼山因敌众我寡而被明军击败，刘七在战斗中牺牲。至此，刘六刘七起义运动宣告终结。

历史拓展

流里流气在汉语中是一个贬义词，比喻人举止轻浮、品行不端，但它的由来与刘六刘七有着千丝万缕的联系。刘六刘七作为明朝时期的起义军领袖，随着他们的名字在历史典籍里传播，因为地方方言的原因便读成了流里流气，传到后来，其原来的意思早已改变，成为了不正经的称谓。

延伸思考 刘六、刘七起义对明朝廷造成了哪些影响？

时间轴　1510-1512 年

1510 年　刘六、刘七在霸州起义

1511 年　刘六、刘七与杨虎分兵作战，之后杨虎遇袭而死

1512 年　刘惠、刘六、刘七等起义军首领相继牺牲，起义失败

◎ 四川农民起义

明武宗不理朝政，明朝各地方政府各行其是，横征暴敛，明廷在管理上出现了很大问题。川蜀地区这一现象更为严重，逼得百姓铤而走险，发动起义。蓝廷瑞、鄢本恕等人发动的起义便是其中代表。此次起义引得明廷花费巨大精力围剿，极大地消耗了明朝的国力。

蓝廷瑞、鄢本恕领导农民起义

正德三年（1508年），出身四川保宁的蓝廷瑞、鄢本恕率领当地百姓反抗朝廷，后在汉中起兵，公开反抗明朝。与此同时，刘烈也开始起义。为此，明武宗朱厚照派大臣率军前往讨伐。次年，随着起义军的势力越来越大，蓝廷瑞、鄢本恕及其党羽自封为王，集结重兵向湖广地区流转，地盘逐渐扩大。因明军围剿，起义军转而向其他地方发展。不久后，起义军首领刘烈被杀，其余将领继续率领义军作战。

正德五年（1510年），因民变越演越烈，干扰国家稳定，为此明廷派刑部尚书统领四省军务围

▲ 明武宗

剿四川等地的义军。在蓝廷瑞占领四川通江后，明军战胜蓝廷瑞率领的义军，其中一员大将廖惠被抓获。此后明军再次击败蓝廷瑞，蓝廷瑞不敌后率军逃亡。次年，曹甫在江津称王，并攻击当地官府，不久后被明军击败，其本人也被明军捕获杀死，大批义军被擒获斩杀。

正德六年（1511年）五月，蓝廷瑞、鄢本恕率兵进攻蓬州等地，朝廷得知

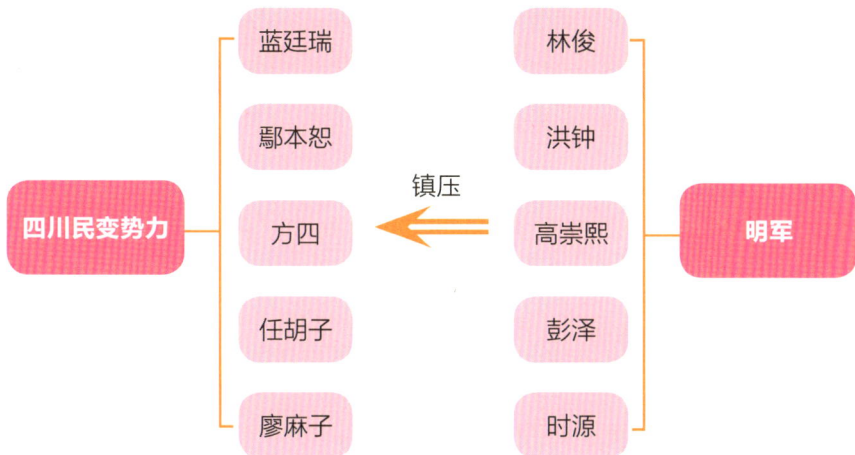

▲ 义军与明军双方势力对比

消息后便派出几路军队一同协作围剿义军。同年六月，因明军内部作战意见不一，引发内斗，致使明军未能及时包围义军。蓝廷瑞、鄢本恕借机攻打城池，明军指挥召集湖广及河南的兵力，分兵从不同方向对义军进行合围。蓝廷瑞见自己难以逃命，便以假女联姻的方式乞求联合明军将领彭世麟，但彭世麟一边假意答应，一边暗下设伏，邀请蓝廷瑞等人前往其军营庆贺结盟，没想到蓝廷瑞信以为真，亲自前往彭世麟的军营，被捕后才发现自己上当受骗。因蓝廷瑞被抓，义军的其他人员纷纷逃亡，明军则乘机将其追捕击破，只有少量义军成功逃跑。蓝廷瑞、鄢本恕等人的起义以失败告终。

明军平定其余起义军

明军平定了蓝廷瑞、鄢本恕等人的起义后，自称曹甫的余众方四、任胡子等人畏惧明军的实力而外逃至贵州境内，但又遭到明军的攻打，不得已再次回到四川。同年八月，方四、任胡子义军所进攻的城池都有明军防守，不得已只好转而进攻东乡等地，但遭到地方军

> **历史拓展**
>
> 蓝廷瑞，明朝中期四川农民起义军首领，保宁（今四川阆中）人。正德四年（1509 年）与鄢本恕、廖惠率众起义。蓝廷瑞称顺义王，鄢本恕称刮地王，廖惠称扫地王，拥众十万，带领手下转战川、陕、湖广三省，给明廷带来不小的麻烦。

的打击。

明军在围剿义军的过程中，也有损失，致使明军未能一举歼灭义军，使其得以休养生息。义军借此机会夸大自身实力，对外宣扬进攻的路线，且将目标定为成都，此举令四川各地百姓十分恐惧。迫于百姓的压力，明军对义军宣扬进攻的城池进行布防，并加大兵力对义军进行夹击围攻。同

年九月，义军向江津发起攻击，明军与援军共同防守城池，义军的初次进攻失败。义军再次集结后向江津城发起第二次突袭，三支明军部队从三个方向对义军进行夹击并取得胜利。

明军虽然战胜了义军，但义军士气依然旺盛，随即明军指挥巡抚都御史林俊改变策略，对义军进行招降。虽然明军以自己族人相要挟，但义军首领方四仍然不肯投降，并将其族人全部杀死。明军不得已只好对义军发起进攻，任胡子在战斗中被杀，义军中被杀或被擒获的人数多达五千多人。

巡抚都御史林俊在平定四川民变过程中功劳显著，但因与共同围剿起义军的其他人意见不合，便向明武宗请求辞官。明武宗受到宦官的影响，对林俊的辞呈予以批准。但当林俊走后，四川境内再次发生民变，明武宗让高崇熙顶替林俊的职位，继续围剿义军。

正德七年（1512年）二月，起义军进入贵州境内作乱，明军前去攻打，却遭遇失败。方四率起义军进攻綦江城池，被当地军队击败，而后逃跑被抓。同年十一月，廖麻子等部义军分别进攻各个城池。明军指挥洪钟无法进行有效的防御，被弹劾，后被罢黜官职。明廷让右都御史彭泽取代他的位置继续围剿义军。

▲ 明代进士服

▲ 綦江东溪古镇

正德八年（1513 年），取代林俊的高崇熙疲于应付各地义军，难以对义军进行根除，因而被朝廷大臣弹劾入狱。两个月后，廖麻子部义军被彭泽率领的明军所击败。次年，彭泽率军平定四川崇庆地区的起义，此时"川蜀盗乱"才被明军彻底扑灭。

▲ 明军平叛得胜图

延伸思考

？ "川蜀盗乱"反映了明廷在治理四川时存在的哪些问题？

时间轴　1508-1514 年

1508 年　蓝廷瑞、鄢本恕等人开始起义

1511 年　蓝廷瑞、鄢本恕起义基本被平定

1514 年　"川蜀盗乱"被悉数平定

◉ 宁王之乱

明朝藩王与朝廷之间的矛盾历来是一个大问题。正德十四年（1519年），宁王朱宸濠发动叛乱，给朝廷带来极大震动，但地方藩王的势力还是比不上整个朝廷，宁王的叛乱很快被镇压下去。虽然宁王叛乱最终被镇压，但却给叛乱地区的百姓带来深重灾难。

朱宸濠起兵叛乱

朱宸濠是朱元璋第十七子宁王朱权的后代，于弘治十二年（1499年）承袭为宁王。但朱宸濠并不甘心只做一个毫无作为的王爷，他通过贿赂正德帝身边的宠臣刘瑾及其他大臣，恢复了早已被裁撤的宁王护卫，肆意豢养亡命之徒，四处收刮财富，杀害官民，早有密谋起兵造反之意。

> **历史拓展**
>
> 宁王朱权最初作为明太祖朱元璋所封的藩王之一，本来在北方边疆守卫国土，与世无争。在建文朝，明成祖朱棣以清君侧的名义起兵后，自知实力弱小，便将目标瞄准了宁王手中的私兵。在朱棣的一番许诺下，宁王最终答应与朱棣一起造反。但在朱棣夺取皇位后，便将曾经对宁王的许诺抛到了九霄云外，还将宁王的封地改派到江西南昌，并对宁王严加看护起来。自此，宁王朱权与朱棣便产生了巨大的隔阂，后世宁王与朱棣子孙也颇有恩怨，最终引发了宁王朱宸濠的叛乱。

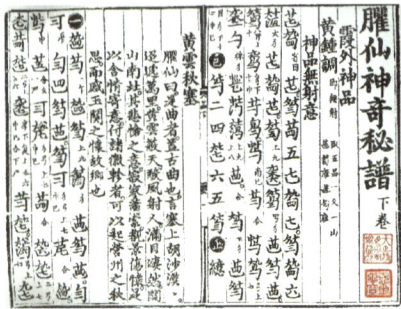

▲ 朱权编纂的古琴曲《曜仙神奇秘谱》谱集

正德十四年（1519年），正德帝想要游历江南地区，由于其多次远巡，国库花费甚多，群臣们为了阻止正德帝巡游而劳民伤财，便联合进行了一场声势浩大的请愿活动。宁王朱宸濠便以此为借口，指责正德帝德行有失，荒淫无道，借此举兵造反，进行叛乱。

宁王朱宸濠叛乱的消息一经传到北京

城，令百官颇为震惊。当时王守仁（王阳明）作为叛乱地的巡抚，正准备前往福建平定叛乱，当他得知宁王叛乱的消息后，便立刻赶回江西募兵征讨。王守仁认为宁王有可能沿着长江向东进军，进而图谋留都南京。因为南京具有重要的政治地位，王守仁便准备阻止宁王向南京进发。

王守仁虽然任职巡抚，但手上并无调兵之权，因此江西各地的官员都来帮助王守仁共商征讨大计。王守仁传递假消息让宁王知晓各地援军很快便会汇集江西，随后宣称自己聚集了十六万军队准备进攻宁王的封地南昌。王守仁为了拖延宁王、为平叛的军队争取汇集的时间，假意告知宁王的近臣李士实、刘养正劝宁王攻打南京，同时又将此消息泄露给宁王。李士实、刘养正不明

王守仁（1472—1529 年），又名王阳明，明朝著名的思想家、军事家、文学家、哲学家，其所创立的阳明学在历史上有着极高的地位。王守仁与孔子、孟子、朱熹并称为孔、孟、朱、王。在宁王之乱中平定叛乱，军功卓著。

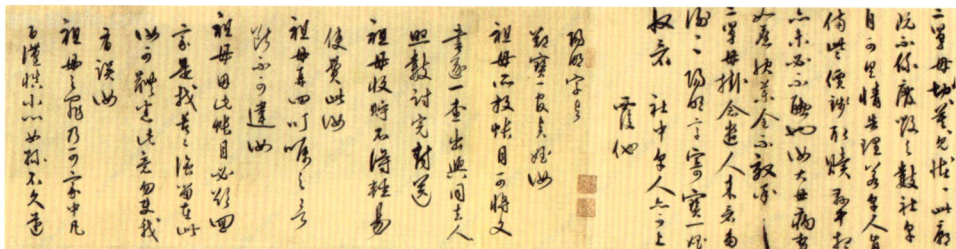

所以，听从王守仁的意见劝谏宁王出兵攻打南京，但宁王对李、刘二人的意见表示怀疑，害怕其中有诈。

宁王因无法准确判断局势，因此迟迟没有发兵。等了十几天，他仍然没有等来明朝的大军，才察觉到自己被骗。因自己被耽误的时间过多，宁王便立刻起兵沿着长江东进，随即攻下九江、南康（今江西庐山市）两座城池，进而逼近重镇安庆。与此同时，王守仁已经组织起来一支八万人的军队，有人便建议王守仁率军前往安庆支援，王守仁却认为救安庆会与宁王的军队陷入僵持，很容易令自己

▲ 王阳明《与郑邦瑞尺牍》

腹背受敌。因此他力排众议，率军直接向南昌城发起攻击。宁王害怕自己的封地被攻陷，因而被迫回到南昌。

双方军队在鄱阳湖相遇，进行了一番决战。王守仁采用火攻的办法，经过三天的激战，将宁大军击败。光是因被火烧而跳入鄱阳湖中溺亡的叛军将士就数不胜数。宁王也被王守仁所俘获。宁王叛乱得以平定。

正德帝亲征

王守仁平定宁王叛乱的消息还未传到朝廷，正德帝已决定亲率大军南下征讨。可没想到大军刚出北京城没多久，宁王战败的捷报便传来了。正德帝得知叛乱已除后并不开心，对王守仁的平叛功劳并不认可，依旧准备前往江西平叛，这

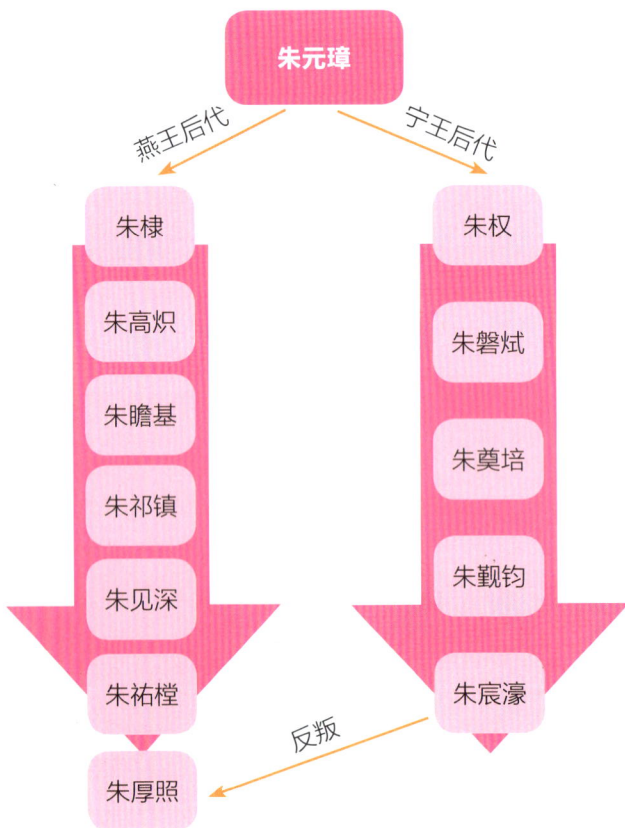

朱元璋

燕王后代 　　　　　宁王后代

朱棣　　　　　　　　朱权

朱高炽　　　　　　　朱磐烒

朱瞻基　　　　　　　朱奠培

朱祁镇　　　　　　　朱觐钧

朱见深

朱祐樘　　　　　　　朱宸濠

　　　　反叛

朱厚照

▲ 宁王与明朝各帝关系

▲ 康陵（正德皇帝陵墓）

让随行的大臣们不知该如何是好。

正德帝身边的谄媚大臣为了让正德帝此次南征有目标，便提议将宁王释放，让正德帝再平叛一次，如此一来捉拿叛臣的功劳便归于正德帝。王守仁面对这样的朝局，选择了从大局出发，忽视自己的平叛之功，在正德帝的大军到来后，亲自将宁王交到皇帝的手中，期间还为宁王先解除枷锁，等到被正德帝"擒获"后，再次给他戴上枷锁。几个月后，宁王朱宸濠被处死，宁王的封号自此被除。

时间轴　1499–1520 年

1499 年	朱宸濠承袭宁王
1519 年	朱宸濠起兵叛乱，随后被王守仁平定
1520 年	朱宸濠被处死，宁王封号被废除

延伸思考 宁王叛乱对明朝的政局产生了哪些影响？

◎ 嘉靖中兴

正德十六年（1521年），明武宗朱厚照因病去世，并没有留下子嗣。因而内阁首辅杨廷和从最近的皇室分支中寻找继承人，并在张太后（明武宗朱厚照生母）的同意下，根据"兄终弟及"的原则立明武宗的堂弟、兴献王朱祐杬之子朱厚熜为帝，并于次年改年号为嘉靖。嘉靖时期，明朝政治清明，社会稳定，整顿赋役，赈济灾荒，清除外患，整顿边防，使得明朝复现盛世之兆。

政治改革

从明宣宗朱瞻基时代开始，明朝的最高权力便分为三个部分：皇帝、宦官集团、文官集团。皇帝虽然作为明王朝最高权力的代表，但其精力有限，需要找帮手协助自己处理朝中政务，为此文官集团便为皇帝分担了大部分的政务。但文官集团又自恃身份，时常反驳皇帝的意见，皇帝便找来宦官集团帮助自己对抗文官集团。

随着内阁制度的逐渐完善，内阁大臣们的话语权越来越高，对至高无上的皇权形成了一定程度的制约。嘉靖帝继位初期通过"大礼仪之争"为自己的父母争得了名誉，并摆脱了元老大臣杨廷和的控制，同时严厉打击前朝文官集团，重新建立起了嘉靖朝的政治格局。

朱厚熜（1507-1567年），明朝第十一位皇帝，兴献王朱祐杬之子。朱厚熜在位45年，在其统治前期开创了一个中兴局面，但在其统治后期多有弊政，受到后世的批评。

在新的政治格局建立的同时，嘉靖帝也在培养自己的文官势力，为此后的革新确立了有力的组织人员保障。同时，嘉靖帝尽全力维护明朝祖制，而效法祖制

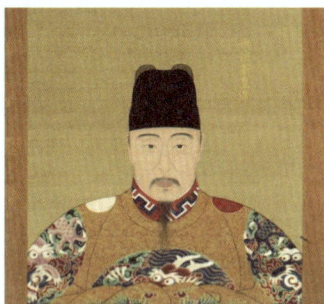

能够有效解决社会革新与继承间的关系，以便于保障改革的顺利推进。

嘉靖帝整顿了翰林院此前遗留下来的各种弊端，表面上看是为了提升内阁的行政能力，实际上是想通过此项改革，加强皇权，令内阁大臣听命于自己。同时嘉靖帝还打破了朝廷以往重京官轻外臣的旧观念，促使地方官员为国尽忠，为人尽力；以往朝政混乱时，言路常常被堵塞，难以上达到朝廷，嘉靖帝为此对言路进行整顿，让各路言官能够

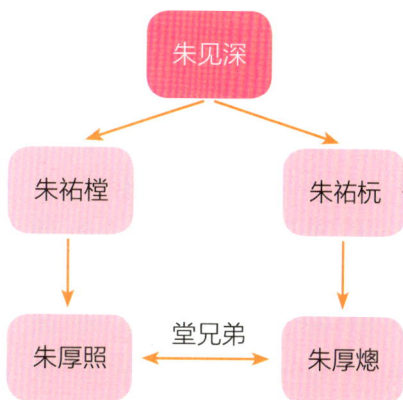

▲ 朱厚照与朱厚熜的关系

为国家献言献策，同时也有助于对官员进行监督，淘汰那些不作为的官员，从而减轻官员经费花销。

对于外戚和宦官的问题，嘉靖帝也做出了相应的变革。嘉靖帝在与大臣张璁、方献夫探讨外戚世袭受封的制度上达成共识，颁布命令废除此项制度，以往外戚专权弄政的局面得到一定程度的遏制。

对于擅权的宦官集团，嘉靖帝予以严酷打压，严禁宦官干政，将司礼监的权限削弱，而以往作为皇帝外派各地、监督将领的太监全部被召回裁撤，因而宦官集团的权力得到最大程度的削减。以后的朝局便成为嘉靖帝与文官集团两者之间的争斗。

治理土地兼并

自明宪宗设立皇庄以来，皇家、勋贵以及各地王爷等的土地兼并现象越发严重，导致农民的土地逐渐减少。随后农民起义接踵而来，社会秩序混乱，严重威胁到明廷的统治。在"大礼议之争"结束后，张璁的主张得到嘉靖帝的支持，这为其进行改革奠定了良好的基础。张璁改革的首要任务便是抑制土地兼并现象的进一步恶化，将土地归还农民。

明宪宗时期（1464-1487 年），皇庄有 200 多处，到了弘治二年（1489 年），皇庄达到 332 处，占地达到 33000 多顷。嘉靖帝继位之初，曾两次清理京畿地区

历史拓展

嘉靖帝从小生活在尊信道教的湖广安陆州，深受道家思想熏陶。在嘉靖帝继位后便信奉道教，敬鬼神。为此，很多朝廷大臣为了迎合嘉靖帝的喜好，也跟着信奉道教。嘉靖帝所信任的道士为此而成为朝廷重臣。不仅如此，嘉靖帝还信奉长生不老之术，时常吞食道士炼制的丹药，在执政后期的二十多年长居西苑炼丹。

的皇庄，因遭到宦官和外戚的阻扰，导致清理事宜收效甚微。后来嘉靖革除弊制，权势大增，张璁在嘉靖帝的支持下对庄田予以清理，由京畿地区扩大到地方各个省份。到嘉靖九年（1530 年），朝廷共查勘了京畿地区勋贵外戚的庄田528 处，占地共计 57400 多顷，其中有26000 多顷归还给此前的土地拥有者，还出具了条令，不允许大幅侵占田地，违反者严惩。这一举措有效缓解了土地兼并带来的种种社会问题，社会秩序慢慢趋向稳定，在一定程度上加固了明朝的统治基础。

嘉靖帝执政前期，因其勤于政务，重用贤臣，锐意改革，抑制权贵势力等，使整个明朝财政收入稳定，商品经济得到发展，每年国库富余的白银多达五百多万两，民间也呈现出一片繁荣之象。从嘉靖四年（1525 年）起，明朝政府正式改用白银征税，白银正式成为法定货币。

延伸思考 嘉靖帝前期的举措带给后世朝政哪些积极意义？

时间轴　1521—1530 年

1521 年	朱厚照去世，朱厚熜被迎立为帝
1524 年	朱厚熜赢得"大礼议之争"的胜利
1525 年	明朝政府改用白银征税
1530 年	张璁改革清理庄园取得重大成果

嘉靖大礼议

大礼议在一定程度上反映了明朝中期的弘治、正德二朝在子嗣上存在的问题，而不得已让明朝小宗入主大宗，从而引发嘉靖帝与大臣关于皇考的争论。但嘉靖帝以特有的方式赢得了大礼议的胜利，进而巩固了自己的皇权。

继嗣与继统

明武宗去世后，由皇太后张氏与内阁首辅杨廷和决定迎立明武宗的堂弟朱厚熜到北京继位。当朱厚熜临近北京郊外时，朝廷官员为以何种礼仪迎接朱厚熜引发争论。负责礼仪事宜的礼部尚书毛澄准备令朱厚熜以皇太子的身份继位，但朱厚熜以明武宗遗诏中的"嗣皇帝位"提出异议，不愿以皇子的身份继位，但内阁坚持按照礼部议定的方案进行。随后朱厚熜在奉天殿正式继位，并改年号为嘉靖。

朱厚熜是以藩王身份继位的新君，便让大臣们商定正德帝的谥号及其生父兴献王的主祀及封号。因正德帝生前喜爱打仗，礼部便将谥号定为"武"，得到众臣认可。但对于兴献王的封号，朝臣以汉朝定陶恭王刘康与宋朝濮安懿王赵允让为先例，谥兴献王为"皇叔考兴献大王"，母妃为"皇叔母兴国大妃"。同时，以杨廷和为首的朝臣商议以崇仁王朱厚炫入继兴献王宗庙，祭祀兴王一脉。

对以上决定，明世宗无法容忍，于是重金厚

杨廷和（1459-1529 年），明朝著名大臣，历经明朝宪宗、孝宗、武宗、世宗四个时期。在明武宗去世后，迎立朱厚熜为帝，后在与明世宗的"大礼议争论"中辞去职位，后因病去世，以平民之礼下葬。

赏礼部尚书，并对内阁首辅杨廷和进行安抚，想让他们对皇考的事宜提出更正，但未能遂愿。明世宗想要给生父兴献王追加徽号，却遭到大臣们的拒绝。礼部尚书出于对皇帝的尊重，对于主祀的人选提出修改意见，等到明世宗确立太子后，第二子可以被封为兴王，继承兴献王的封地。

朱祐杬 → 兴献王 → 兴献帝 → 献皇帝 → 皇考恭穆献皇帝

▲ 朱祐杬身份变化

明世宗刚即位没多久，刚被朝廷录用的进士张璁便坚定地支持明世宗，他认为皇统无须固定地以父子身份继承，对于朝臣此前所引用的汉朝定陶恭王与宋朝濮安懿王的例子，实际上其人都是被养在宫中，被当作太子的预备人选，相当于被过继。因此，张璁仍然支持明世宗以兴献王为皇考，而不是将之称作皇叔。

作为新君，明世宗在朝中势力薄弱，如今看到有人对自己表示支持，如同久旱逢甘霖般大喜过望，便以此为说法反驳朝臣。杨廷和认为张璁只是一介秀才，无法知晓朝廷的重大事务，对张璁奏章的内容予以退还。张璁只是以新科进士的身份提出此建议，并无朝中大臣予以附和，无法撼动以杨廷和为首的大臣说话的分量。朝臣们也纷纷附和杨廷和的意见，但明世宗并不认可，双方为此而僵持。

明世宗奉迎生母

正德十四年（1521 年）九月，兴献王妃、明世宗生母准备前往北京城，明世宗想以皇太后的礼仪予以迎接，却遭到杨廷和的强烈反对。明世宗见自己作为皇帝却无法为生母争得地位，便以辞位、携生母返回封地相要挟。杨廷和等大臣为了维护明朝继承人的稳定只好让步。随后，兴献王妃便以皇太后的礼仪被接入紫禁城。

明世宗得到张璁支持		明世宗遭到杨廷和诸大臣反对		兴献王妃以皇太后礼仪进宫
·皇统无须以父子身份继承	→	·生父应为皇叔，反对给其父追加徽号	→	·明世宗胜利 ·诸大臣妥协

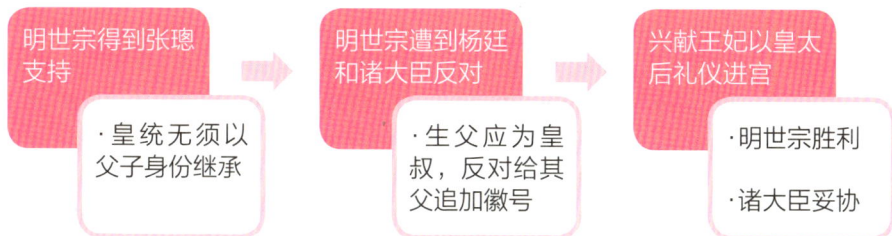

▲ 兴献王妃进宫之争

明世宗为了给其生父（朱祐杬）和生母争夺尊号，多次向内阁批示，但均被杨廷和拒绝。杨廷和为了坚持以往朝代处理类似事宜的办法，多次上奏章予以说明证实，引得明世宗颇为气愤。有些大臣认为杨廷和对于此事过于执拗，没有做到一个臣子的本分，让皇帝没有了颜面。也有正直之臣直言明世宗作为国君也有过失之处，但明世宗也不愿对这些臣子予以严惩，还想要获得杨廷和的支持。但在皇考的问题上，杨廷和依旧不肯让步，还以辞官为要挟，获得一百多位大臣的支持。嘉靖元年（1522 年），明世宗出于无奈，只好下诏将明孝宗作为皇考，明孝宗皇后作为圣母，兴献帝不称为皇帝。

明世宗赢得大礼议之争

嘉靖三年（1524 年），明世宗再次与朝臣商议皇考之事，杨廷和便认为明世宗想要推翻之前已商定好的结果，便坚定自己致任的决心。当杨廷和上疏表明自己想要致任归乡的意愿后，明世宗便批复同意，听任他离去。有大臣上疏请求挽留杨廷和，但明世宗对这些奏折都不予理睬。等到杨廷和离开北京城后，明世宗便再次与大臣们商讨将兴献王称作皇考、明孝宗称作皇伯考的事宜。

虽然杨廷和辞官回乡，但朝廷上反对明世宗将兴献王称为皇考的声音依然还在。近两百

朱祐杬（1476-1519 年），明宪宗之子，成化年间被封为兴王，弘治年间前往湖广安陆州（今湖北钟祥）就藩，明世宗朱厚熜之父，后被朱厚熜追封为献皇帝。

名大臣一起向明世宗进言，明世宗为了听到不一样的声音，要求更多朝廷官员参与讨论皇考一事，令其想不到的是反对声仍然占据主流。明世宗为此愤怒万分，将诸多持反对意见的大臣进行斥责、罚俸甚至是罢免。

嘉靖三年（1524 年）三月，明世宗执拗不过群臣，勉强认同将生父称作"本生皇考恭穆献皇帝"，生母称为"本生母章圣皇太后"。但这在宗法上还是需要称明孝宗为"皇考"，相当于过继给明孝宗。同年七月，明世宗向礼部下诏，为生父生母上册文，并祭告天地、宗庙社稷。对大臣们而言，这一做法无疑是将兴献王定作皇考。

> **历史拓展**
>
> 明显陵是明世宗朱厚熜父亲兴献王朱祐杬的陵墓，由此前的兴王墓改建，历时 47 年，成为明朝帝陵中单体面积最大的皇陵。明显陵的营建，无不体现明世宗对父亲兴献王的敬重。明显陵位于今湖北省钟祥市纯德山，是全国重点文物保护单位，被列入世界遗产名录，同时也是国家 4A 级风景区。

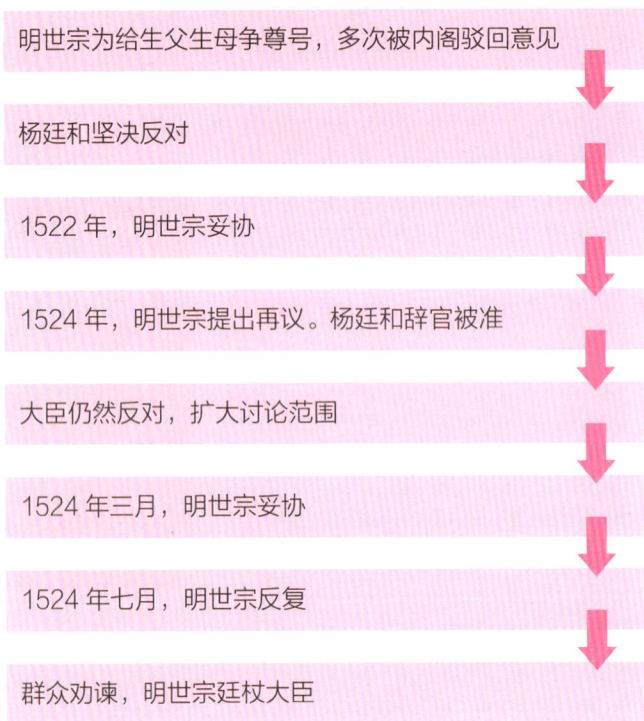

明世宗为给生父生母争尊号，多次被内阁驳回意见

杨廷和坚决反对

1522 年，明世宗妥协

1524 年，明世宗提出再议。杨廷和辞官被准

大臣仍然反对，扩大讨论范围

1524 年三月，明世宗妥协

1524 年七月，明世宗反复

群众劝谏，明世宗廷杖大臣

▲"大礼议之争"

▲ 明显陵

为了让明世宗改变旨意，两百多位大臣一起跪在左顺门向明世宗劝谏。明世宗为此将带头的八位大臣逮捕下狱，其余的朝臣仍然不依不饶，明世宗便将他们下狱或停职。此前被下狱或停职的官员，四品以上停俸，五品以下廷杖。

经过此事，朝臣们对议礼之事闭口不谈，历时三年的大礼议之争宣告结束，明世宗获得胜利，也借此巩固了自己的皇权地位。

时间轴　1521—1524 年

1521 年　明世宗与杨廷和等人开始"大礼议之争"

1522 年　明世宗不得已尊明孝宗为皇考

1524 年　杨廷和致仕，明世宗随后赢得"大礼议之争"

延伸思考　大礼议之争给明朝政局带来了哪些影响？

◎ 壬寅宫变

为求长生不老的丹药，嘉靖帝征召了大量的年轻宫女，宫女们在宫中饱受屈辱，便起了反抗的念头。以宫女杨金英为首的几名宫女，冲进寝宫企图弑杀嘉靖帝，可惜未能成功。宫女们意图弑君，这在封建王朝历史上绝无仅有。

宫女行刺

嘉靖帝在统治中期开始迷信长生不老术，为此对道教、方士十分推崇。而方士为了替嘉靖帝炼成长生不老的丹药，提出以少女的经血为药引，因而嘉靖帝大量征召年轻的宫女进宫作为炼丹之用。方士为了保持炼丹的效用，要求宫女在经期时只能吃桑叶，喝露水，不仅如此，还经常被责罚打骂。宫女们对自己在皇宫内的遭遇无法容忍，便私下里商议勒死嘉靖帝。

▲ 翊坤宫

▲ 坤宁宫

　　嘉靖二十一年（1542年）的一天夜里，嘉靖帝来到端妃所居住的翊坤宫就寝，尽管嘉靖帝宠爱端妃，但对她的态度也是忽冷忽热，侍奉端妃的宫女也时常遭受嘉靖帝的处罚。

　　杨金英作为准备反抗的宫女集团的带头人，集结了十多名宫女，并拿出此前准备好的绳索，等到嘉靖帝就寝熟睡后，一群宫女偷偷进入寝宫，掐住嘉靖帝的脖子。因脖子被人掐住，嘉靖帝猛然从睡梦中醒来，却发现自己处于宫女的包围中，正准备大声呼叫求援，却被宫女塞住了口，无法发出声响。随后宫女们将绳索套在嘉靖帝的脖子上，并用力拉扯，想令其窒息身亡。

　　嘉靖帝被勒住，便拼命挣扎，宫女们见前面的绳索未能奏效，便又打了一个结，但因为慌乱，导致其没有打好，两个死结缠在一起，无法达到效果。见状，宫女们更加慌乱，便用自己身上的钗子对嘉靖帝一顿乱刺，虽血肉模糊，但并未受到致命伤害。嘉靖帝迟迟未死，参与作案的宫女中有人便认为皇帝命不该绝，便连忙跑出宫去向皇后认罪，想要借此戴罪立功。皇后所住的坤宁宫距离翊坤宫不远，当皇后得知宫女正在胆大妄为地行刺嘉靖帝，十分震惊，便迅速前往翊坤宫救援。

杨金英等人见内部出现叛徒，也顾不上继续行刺嘉靖帝，连忙到处逃命。在偌大的紫禁城中，宫女们难以外逃，最后都被逮捕。皇后带人解开了嘉靖帝的绳索，又赶紧召集太医前来救治。嘉靖帝因经此横祸，受到极大的惊吓晕了过去。

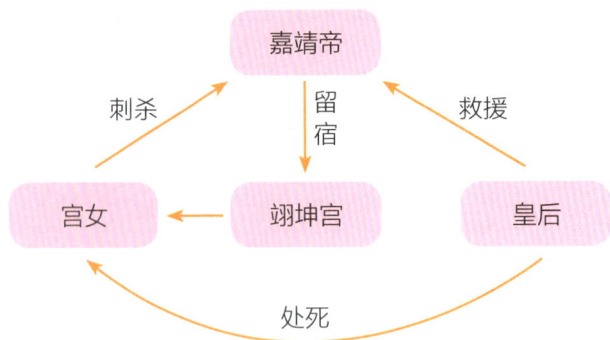

▲ 壬寅宫变

宫女失败身死

嘉靖帝经此一事，受惊吓过重，导致身体气息衰弱，太医们担心治疗不当被治罪，不敢轻易用药。但太医院许绅虽然担心治疗有失，但更害怕不及时治疗会引发更多麻烦，便硬着头皮对嘉靖帝用药治疗。经过几个小时的恢复，嘉靖帝渐渐能够说话。此事过后，许绅因为救治之功受到了丰厚的赏赐。

因嘉靖帝还未完全恢复意识，皇后借此机会排除异己，假传皇帝旨意，将涉事的宫女以及端妃、宁嫔等都一起处死。刑部官员们以为是皇帝的旨意，便赶紧遵照执行，导致端妃、宁嫔无冤惨死。等到嘉靖帝恢复清醒后，对端妃是谋害自己的主使这一说法并不相信，但端妃已经被处决，嘉靖帝也只得作罢。嘉靖帝害怕这类事情再度重演，对皇宫心有余悸，便自此移居西苑居住。

> **历史拓展**
>
> 坤宁宫作为紫禁城重要宫殿之一，历来都是明清皇后的住所，属于北京故宫内廷后三宫之一。皇后作为与皇帝相对的地位，堪称中国古代女性之尊。皇帝称为乾，皇后称为坤，因此皇帝的寝宫为乾清宫，皇后的寝宫为坤宁宫。乾清宫与坤宁宫代表着阴阳结合、天地壁合之意。

延伸思考
? 壬寅宫变反映了皇宫内的哪些问题？

⊙ 严嵩乱政

严嵩作为嘉靖朝中后期的权臣，掌握内阁大权长达二十年之久，深得嘉靖帝的宠信。严嵩掌权期间，败坏朝纲，祸国殃民，被后世列为明朝六大奸臣之一。

严嵩逐步高升

严嵩的父亲年轻时想要考取功名，成就一番事业，光宗耀祖，但却一直未能如愿。在生养严嵩后，严嵩的父亲便将自己的愿望寄托在儿子身上。在父亲孜孜不倦的调教下，严嵩终于在二十五岁时高中进士，实现了其父亲未完成的事业。

严嵩在考取进士后，开始负责编修的工作，但期间因生大病，被迫退官回到家乡。几年后，严嵩被邀请修纂袁州府志，很快又荣升为总纂。在严嵩退官期间，朝政大权掌握在刘瑾手中，刘瑾集团覆灭后，严嵩才得以前往北京城。

嘉靖帝继位没多久，严嵩便升任为南京翰林院侍读。嘉靖十一年（1532年），严嵩任职南京礼部尚书，之后又改任南京吏部尚书。嘉靖十五年（1536年），严嵩北上京城朝见嘉靖帝，嘉靖帝对其十分满意，便将其留在北京，并任命为礼部尚书，兼任翰林院学士。严嵩通过礼部尚书一职，强化了与嘉靖帝之间的沟通，并为他之后的官职升迁铺平了道路。嘉靖二十一年（1542年），严嵩以少保、太子少保、礼部尚书、武英殿大学士的身份进入内阁。

严嵩（1480-1567年），明朝大臣，在嘉靖朝中后期受到明世宗的恩宠，权倾朝野。严嵩掌管明朝内阁期间，祸国殃民，败坏朝纲，最后落得一个免职归乡、老死故里的悲惨结局。

▲ 明代内阁遗址

夏言曾深受嘉靖帝的器重，但后来因嘉靖帝迷信道教长生不老之术，夏言对其多加劝阻，因此引得嘉靖帝不满。严嵩则一直对嘉靖帝言听计从，保持绝对的尊重，导致嘉靖帝越来越喜欢严嵩。

严嵩为了进一步获得权势，便借机想要除掉夏言，遂向嘉靖帝提议将夏言罢免。在严嵩的建议下，嘉靖帝将屡次惹怒自己的夏言罢免，严嵩的权力由此变得更加强大。嘉靖二十四年（1545年），朝廷的内阁因大臣去职或去世，导致人员不足。嘉靖帝感念夏言的才能，便再度让夏言入阁议政。这时夏言便对严嵩多加提防，而严嵩也对夏言心生怀恨。嘉靖二十七年（1548年），因鞑靼军侵扰河套地区，陕西总督曾铣想要出兵收回河套，夏言对这一举措予以支持。嘉靖帝本意答应曾铣所请，夺回鞑靼所占的地区，但在严嵩的一番蛊惑下，嘉靖帝对曾铣及夏言的用意产生了怀疑。

随后曾铣被严嵩诬陷被杀，夏言也受到曾铣谣言的牵连，被捕入狱。夏言想要上书陈述冤屈，但不被嘉靖帝所理解，随后于十月在闹市被斩首。此后，严嵩更加权倾朝野，为所欲为。

历史拓展

1547年，蒙古鞑靼首领俺答汗进犯河套地区，曾铣上奏提议发兵收复河套，得到夏言支持。严嵩却说不可轻开边事，后来蒙古进一步侵扰宣化，严嵩进谗言，说就是因为夏言和曾铣激怒了俺答，直指二人勾结，嘉靖帝以此罪名将夏言斩首，此后再没人敢提及收复河套的事。

严嵩专权乱政

严嵩独揽朝政后，更加讨好嘉靖帝。嘉靖帝迷信道教，追求长生不老，严嵩为此不惜调动各方资源，耗费巨资为嘉靖帝修建宫殿，以便嘉靖帝修炼长生之术。因嘉靖帝喜爱青词，严嵩为了讨好嘉靖帝，便专注地研习青词，如此一来严嵩越发受到嘉靖帝的信任。研习青词成为严嵩的第二要务，即便大军压境也无法左右严嵩的注意力，为此明朝有百姓戏称其为"青词宰相"。

仇鸾因弹劾曾铣而受到严嵩的重用，但后来仇鸾不愿被严嵩掌控，便向嘉靖帝秘密揭发严嵩及其子严世蕃的不法之事。嘉靖帝得知后，便开始减少了对严嵩的信任，多次议事不宣召严嵩。没过多久，仇鸾因病重远离朝政。嘉靖帝十分信任的锦衣卫都指挥使陆炳借机将仇鸾的不法之事向嘉靖帝汇报，仇鸾因此失去嘉靖帝的信任，不久后病发

历史拓展

青词，亦作"青辞"，这种文体产生于唐朝，是道教举行斋醮时献给上天的奏章祝文。因用朱笔书写在青藤纸上，故又称绿素。由于嘉靖帝爱好青词，善写青词者便能得到重用。嘉靖十七年后，内阁14位辅臣中，有9人是通过撰写青词得到荣升的（包括夏言、严嵩的儿子严世蕃以及徐阶等人）。

▲ 严嵩书法作品

身亡。严嵩因此重新获得嘉靖帝的信任。

主要政敌相继被除去，严嵩为了自己在朝中的绝对地位，便开始打击朝中其他反对自己的势力。朝中的一些正直之臣看不惯严嵩的行为，勇于弹劾。比如杨继盛上书弹劾严嵩的"五奸十大罪"，阐明严嵩在北方边境的安危上有着巨大的失职，随后又把嘉靖帝相信的天道与严嵩相连，上天之所以动怒，皆因朝中有奸臣当道。

杨继盛所提及的严嵩罪行，条条

▲ 杨继盛画像（清代）

都说到了嘉靖帝的内心深处，嘉靖帝为之一震。但杨继盛却在奏疏的最后犯了忌讳，提及了裕王与景王。严嵩便以此为借口，向嘉靖帝告发杨继盛的罪过，嘉靖帝便将杨继盛下狱拷问。嘉靖帝虽在严嵩的建议下以假传亲王令旨之罪将杨继盛定罪，但并不想将其处死，而是在狱中关押。杨继盛在朝中好友的保护

下，存活三年之久，但最终还是在严嵩的授意下，被刑部尚书何鳌杀害。

　　此外，还有沈炼被害一案。沈炼为人疾恶如仇，忠贞不贰，以专擅国事、贪污纳贿、卖官鬻爵、妒贤嫉能等十大罪行弹劾严嵩，为此遭到严嵩的仇视。为了反击沈炼，严嵩诬陷沈炼，嘉靖帝被严嵩蒙蔽，将沈炼贬谪为民。沈炼在谪居的塞外依然不忘用恶语侮辱严嵩、严世蕃父子，后来遭到严世蕃诬陷，以谋反罪被杀。

　　严嵩在内阁掌权后，无恶不作，置国家安危、民生社稷于不顾，只是一味地讨好嘉靖帝。同时，严嵩还荫蔽儿子严世蕃做官，将其提拔到工部侍郎的高位。严世蕃为了获知嘉靖帝的最新消息，还收买了其身边的宦官，以便时刻迎合皇帝的喜好。严世蕃仗着严嵩的权势，干尽坏事。他借着严嵩的权力，明码标价大肆卖官鬻爵，各级官员纷纷耗费巨资从严家买官，因此严家聚集了大量财富。天下

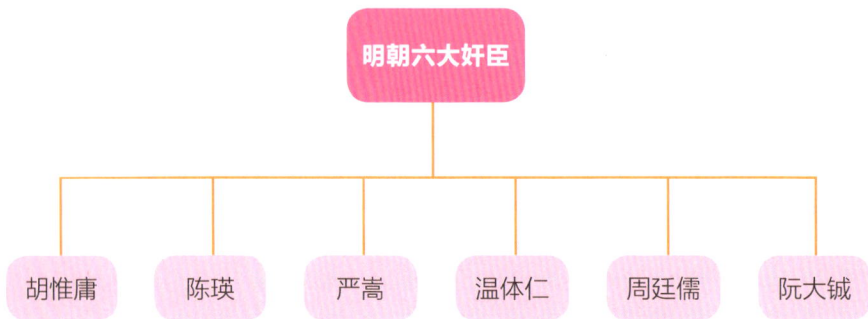

```
            ┌─────────────────┐
            │   明朝六大奸臣   │
            └────────┬────────┘
    ┌──────┬──────┬──┴───┬──────┬──────┐
 胡惟庸  陈瑛   严嵩  温体仁 周廷儒 阮大铖
```

▲ 明朝六大奸臣

人对严嵩父子极为怨恨，但奈何嘉靖帝庇护，难以对他们造成威胁。

严嵩下台

嘉靖四十年（1561 年），因吏部尚书吴鹏辞官，严嵩便想让他的妻弟欧阳必进取而代之。但嘉靖帝不喜欢欧阳必进，看见欧阳必进被列为吏部的候选尚书，十分生气。严嵩为此秘密上奏向嘉靖帝解释了一番，嘉靖帝出于情面的考虑，答应了严嵩。但没过多久，嘉靖帝便让欧阳必进辞官，以此做法来表达对严嵩的不满，让严嵩注意自己的行为。

嘉靖四十一年（1562 年），蓝道行因在道家颇为出名，当他来到京城后，经内阁大学士徐阶引荐给笃信道教的嘉靖帝，从而深得嘉靖帝的宠信。有一次蓝道行在占卜时说"今日有奸臣奏事"，没想到严嵩刚好经过，其实这是徐阶与蓝道行合谋故意借此攻击严嵩。因嘉靖帝对蓝道行的道行十分相信，便逐渐疏远了严嵩。

嘉靖四十三年（1564 年），严世蕃被御史弹劾，嘉靖帝大怒，严世蕃被捕下狱。次年，严世蕃的案子审结，随即被斩首。随着儿子被杀，严嵩也被朝廷没收家产，被削去官职回到家乡，在老家孤苦生活两年后病逝。严嵩死后，因其恶名远扬，无人为他打造棺材安葬，也无人前来吊唁，一代奸臣就这样凄惨地结束了一生。

延伸思考　严嵩乱政与嘉靖帝有着哪些关联？

时间轴　1505—1567 年

1505 年	严嵩考中进士
1536 年	严嵩任职礼部尚书
1542 年	严嵩进入内阁
1565 年	严世蕃被杀，严嵩被削官
1567 年	严嵩凄惨死去

◎ 抗倭名将戚继光

戚继光，明朝著名将领之一，为明朝的抗倭事业做出了突出的贡献。戚继光在明朝东南沿海坚持抗倭长达十余载，保护了当地百姓的生命及财产，被后世称为民族英雄。

戚继光南征倭寇

嘉靖年间，东南沿海的倭患十分严重。因日本的南北朝时代结束，由北朝统一日本后，失败的南朝武士流落海上，为了生计，曾多次侵扰中国沿海地区。由于明政府停止对日贸易，倭患问题达到顶峰。在这样的时局下，一代名将戚继光一举荡平了倭寇之患。

戚继光祖籍河南卫辉，出身将门世家，父亲戚景通武艺精熟，为人正直，忠于朝廷。在父亲的教导下，戚继光不仅精通行军打仗，更难得的是为人正直。嘉靖二十三年（1544年），戚景通因病去世，十七岁的戚继光袭任父职，成为登州卫指挥佥事。嘉靖三十二年（1553年），他被提升为都指挥佥事，管理登州、文登、即墨三营二十五个卫所，防御山东沿海的倭寇。上任后，戚继光整顿卫所，训练士卒，严肃纪律，使山东沿海的防务得到大大改观。

两年后，因为浙江的倭患最为严重，戚继光被调任浙江都司佥书，次年升任

▲ 长城脚下的戚继光雕像

▲ 戚家军

参将，镇守宁波、绍兴、台州三府。戚继光在此地期间，操练军队，组建了威名赫赫的"戚家军"，并创立了专门针对倭寇的"鸳鸯阵"。戚继光正是带领着这支部队，并辅以针对性的战术，在与倭寇的交战中屡战屡胜。

戚家军阵法成熟后，戚继光开始带领他们四面出击。在台州之战中，戚继光与倭寇相遇，将倭寇打得抱头鼠窜。不久后，戚继光率军增援福建，当时整个福建都受到倭寇的威胁。戚继光率兵英勇作战，打退了倭寇，并且一路追击，烧掉了倭寇的多处据点，将福建一带的倭寇扫平。经过在江南地区的长期作战，戚

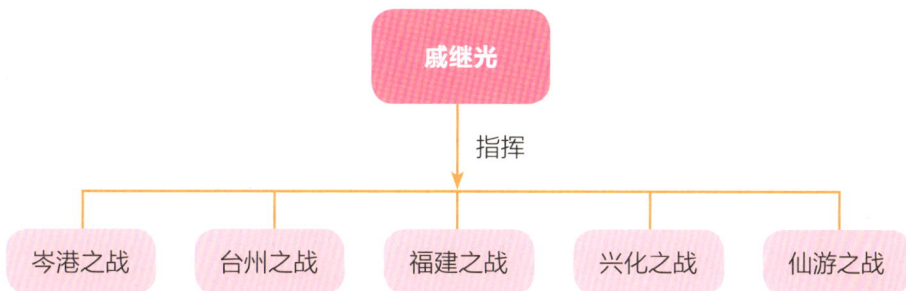

戚继光

指挥

| 岑港之战 | 台州之战 | 福建之战 | 兴化之战 | 仙游之战 |

▲ 戚继光指挥的抗倭战役

继光获得了无数的战功，歼灭了大量的倭寇，使得江南地区的百姓得以安居乐业。到嘉靖末期，东南沿海的倭患已基本得到平息。

戚继光继续发光发热

倭患平定后，隆庆帝调戚继光到北方驻守防御鞑靼。于是，戚继光到蓟门上任，并在此继续训练士兵，其队伍英勇无比，曾多次击退南下的蒙古人。后来朝廷让戚继光负责从蓟门一直到永平以及山海关一带的所有防务。戚继光不负众望，英勇杀敌，誓死保卫祖国。戚继光还招降了南下入侵的部落首领朵颜董狐狸，并且俘虏了他的弟弟长秃，而汉地小王子的后代土蛮率兵几次南下都无法攻破蓟门。

而后随着内阁首辅张居正去世，朝中政局大变，戚继光因故被调往广东。万历十三年（1585年），他因被奸臣弹劾而罢官，此时戚继光已经五十七岁了。两年后，戚继光病逝于自己的家乡。

戚继光这一辈子不但南破倭寇，而且北御蒙古，还创立了许多战阵和练兵方法，为军事制度改革做出了重大的贡献，是被后世景仰的民族英雄。

延伸思考

戚继光的事迹给了大家哪些启发？

历史拓展

鸳鸯阵以十二人为一队，最前为队长，次二人一执长牌，一执藤牌。长牌手执长盾牌遮挡倭寇的重箭、长枪，藤牌手执轻便的藤盾并带有标枪、腰刀，长牌手和藤牌手主要掩护后队前进，藤牌手除了掩护还可与敌近战。除此之外，这两个人还要帮助狼筅手抬着狼筅。何为狼筅？狼筅就是长达几米的竹子，把头削尖，涂上毒药。作战时以狼筅手手持狼筅掩护后面的人进攻，即使敌人躲开了，后面的士兵也会手持短刀逐一跟近。

时间轴 1544—1587 年

1544年	17岁的戚继光袭任父职，任登州卫指挥佥事
1553年	戚继光被提升为都指挥佥事，管理登州、文登、即墨三营
1555年	戚继光调任浙江都司佥书
1556年	戚继光升任参将，镇守宁波、绍兴、台州三府
1585年	戚继光受人弹劾而被罢官
1587年	戚继光病逝

隆庆新政

　　嘉靖四十五年（1566年），嘉靖帝朱厚熜驾崩，皇子裕王朱载坖继位，是为明穆宗，次年改元隆庆。隆庆帝在位期间，一改嘉靖朝的弊病，并逐步推行了一些改革措施。隆庆时期社会较为稳定，经济也有了较大发展，史称"隆庆新政"。

官场新风

　　隆庆帝继位后，便将嘉靖帝曾经宠信的方士王今、刘文斌等人一并逮捕处死。对于这些方士的恶劣行径，在隆庆帝还是裕王时就有所耳闻，因此继位后便立即处死了他们。对于在嘉靖朝时期因直言被贬的直臣、能臣予以重新任用，如写下《治安疏》劝谏嘉靖帝的海瑞，隆庆帝将其释放并官复原职，不久又予以提拔。

　　明穆宗继位后，由内阁首辅徐阶与内阁大臣张居正共同起草嘉靖帝遗诏，但此遗诏不是按照嘉靖帝本人临死前亲自口授内容起草的，而是借此机会用"遗诏"的方式表达徐阶与张居正对时局的政见。虽然此事有僭越之嫌，但起到了稳定朝局的作用。"遗诏"为那些耿直谏言而被惩处的官员恢复了名誉，并得到重新起用，对于冗员予以裁减，以此表现嘉靖帝临终前的悔悟，随后以"继位诏书"来表现当今皇帝对先帝遗愿的尊重，巧妙避免了被言官抓住"改祖宗之法"的口实。

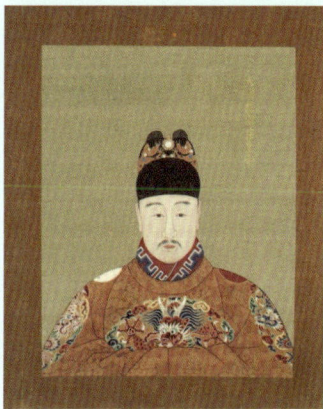

朱载坖（1537-1572年），明朝第十二位皇帝，明世宗之子。朱载坖即位后，面临着当时明朝颇为凋敝的局面，他积极依靠内阁大臣进行了一系列的革新，整个隆庆朝的局面为之一新，为后来的"万历中兴"奠定了基础。

▲ 徐阶画像

隆庆二年（1568年），徐阶致仕归乡。次年，在张居正的奏请下，被冷落一年多的高拱复出回到内阁。对于此前徐阶任职内阁首辅时的诸多政策进行重新调整，对嘉靖帝的生平予以重新评价，并停止了未经澄清辨别的平反措施，为"隆庆新政"的实施创造了良好的政治氛围。

有了隆庆帝的授意，内阁大臣高拱对于朝局开始了大胆的整顿与革新。在嘉靖朝后期，明朝官场风气败坏，贪污腐败、徇私枉法成风，朝廷运转受到严重的影响。高拱面对如此不良的局面，首先严抓考核，对吏部的考核制度予以完善，官员的情况都需要汇总到朝廷，到年终进行统一的考核，对不合格的官员予以严惩。以往官员的提拔，多为通过科举考试的进士，高拱此次的革新鼓励对大批非进士身份的官员进行入仕提拔，以此丰富官场的新活力。经过一系列对官场的改革，明朝自嘉靖朝后期以来的吏治情况得到了极大的扭转，官场运转更为顺畅也更有效率。

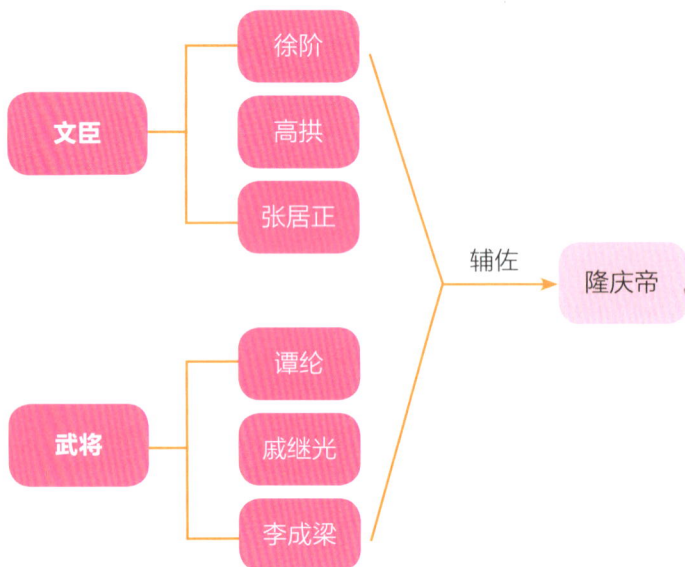

▲ 隆庆朝重臣

隆庆开关

隆庆元年（1567 年），隆庆帝登基之初便昭告群臣："先朝政令有不便者，可奏言予以修改。"福建巡抚涂泽民以福建沿海的实际情况出发，上书奏请打开对外贸易，变私下贸易为公开贸易。隆庆帝随即批准，宣布开始解除海禁，调整以往海外贸易的政策，允许民间私人在东西二洋进行远航贸易，历史上称此大事为"隆庆开关"。同时为了防止东南沿海的倭寇之乱，依旧不允许所有的出海船只前往日本，或与日本进行贸易。倘若有人私自前往被朝廷发现，便以"通倭"之罪予以严惩。

大批明朝商人通过福建月港（今漳州海澄镇）的通商口岸，在海外进行合法的贸易，东南沿海的民间海外贸易进入了一个崭新的时期。这一时期对海禁政策的调整，对后世具有深远的意义，影响了徽商、浙商、粤商等各地商帮的形成与发展。从开关到明朝结束，民间贸易在海外披荆斩棘，每年都有大量的白银流入，明朝由此出现了一个全面开放的局面。

历史拓展

从 1567 年"隆庆开关"到 1644 年明朝灭亡的七十多年间，海外流入大明国的白银总数大约为 3 亿 3 千万两，相当于当时全世界生产白银总量的三分之一，并且全球三分之二的贸易与中国有关。"隆庆开关"之后，海外大量的珍贵原材料，比如黄花梨、紫檀、象牙、犀牛角等都被引进，引发中国社会士大夫阶层古玩杂件收藏热。

隆庆和议

对于一直困扰明朝政府的北方边境安全问题，一直是隆庆帝继位后所关心的第一要务。他要求北方边境的驻防士兵加强训练，提高战斗力，以抵御北方各外族势力，保护边境百姓的生命财产安全。隆庆四年（1570 年），鞑靼土默特部首领俺答的孙子把汉那吉因为家庭纷争转而投向明朝，俺答率领全鞑靼的兵马到明朝边界要人，当时负责守边的宣府大同总督王崇古坚守城池，不与鞑靼军交战。

随后王崇古将此事上报朝廷，在内阁大臣高拱与张居正的运作下，明朝派遣使者与鞑靼谈判，最终达成协议。明朝政府封俺答为"顺义王"，双方停止战争，

▲ 隆庆议和

此外双方还互相交还叛将，明朝政府用把汉那吉交换叛逃鞑靼十多年的赵全。赵全随后被押往北京处死。

在与明朝使臣谈判过程中，俺答借此机会再次提出要与明朝互市通商。隆庆五年（1571年），鞑靼与明朝的边境贸易市场正式开放，双方商人纷纷前来进行交易，互通有无。这极大地缓解了明朝与蒙古的矛盾，北方边境也呈现了一派安定景象。

历史拓展

明朝与蒙古能够达成此次议和其原因是多方面的。其一，游牧经济的单一性和脆弱性决定了其对中原经济的依赖性，蒙古需要与中原地区进行互市来满足自己的生产和生活需要。其二，俺答需要明朝赐予的官爵来提高自己在蒙古诸部落中的地位。其三，把汉那吉是俺答最疼爱的孙子，为赎回孙子，俺答是愿意付出代价的。

延伸思考
祖制对明朝的延续存在着哪些不良的影响？

时间轴 1566—1571 年

1566年	朱厚熜去世，皇子朱载垕继位
1567年	朱载垕宣布解除海禁
1569年	高拱复出，开始改革
1571年	明朝开放口岸与鞑靼互市贸易

北虏南倭的困局

北虏南倭给明朝中后期的朝局带来了极大的困扰，明廷不得不应对来自这两方面的外部侵扰。为了保卫领土安全，明朝派出军队与其作斗争，使得外部的困局得到有效的缓解。此举虽然给朝廷的财政带来极大的挑战，但却产生了更多的积极影响，推动了历史的进程。

抗击北虏

蒙古各部长时间不断地袭击明朝边境，掠夺大量物资后却自动退兵，让明王朝不甚烦恼。伴随着明朝中后期的腐败愈加严重，朝廷对边境的管理力度逐渐减弱，"北虏之患"变得越发严重。

瓦剌也先之后，瓦剌部落渐渐衰落，鞑靼土默特部首领俺答开始主宰蒙古，并在嘉靖帝在位时独立建国，对明朝造成巨大的威胁。随后，鞑靼各部落便屡屡进犯明朝边境，但明朝军队战斗力低下，根本无法抵挡住鞑靼凶悍的骑兵。

> **历史拓展**
>
> 当元朝退回漠北，建立北元，北元覆灭后分裂出鞑靼和瓦剌两大部。土默特部是蒙古部族之一，分十二支，17世纪衰落后，一支成为清代土默特右翼旗的前身，后来归附皇太极；另一部分则成为女真叶赫部的组成部分。

嘉靖二十五年（1546年），鞑靼土默特部俺答称汗，派遣使者前往明朝议和并要求与明朝进行贸易往来，但被嘉靖帝拒绝。嘉靖二十九年（1550年），鞑靼军进犯大同，一路攻至北京城下，驻守北京的明军以及各地的藩王的军队都害怕与鞑靼军交战，导致鞑靼军肆无忌惮地在北京城附近接连掠夺八天，史称"庚戌之变"。

到了隆庆元年（1567年），鞑靼军数次进犯明朝边境，形势十分严峻，明

朝百姓的财产安全遭到严重的威胁。明朝廷商议应对策略，有大臣提议调两广总督谭纶、福建总兵戚继光、广西总兵俞大猷到明朝北方边境督促练兵。而在兵部的建议下，明穆宗朱载垕决定调戚继光与谭纶回京，督导练兵以备不时之需。

隆庆二年（1568 年）二月，戚继光任职神机营副将，次年正月破例兼任蓟镇总兵，镇守蓟州、永平、山海关等地。谭纶则于隆庆二年（1568 年）三月任职蓟辽总督，隆庆四年（1570 年）十月任职兵部左侍郎，协助处理明军京营军政；隆庆六年（1572

▲ 俺答汗画像

年）荣升为兵部尚书。戚继光兼任蓟镇总兵后，在谭纶的举荐与内阁大臣张居正的支持下，抗击北虏取得进步。

隆庆四年（1570 年），鞑靼土默特部首领俺答为了营救其孙子把汉那吉，请求与明朝和谈，并于隆庆五年（1571 年）达成协议休兵。同时，明朝廷封俺答为顺义王，并为其开放了多达十一处的边境贸易口岸。至此，一直困扰明廷的"北虏问题"告一段落，从此开始了明朝与蒙古长达几十年的和平友好。

抵御南倭

明朝初年，明太祖朱元璋为了防止东南沿海的军阀残余势力与日本海盗勾结骚扰内地，便下令实施海禁政策。到了朱棣时期虽然开创了郑和下西洋的壮举，但只允许官方朝贡贸易，对于民间商人仍然施行海禁政策。随着明朝中后期东南沿海地区倭寇越发猖獗，明朝廷的海禁政策变得更加严格。隆庆二年（1523

年），东南沿海爆发"宁波之乱"，导致明朝政府废除福建、浙江市舶司，仅留广东市舶司一处，日本与明朝的贸易途径随之断绝，这为之后的倭寇之乱埋下了祸根。

虽然明朝政府花费了巨大的人力、物力、财力在东南沿海地区进行"剿倭"，但却无法有效地阻挡"倭寇"，倭乱一直持续了近百年。当时明朝政府以为自己所围剿的"倭寇"都是日本浪

> **历史拓展**
>
> "倭寇"一词最早记录在高句丽国的一个土王碑上，其中的"寇"便是侵略的意思。因日本古时被称作倭国，后来便以"倭寇"来代称日本侵略者。中国从唐朝时便开始用倭寇来称谓日本侵略者，倭寇多为日本国内争权失败的势力，纠结一批武士、商人或浪子来到中原王朝的沿海地带实施暴行，对沿海地区百姓带来了深重的灾难。

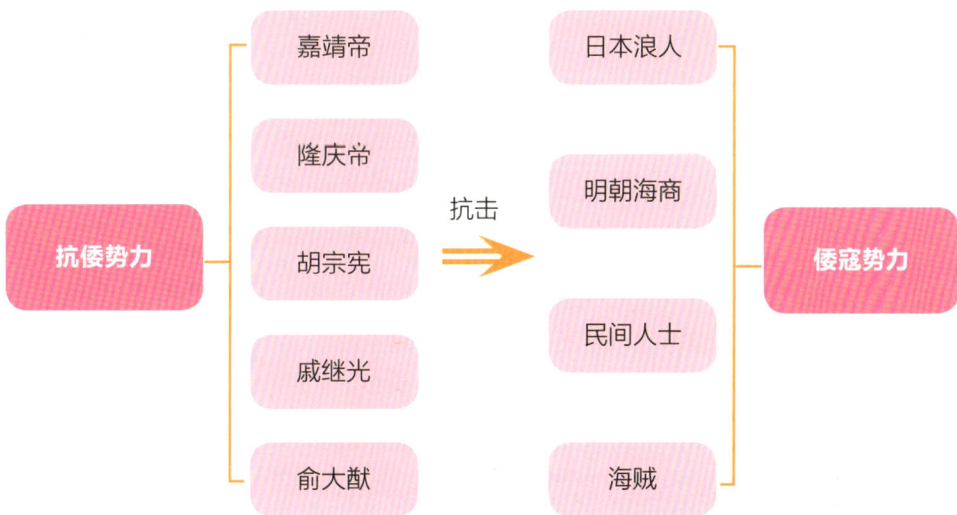

人，但其实多数是被海禁政策所逼而自谋出路的明朝商人武装集团。对于明朝政府而言，破坏海禁政策的人均被视作"倭寇"，反而导致越剿越乱，屡剿不止。

但不管是真的倭寇袭扰，还是明朝商人假扮倭寇对抗，东南沿海的乱局，归根到底其实是海禁政策的产物。海禁政策断了很多沿海百姓的生路，他们为了生

抗倭势力		抗击 →		倭寇势力
	嘉靖帝		日本浪人	
	隆庆帝		明朝海商	
	胡宗宪		民间人士	
	戚继光		海贼	
	俞大猷			

▲ 明朝与倭寇势力对比

▲ 戚继光带兵雕塑

存团结起来对抗明朝政府。由于明朝守着古板的祖宗之法，失去了开发利用海洋的机会，加之大力镇压民间的海外贸易，最终造成了严重的社会后果。

后来经过大将胡宗宪、戚继光与俞大猷等人的精诚团结，在嘉靖朝末年基本上解决了倭寇的问题。长达一百多年的东南沿海问题渐渐平息，但海禁政策的持续实行让明王朝对于世界的变化一无所知。

时间轴　1523-1571 年

1523 年　明朝爆发"宁波之乱"，日本与明朝贸易途径断绝

1546 年　鞑靼土默特部俺答称汗，请求与明朝通商贸易被嘉靖帝拒绝

1550 年　鞑靼军进犯北京，在北京周边连抢八天

1567 年　鞑靼军进犯明朝边境，明穆宗朱载垕调戚继光与谭纶回京

1571 年　鞑靼俺答与明朝达成协议，明朝封其为"顺义王"

延伸思考　明朝政府一直受"北虏南倭"的困扰，内部原因多，还是外部原因多？

150

张居正改革

隆庆六年（1572年），隆庆帝去世，皇太子朱翊钧继位，是为明神宗，次年改元万历。万历帝登基后，张居正取代高拱成为内阁首辅。因万历帝年幼，一切军政大事均由张居正主持裁决。张居正为了扭转朝政颓势，缓解社会矛盾，在政治、经济、国防军事等方面进行一系列改革，主要为巩固明朝统治，寻求一条自救的道路，史称"张居正改革"。

明朝面临巨大危机

从明朝中期开始，各大权利阶层利用特权兼并土地，社会问题频发。明朝需要进行纳税的土地，大约一半以上被拥有巨额田产的大地主阶层占有，他们拒绝纳税，极大地影响了明朝政府的收入来源。那些大地主们对佃户（租种地主家田地的农民）进行疯狂的剥削，导致佃户的生活十分艰辛。民间流传着"一亩官田七斗收，先将六斗送皇州，止留一斗完婚嫁，愁得人来好白头"和"为田追租未足怪，尽将官田作民卖，富家得田民纳租，年年旧租结新债"的歌谣，生动形象地表现了土地兼并严重的社会现状。

土地兼并问题引发了明廷严重的财政危机，财政收入远远不够支出花销。张居正曾对宗室骄横、官吏任用不当、官场贪腐严重、边境防备未修缮、财政

明朝依赖田地税

地主们躲避交税

明廷收入降低

财政空虚管理混乱

地主们继续少交税

财政更加空虚

▲ 明朝财政空虚缘由

151

匮乏等几大朝廷弊政作出批判，于是在万历朝进行全面改革。

政治举措

　　张居正首先将目标对准官场，整顿吏治，将一些无法达到朝廷要求的官员淘汰出局，选拔出新的人才。当时的官场在选拔、提拔官员时只重视资历，而不重视个人能力，多数官员不思进取、无心政事，对朝廷下达的措施往往是敷衍塞责。为此，张居正创制了"考成法"，把朝廷要求办理的事情一一登记在册，并规定期限，让各级官员在限期内完成，并且逐月进行考核，每年都需要总结。失职的官员被降级或被罢官，尽职的官员便获奖励提拔。与此同时，张居正还摒弃了此前论资历进行提拔的用人方法，大胆地选拔有才学的年轻官员。

张居正（1525-1582 年），湖北荆州人，明朝政治家、改革家，在万历朝前期担任内阁首辅，进行了闻名后世的张居正改革，使得国力大增，开创了一个中兴的局面。但张居正的改革成果随着他的去世遭到清算，不禁令人唏嘘。

　　其次，张居正实行节流的措施，节省行政、皇室等开支，去除浮费。从明朝中期开始，多数的皇帝都追求享乐，皇室的花销无度。由此皇室的花费不断增加，对国库造成很大压力。张居正在他任职内阁首辅期间，对年幼的万历帝进行教化，让其明白节俭为民的道理，并时常将国库的收支状况呈报给万历帝，力戒其任意挥霍。

　　最后对于驿站的使用，张居正也做了规定。以往驿站作为官员来往各地的交通中转站，因各种公为私用，导致各个驿站所处的地方财政不堪重负，驿站难以维持。张居正对驿站的改革，从限制驿站特权入手，极大恢复了驿站体系，很好地减轻了各地方的负担，深受地方百姓的欢迎。

"一条鞭法"

　　为了从深层次扭转明朝所面临的境况，张居正改革的重点便是经济改革：改

革赋税制度。在以农为本的封建社会，田赋历来是一个朝代赋税的根本。因此在农业社会，一个国家所掌握的田地越多，收的田赋也就越多，财政收入也会越高。张居正认为赋税的不均与朝廷财政入不敷出源于土地隐没不报的结果，如果要有效充实国库，需要进行勘测核实各类土地。

万历八年（1580年），张居正要丈量全国的土地遭到各地大地主们的阻拦，但他顶着压力力排众议坚决实施这一行动，结果查出被隐瞒的土地多达两百多万公顷。张居正下令在全国实行"一条鞭法"的赋税政策。"一条鞭法"便是将

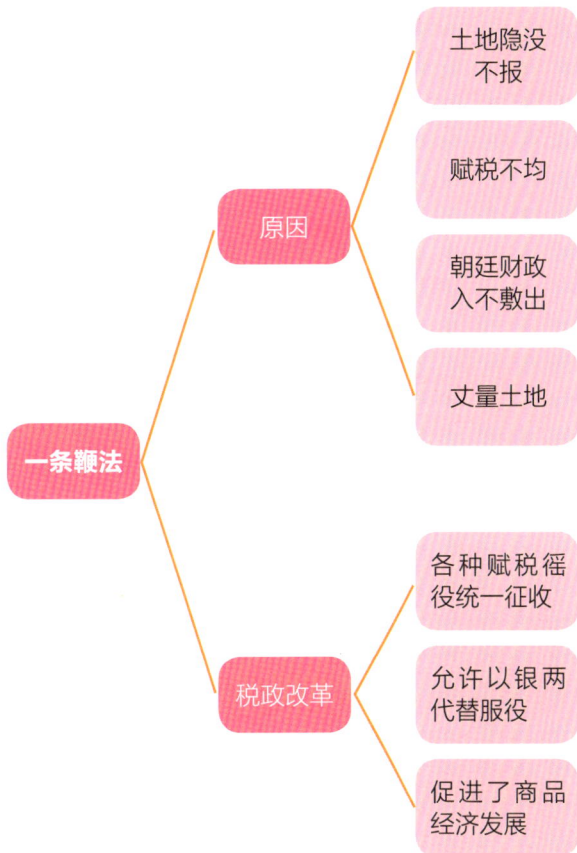

一条鞭法
　原因
　　土地隐没不报
　　赋税不均
　　朝廷财政入不敷出
　　丈量土地
　税政改革
　　各种赋税徭役统一征收
　　允许以银两代替服役
　　促进了商品经济发展

▲ "一条鞭法"

以往各种名目的赋税徭役归结到一起，按田亩核算，进行统一征收，允许农民通过交纳银两的方式代替服役。一条鞭法实施后，占田多的农民便要多交田税，田少的人或是无田的人便可以少交田税，在一定程度上解决了赋税不均的情况。

"一条鞭"法是自唐朝实行"两税法"以来，中国赋税史上的又一次大革新，极大地改善了明朝的财政状况，商品经济也得到进一步发展。

整备军事

张居正在进行政治经济改革的同时，清醒地认识到改革环境的重要性。此前明朝一直受到"北虏南倭"的侵扰，虽然在当时北方的鞑靼部落自从"隆庆议和"后，已经息兵安定，沿海的倭寇之乱经过几次打击后也安稳了，这两大边患

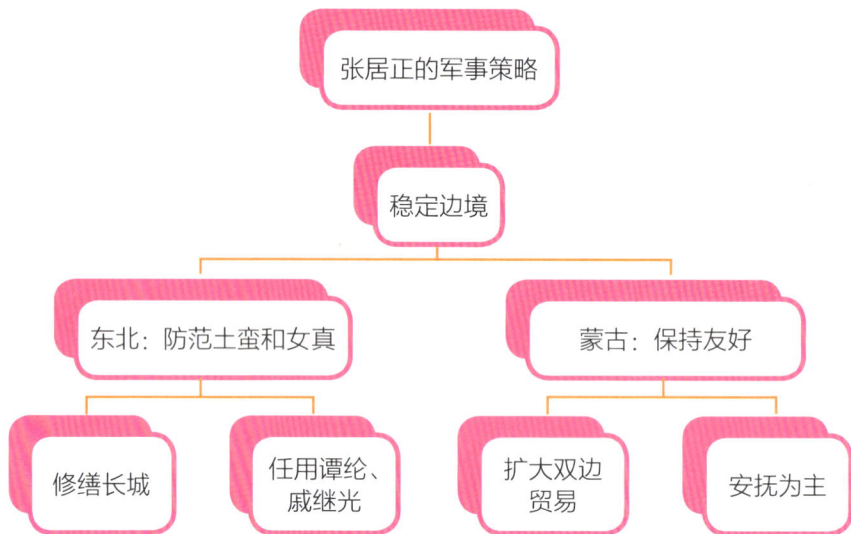

```
张居正的军事策略
        │
      稳定边境
   ┌──────┴──────┐
东北：防范土蛮和女真    蒙古：保持友好
 ┌────┴────┐      ┌────┴────┐
修缮长城  任用谭纶、   扩大双边   安抚为主
          戚继光      贸易
```

▲ 张居正的军事策略

基本消除，但仍然有新的外部危机存在。明朝政府依旧需要对军事进行改革，稳定边境地区，为改革营造一个良好的环境。

因东北地区的土蛮与女真部落经常侵犯东北边境，张居正便对东北一线进行重点防御，任用谭纶、戚继光等人镇守北方边防，大力修缮城墙，强化边防守备体系，在保持军事压力的同时进行适当的安抚。对已经息兵言和的蒙古部落继续保持良好关系，扩大双边贸易。张居正在军事上的改革措施，保障了边境地区的安定，间接地确保了张居正改革的成果。

成果破灭

万历十年（1582年），张居正积劳成疾病逝。随着改革者的去世，张居正的改革成果很快便付诸东流。一大批张居正生前重用的改革大臣，相继被顽固派弹劾，继而遭至降职、免官。而此前被张居正撤换、弃用的官员，又纷纷重新掌权，张居正改革的措施因此被

历史拓展

张居正故居位于湖北省荆州市区的古城东大门，荆州城内有一条张居正街，便是为了纪念荆州历史名人张居正。其故居因为战乱曾被焚毁，后来荆州市又进行了重建，成为荆州城内的一张名片，迎接着各地的游客前来参观了解张居正的历史。重建的建筑参照明朝时期的风格，突出了原来的人文与风貌。

▲ 张居正故居

废止。

因张居正改革触动了官僚等既得利益者的利益，其在位时姑且还能抵挡住他们对改革的抵抗。但张居正死后，反对者便对张居正进行疯狂的攻击与清算。首先是张居正生前的赠官被剥夺，谥号被除，紧接着被抄家。他的兄弟与儿子，有的被逼自杀，有的被发配充军，处境十分凄惨。直到天启皇帝朱由校继位后，张居正才被其复官复荫。

延伸思考
❓ 张居正改革最终失败的根本原因是什么？

时间轴　1573-1582 年

1573 年	张居正取代高拱成为内阁首辅
1580 年	张居正下令丈量全国土地
1581 年	张居正下令实行"一条鞭法"的赋税制度
1582 年	张居正去世，改革成果付之东流

◎ 万历中兴

万历中兴指的是明神宗朱翊钧在位时出现的短暂中兴的局面。在明神宗继位初年，内阁首辅张居正从旁协助，因万历帝年幼，对张居正十分信赖，因而张居正才能推行一系列措施，使得明朝出现中兴局面。但随着张居正的离世，短暂的中兴局面也随之消散。

张居正大权在握

隆庆六年（1572 年），明穆宗朱载垕驾崩，皇太子朱翊钧继位，次年改元万历。明穆宗在位时，对张居正十分信任，其病危时，传召高拱、张居正、高仪三位大臣入宫，遗命他们三人为辅政大臣。随后，张居正指使万历帝儿时的"大伴"、司礼太监冯保将高拱曾在内阁所说的一句"十岁太子，如何治天下"改为"十岁孩子，如何作人主"告知李太后，宣称高拱意欲拥立藩王。此事导致高拱的内阁首辅之位被张居正取代。

张居正任内阁首辅后，进行了一系列的改革，内容主要包含整顿吏治、发展经济、巩固边防等，使得明朝再一次出现了中兴局面。万历年间，吏部尚书张瀚被罢官后，张居正起用已经回乡养老的王国光，担任吏部尚书一职。他所提出的"采实政""别繁简""责守令"等八条建议均被采纳，为张居正改革推荐了很多人才。

▲ 明神宗朱翊钧画像

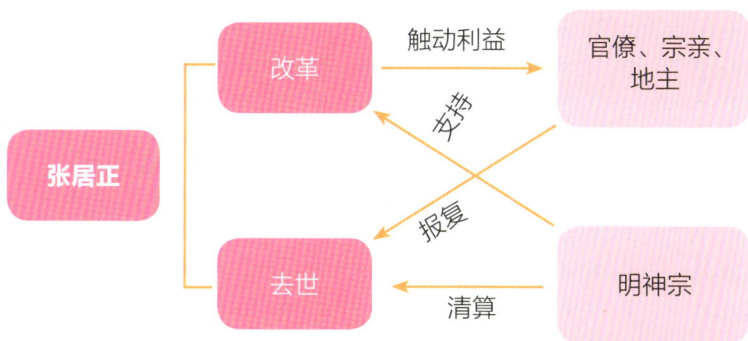

▲ 张居正改革前后形势图

改革大将王国光

王国光于万历初年出任户部尚书后，随即对明朝的粮食进行管控。明朝后期，因商品经济发展，国家人口也得到快速增长，与此同时，边疆战事、农民起义时有爆发，因而管理好粮仓极为迫切。

为了缓解社会矛盾，王国光对粮仓的粮食精打细算、全面控制。通过推行"天下抚按官"的方法，对不同的粮食渠道进行统筹，将粮食的进出权收归明朝政府，这样便很好地缓解了粮食分配不协调的局面。同时，王国光还专门设置了一个负责军粮督办的"坐粮厅"，极大地方便了各地的军队。这些对粮食的管理措施得到朝廷的大加赞赏，此后便固定下来成了制度。

对一系列不合时宜的旧制度、旧秩序，王国光也进行了改革。当时的簿牒等公文十分繁杂，从各个县州到朝廷各部，无论是各部门还是具体的承办人，都有着难以言说的苦处。王国光深知其中的问题，便大刀阔斧地进行了裁撤合并，去掉其中近一半的繁文，以便于处理。

户部因为办公地点狭小，无法很好地容纳官员，许多官员便以此为借口不去户部办公，

▲ 王国光画像

经王国光一改，所有的户部官员都能够到公署正常办公，工作效率因此得到极大提升。

文化进一步发展

这一时期，市民社会得到快速发展，思想家纷纷涌现，学派纷繁，新观念、新思想得到快速传播。如大思想家李贽对于男尊女卑、

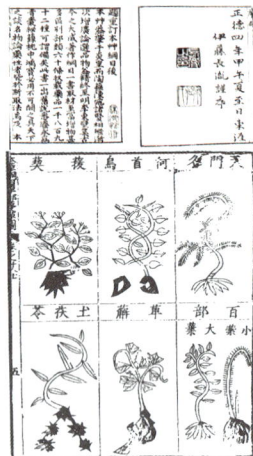

▲ 李时珍及《本草纲目》

社会腐败等现象进行了严厉的批判，从思想深度来讲，这在当时是无人能及的。

医药学家李时珍所著的《本草纲目》便是出于这一时期，此著作因其科学性与系统性为后世医学家所推崇并认可，流传至今。由此可见，万历时期的中医药学原理、实践水平已经到了颇为高超的程度。

历史拓展

《本草纲目》是李时珍所编著的一本医学著作，在明朝万历初年成书，这是一部在世界范围内都有影响力的医学经典。全书大约有 200 万字，共分为 52 卷，载药 1892 种，新增药物 374 种，附图 1000 多幅。但本草纲目流传的版本很多，主要分为"一祖三系"，指的是祖本与江西本、钱本、张本三个系统，对后世的中医学者产生了重要的影响。

延伸思考

万历中兴时期，万历帝的作用体现在哪些地方？

时间轴　1572—1578 年

1572 年　朱载垕去世，朱翊钧继位

1573 年　王国光出任户部尚书，对全国粮食进行管控

1577 年　王国光出任吏部尚书，提出诸多利国的建议

1578 年　张居正起用潘季驯治理黄河、淮河，并兼治运河

万历三大征

万历年间，明军先后在明朝西北边境、西南边疆及朝鲜展开了三次大规模的军事行动，分别为宁夏之役、朝鲜之役以及播州之役。这三大战役巩固了明朝的疆土，维护了明朝在东亚地区的主导权。万历三大征无疑在明神宗执政时期留下了浓墨重彩的一笔。

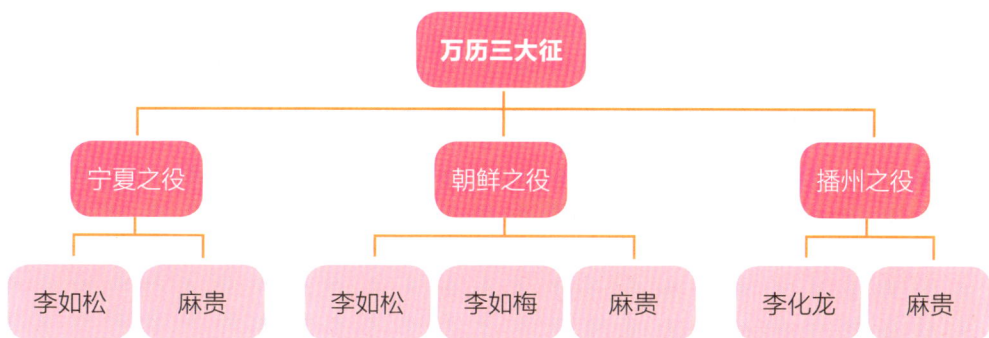

万历三大征
- **宁夏之役**：李如松、麻贵
- **朝鲜之役**：李如松、李如梅、麻贵
- **播州之役**：李化龙、麻贵

▲ 万历三大征主要将领

宁夏之役

哱拜原为蒙古族人，嘉靖中期投降明朝，因功升任都指挥。到了万历朝，哱拜作为游击将军，统领上千家丁，驻守宁夏。宁夏作为明朝边境九个军事重镇之一，在防御蒙古人作乱上有着重大的军事作用。

万历十九年（1591 年），火落赤等部落侵扰洮河，军情告急，哱拜率领自己管辖的三千人前往援助，一路所向披靡，戎兵见了也远远躲避，哱拜便日益骄横。不久后，宁夏巡抚党馨请旨核查哱拜冒领军饷的罪名，哱拜不服，于万历二十年（1592 年）唆使军锋刘东旸进行叛乱，并杀死宁夏巡抚等当地官员，纵火焚毁巡抚的公署，逼迫当地总兵官张惟忠奏报宁夏巡抚党馨侵吞粮饷引发兵变，并索要敕印，致使张惟忠自缢而亡。

此后，刘东旸便自称总兵，奉哱拜为主，占据宁夏重镇，并出兵接连攻克中卫、广武等几座城池，许诺将许花马池一带作为新的地盘给予河套部首领著力兔。这得到了他的相助，哱拜的势力越来越大，整个陕西为之震动。

万历二十年（1592年）三月，副总兵李昫奉总督魏学曾的命令，总领全部军事对叛军进行围剿，但叛军依靠河套部蒙古的支持，势力很强。为此，明朝特意调遣麻贵前去驰援，麻贵率部阻击河套部蒙古军，斩获颇多。四月，明朝又派遣李如松为宁夏总兵，统领辽东、山西、浙江等地的士兵对其进行围剿。七月，麻贵率军捣毁河套部蒙古军的大营，并追击到贺兰山地区，将其全部驱逐出边塞。

各地的援军在代总督叶梦熊的统领下，包围了宁夏城，并且决开河流倒灌宁夏城。叛军因失去了援助，且城内资源紧缺，导致城里发生内乱。同年九月，叛军内部自相残杀，军心涣散，宁夏城被李如松攻破，随后又将哱拜家团团包围，哱拜被迫自杀，其他叛将均被擒拿，哱拜之乱得以平息。

▲ 明军守城图

朝鲜之役

万历十六年（1588年），基本统一了日本的丰臣秀吉为了缓解国内武士间的矛盾，决定对外发起侵略战争，以扩充日本领土。丰臣秀吉将目标锁定在与其一海之隔的朝鲜。万历二十年（1592年）三月，他调集九个军团的日军共计二十万人奔赴朝鲜作战，首先攻占了朝鲜釜山，随后渡过临津江，向朝鲜王京（今首尔）逼近。

而此时的朝鲜国王李昖沉溺于酒色，国内处于朋党之争，战备松弛，对来势汹汹的日本侵略者毫无还手之力，结果可想而知。面对即将国破家亡的局面，朝鲜各地民众自行组织义军，在一定程度上阻击

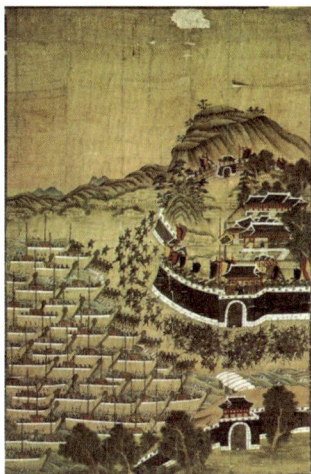

▲ 日军登陆朝鲜

了日军的侵略步伐。但废弛的武器装备难以与日军相抗衡，仅仅用了一个月，日军便攻陷朝鲜三都，朝鲜八道有七道失守。日军每到一处便烧杀抢掠，无恶不作，朝鲜民众死伤无数。

同年五月，朝鲜国王李昖仓皇出逃，向平壤奔去。日军随后追来，攻陷了开城，李昖又离开平壤，向明朝与朝鲜边境地区的义州奔去，并派遣使者向明朝求救。

明朝对于朝鲜的求救保持怀疑态度，担心是朝鲜联合日本用计引诱明军入朝作战，以此来削弱明朝的实力。经过朝鲜使臣几次三番的真诚表态与明朝政府的反复确认，明朝廷这才认识到日本如果占领朝鲜会给自己带来

▲ **丰臣秀吉**，原名木下滕吉郎、羽柴秀吉，日本战国时代、安土桃山时代大名，著名政治家，是继室町幕府之后，近代以来首次以天下人的称号统一日本的日本战国三英杰之一。

威胁，于是答应了朝鲜国王的请求，派军前往支援。

明军渡过鸭绿江进入朝鲜，因对战争情况预估不足，且朝鲜国力难以支撑明军的粮草需求，对日军初战失败。明朝廷在初战失败后从全国范围内调集明军精锐，对朝鲜持续增兵。在明军猛烈的攻势下，明军取得了平壤战役的大胜。

明军在李如松的指挥下收复平壤，进而继续收复开城，乘胜进攻日军重兵把守的朝鲜王京，但在进军的路上遭到日军埋伏，惨败，随后明朝再度对朝鲜增兵。日本因长时间对外作战，且因海战失利导致供给无法送达，难以维持日军作战的物资消耗。日军为了最大限度地保全战果，便派人前往北京与明廷议和。谈判持续了两年，但双方未能达成一致。万历二十五年（1597 年），朝鲜再次被日军侵略，明朝再次出兵支援，任命麻贵为总兵官，统率全军。在明军进入朝鲜初期，战争局势颇为困难，但在明神宗的坚持下，明军对朝鲜不断增兵。次年十月，日军统帅丰臣秀吉的死讯传至朝鲜后，对朝作战的日军士气大挫，朝鲜军与明军乘机发起攻势，由此取得了战争的胜利。

播州之役

自唐朝末年杨端开始，杨氏一族便割据播州（今贵州遵义），经历了北宋、南宋、元朝政府，直到明朝初年杨氏首领杨铿向明朝投降。明朝为了利于统治，便任命杨铿为播州宣尉司使，继续管辖播州地区。

万历十四年（1586 年），承袭播州宣尉使一职的杨应龙被任命为都指挥使，因为听从调遣立下功劳，又被加封为骠骑将军。但杨应龙对于明朝的恩赐仍然不满足，于万历十七年（1589 年）公开反叛，但明朝对这一动乱未能打成共识，并未出兵平叛，此后杨应龙便更加为所欲为。

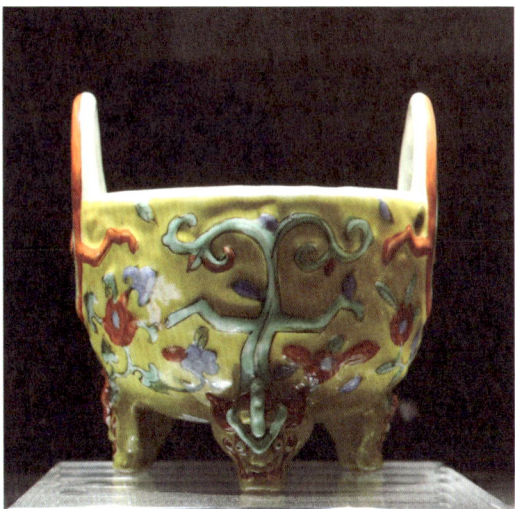

▲ 明朝万历年间的黄地五彩香炉

万历二十四年（1596年），杨应龙因被革职等原因正式起兵反明，袭击了明朝诸多地区，为此明廷大为震怒。万历二十七年（1599年），都指挥使杨国柱在贵州巡抚江东之的指挥下讨伐杨应龙，却全军覆没，朝廷为此将江东之革职，让郭子章继任贵州巡抚。

与此同时，明军在朝鲜战场取得胜利，军队被调回，明神宗决定平定杨应龙的叛乱。明朝起用前都御史李化龙统筹播州事宜，李化龙坐镇重庆，主持讨伐全局。明军分兵八路，每路军队达到三万人，共计二十余万人，表明了明朝誓要平定叛乱的决心。

在明军强大的攻势下，播州地区的判军难以防守，城池接连被攻破。杨应龙深知难以挽回败局，被迫自杀身亡。首领一死，播州军军心大乱，明军随即平定播州全境。此次战役历时三个多月，耗费了大量的财力，明廷借此取消了西南地区的土司制度，实行"改土归流"政策。播州之役的结束也宣告着自唐朝末年以来，对播州统治达二十九代的杨氏政权彻底覆灭。

延伸思考 万历朝时期取得的这三次战争的胜利对于明朝政局有哪些积极影响？

历史拓展

"改土归流"是明朝中后期对西南地区的一种管理方式，即由此前的少数民族土司管理的方式，转变为汉族官员管理的方式。随着时间的推移，此前的土司制度已成为土司谋取利益的场所，内部日益腐朽，被废除也符合历史必然。

实施这一方式主要是为了进一步避免土司管理引发叛乱，从而加强明廷对西南少数民族地区的统治。

时间轴 1592-1600 年

1592 年	明朝廷平定哱拜在宁夏的叛乱
1592 年	丰臣秀吉率领日军侵略朝鲜，明军出兵援助朝鲜
1595 年	明朝与日本和谈破裂
1596 年	杨应龙出兵，正式反抗明朝
1598 年	明军战胜日军，取得援朝战争的胜利
1600 年	明军取得播州之役的胜利

第五章

再次衰落与灭国

　　明朝历经嘉靖、隆庆、万历三朝短暂的中兴，但很快再次衰败下去，直至最终灭国。党争、宦官专权、后金的崛起、统治者的不作为都加速了这一时期明朝的衰落，国家贫穷、百姓苦楚，财富皆被贪官污吏、皇亲国戚所掌握，活不下去的百姓被逼得走投无路，只能起兵造反，明朝一步步落入万劫不复的深渊。

国本之争

古代封建王朝，继承人的选择历来都是焦点问题。在继承人的选择上，明朝历来的原则是"有嫡立嫡，无嫡立长"，但明神宗因为个人原因，在立太子的问题上犹豫不决。明神宗的皇子朱常洛与朱常洵便因太子之位展开了一场历时长久的争夺战，明朝的大臣们也都参与进来，极大地影响了明朝的政治。

朝臣拥护皇长子

朱常洛是明神宗的长子，但一直不被明神宗所喜欢，因为朱常洛是李太后宫中的宫女王氏所生。朱常洵则是明神宗所宠爱的郑贵妃所生，深受明神宗的喜爱。因皇后无子，朝臣按照明朝立嫡立长的原则，便向明神宗建议立皇长子朱常洛为太子，但明神宗有意立朱常洵为太子。

这时皇宫内传出流言，说万历帝曾向郑贵妃许诺立朱常洵为太子，并且将密誓御书保存在玉匣内，由郑贵妃保管。朝臣们认为如果传言为真，明神宗的承诺便违背了明朝的祖制，担心引发政治危机。因此，朝廷大臣们纷纷建议明神宗早日册立皇长子朱常洛为太子。朝臣关于立皇储的奏折如潮水般向明神宗袭来，还将矛头对准后宫，言下之意是郑贵妃干扰了明神宗立皇储。

早在万历十四年（1586 年），当时的内阁首辅申时行便向明神宗上书，以此前明英宗两岁、

朱常洛（1582-1620 年），明朝第十四位皇帝，明神宗长子。因朱常洛的生母地位低微，自幼得不到父亲的疼爱。明神宗去世后，朱常洛继位，对万历朝的诸多弊端进行了革新，但在位仅仅一个月便病逝。

明孝宗六岁被立为皇太子为例子，请求明神宗册立长子朱常洛为太子，以固国本。当时郑贵妃还未生子，明神宗为了以后有机会册立郑贵妃所生的皇子为继承人，借口朱常洛年纪尚小，以后再行册立。当皇长子朱常洛五岁时，朱常洛的生母王氏还未得到封赏，但郑贵妃刚生完朱常洵便被封为皇贵妃，这一点令朝臣们察觉到明神宗可能要立年纪更小的朱常洵为太子。

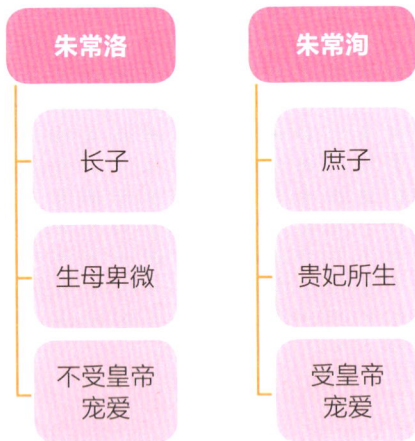

朱常洛	朱常洵
长子	庶子
生母卑微	贵妃所生
不受皇帝宠爱	受皇帝宠爱

▲ 朱常洛 VS 朱常洵

明神宗懒政

明神宗册封郑贵妃为皇贵妃一事遭至朝臣的一致反对，让明神宗深感无力，遂对于朝政越来越懈怠。而当政的内阁大臣申时行对明神宗一再迁就，也导致明神宗愈发沉迷于后宫。

朝臣们不断要求明神宗将皇长子朱常洛立为太子，万历十八年（1590 年），朝臣以集体辞职为要挟请求明神宗册立皇太子，这给予明神宗施加了极大的压力。明神宗下召传令各部衙门、科道官员，明年开始准备皇太子的册封大典，后年进行正式册封。大臣们都知道这是明神宗拖延时间的办法，便不依不饶，作为负责册立皇太子大典的礼部尚书于慎行便率领全体礼部成员上书督促明神宗立刻册立皇太子。明神宗大怒，感觉自己的威严受损，但又不敢处罚过严，便罚了于慎行及其他礼部官员三个月的俸禄。

工部张有德上书提议立即动工为册封大典做准备，结果被明神宗以不准奏扰为理由罚俸，内阁首辅申时行与内阁其他几人联名上了一道奏疏反对罚俸，

▲ 申时行（清代画像）

奏疏起草者许国将申时行的名字列在第一位。

明神宗看完奏疏后派人去责问申时行，申时行借口奏疏上自己的名字是被其他大臣私自加上去的，而自己并不知道，并特意向明神宗上了一道密奏说："臣不知道他们联名上疏的事情，圣上如果有自己的计划，就按照自己的计划来，不要因为那些小臣而妨碍了册立大典。"但这封密奏却被明神宗放到了其他普通奏折中，并下发内阁及各部，密奏内容被其他大臣所知晓。申时行因此被群臣攻击，被迫辞职。

为表达自己的愤怒，明神宗经常以头晕为由不举行早朝。于是，大臣们对明神宗进行了更进一步的"抨击"，让明神宗更加愤怒。明神宗决心进行反击，大臣有的被廷杖，有的被降职削官，朝堂中氛围极其紧张。

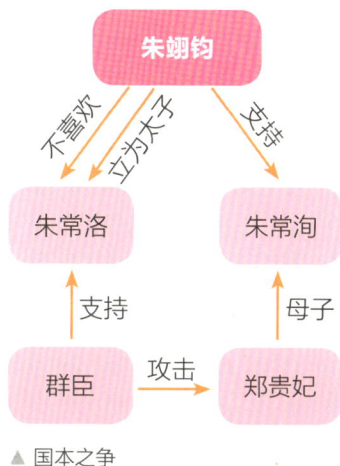
▲ 国本之争

皇太子最终被册立

万历二十一年（1593 年），刚被明神宗召回朝的大学士王锡爵接到皇帝的诏命，要将皇长子朱常洛、皇三子朱常洵、皇五子朱常浩一起加封为王爷，并提出日后有嫡立嫡、无嫡立长。王锡爵既害怕得罪明神宗，也害怕群臣攻击自己，便向明神宗提议：要么要皇长子认皇后为母，这样便可解决皇长子的身份问题；要么将三个皇子实行三王并封，但同时确定册立太子的具体时间。群臣得知三王并封的消息后，顿时有了一种被明神宗欺骗的感觉，群臣纷纷上书指责明神宗言而无信。

礼部接到三王并封的旨意则提出册封太子

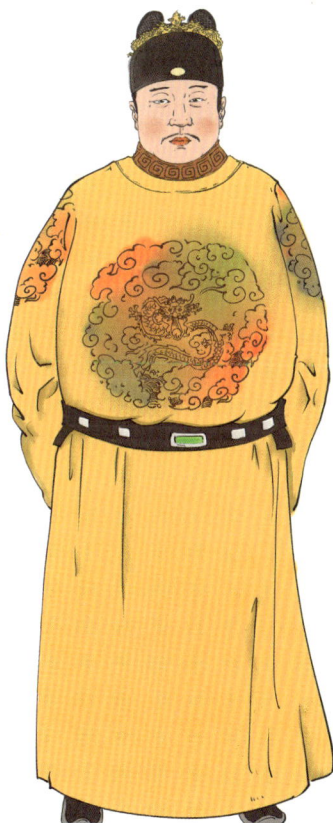
▲ 朱常洵

167

礼和三王并封同时举行，对于此议，明神宗根本不理睬。群臣纷纷涌入内阁质问王锡爵，双方开始破口大骂，在这种强大的舆论压力下，王锡爵被迫收回此前给皇帝的两张票拟，皇帝虽不愿屈服，但还是收回此前的命令。

万历通宝于万历元年（1573年）铸造，钱制仿照嘉靖，有小平，折二两种。光背者比较多见，少数小平钱背有"工""天""公""正""江""河"等字。折二钱铸量不少，制作精良，背铸有文字或星月纹。

万历二十九年（1601年），在内阁首辅赵志皋和内阁次辅沈一贯几次强硬斗争的情况下，皇帝终于妥协，册封皇长子朱常洛为太子，同时举行加冠仪式和大婚礼。三礼仪式结束后，明神宗还专门派人通知早已离仕的申时行、王锡爵，感谢他们在立储问题上所做的贡献，也许到了这一刻，明神宗才长长地舒了一口气，这么多年的立储斗争，为了一个女人，他疲倦了。

历史拓展

明朝的言官主要是由都察院御史与各部的给事中所组成，虽然品级不高，但却可以对朝局产生重要的影响。明朝的言官制度形成了一套严格的体系，上至皇帝，下至平民百姓，都是言官劝谏弹劾的对象。明朝言官中不乏有一些谏臣，对于朝局的弊病勇于弹劾，丝毫不畏惧受到处罚，很多时候连皇帝也不得不让步三分。

延伸思考 国本之争给明朝政局带来了哪些危害？

时间轴　1582-1601 年

1582 年	明神宗皇长子朱常洛出生
1586 年	郑氏生朱常洵，被封为皇贵妃
1590 年	大臣以辞职为由向明神宗施压
1593 年	明神宗意欲并封三王
1601 年	明神宗最终册立皇长子朱常洛为太子

◎ 东林党争

张居正去世后，其改革成果被践踏，明朝开始逐渐走向衰落，朝廷内部党争不断。东林党与朝廷内其他党派互相争斗，原本牢固的政治格局陷入糟糕的境地。东林党争是一场旷日持久的官员内部斗争，给明朝带来了极大的危害。

东林党与诸党对立

万历中期，顾宪成、高攀龙等人因立储君之事冒犯了明神宗，被革职回乡。顾宪成回到家乡无锡，与高攀龙、钱一本、叶茂才等八人发起东林大会，在东林书院开课授业。在讲课之余，顾宪成经常与书院中的其他人探讨朝廷政局的得失，评议朝廷各类人物。东林书院既讲学又议政，吸引了很多士子官员前来，成为江南地区的舆论中心，士子们也抱团取暖，成为一个政治团体——东林党。

东林党主要成员

- 顾宪成
- 高攀龙
- 钱一本
- 李三才
- 杨涟
- 左光斗
- 熊廷弼

▲ 东林党派主要成员

东林党成员多出身于江南中小地主家庭，其中的骨干人员多为被罢免的官员，有人后来又被朝廷再度起用，但大都仕途坎坷，任期短暂。他们的宗旨是道德救世，通过书院讲学，培养出儒士群体意识，企求重提学术思想上的道德传统，重视道德伦理上的严格标准和绝对权威，同时针对明朝社会的现实问题，试图对社会某些方面进行改造。

▲ 顾宪成

▲ 东林书院丽泽堂

东林党心忧国家政局，怀揣报国志向，他们主张广开言路，实行改良时政等有关朝局的意见，得到了天下士子的广泛认同和支持，却遭到与东林党对立的朝臣与宦官集团的强烈反对。

与此同时，浙江宁波人沈一贯汇集在京城的浙江籍官员，组成了反对东林党的对立集团，被称作为"浙党"，其他因地缘关系而形成的党派如楚党、齐党、宣党等，依附于浙党，与东林党人互相攻击，斗争不止。浙党、楚党、齐党、宣

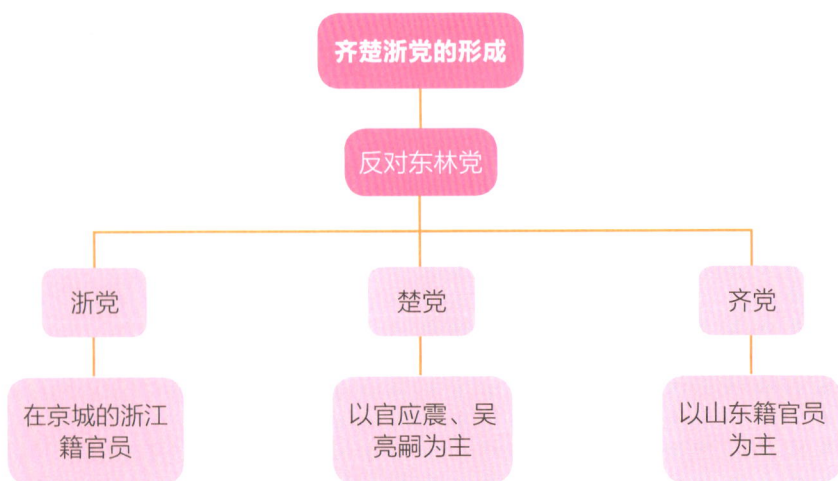

齐楚浙党的形成

反对东林党

浙党	楚党	齐党
在京城的浙江籍官员	以官应震、吴亮嗣为主	以山东籍官员为主

东林书院授业
（无锡）

发起人：顾宪成
等八人

士子加入、
官员加入

忧国忧民

东林党的形成

宗旨

道德救世

改良时政

被臣宦官集团
抵制

结果

被齐楚浙党
攻击

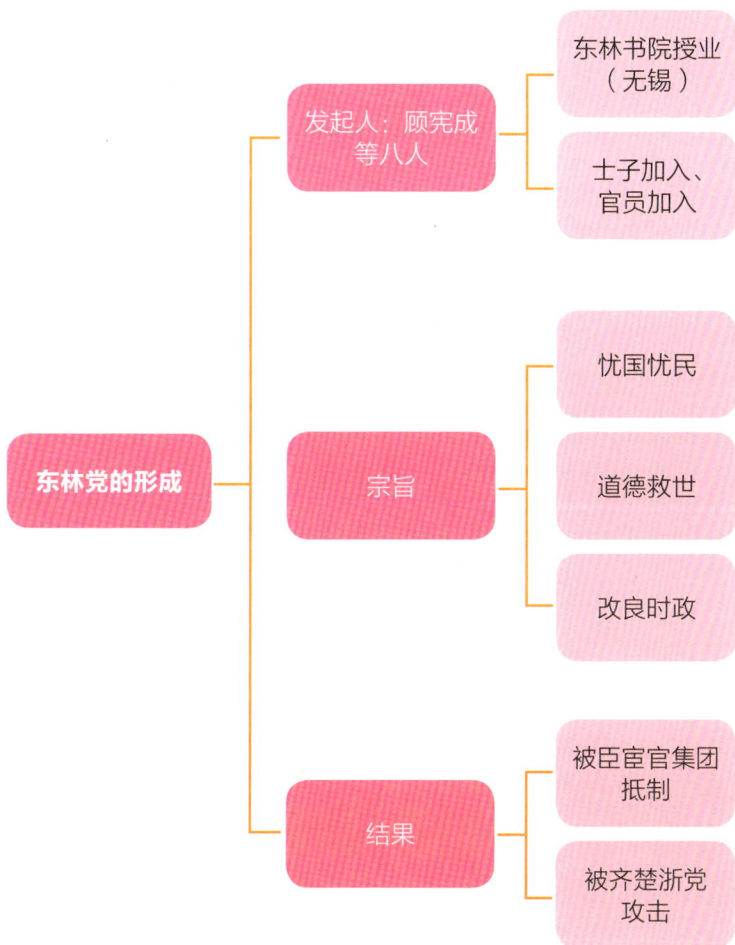

▲ 齐楚浙党与东林党

党、昆党与东林党人互相攻击，斗争几乎没有停息的时候。

东林党争的焦点

东林党与齐楚浙党争夺的焦点便是考察任用官员之争。明朝对各级官员进行定期考核，分为京察和外察。考核则决定着官员职位的升降，这是各个党派斗争的主要战场。每到六年一次的京察，党争也会越发激烈。

万历三十三年（1605 年），东林党人杨时乔与左都御史温纯主持京察，在这期间爆发了"伪楚王案"，内阁首辅沈一贯与次辅沈鲤所代表的两大集团争锋相

对，浙党官员钱梦皋、钟兆斗与御史张似渠、于永清被沈鲤借"伪楚王案"所贬谪。

万历三十九年（1611年）北京京察，大量齐楚浙党官员被驱逐，而齐楚浙党人主持南京京察时，又大肆贬谪东林党人。此时的朝廷形成了北党与南党之争的局面，两党的互相攻击导致大批官员被降职罢官，进而引发内阁及各部大臣长期缺人，但明神宗对此不管不顾，对朝局长期消极应对。万历四十五年（1617年），在万历朝的最后一次京察中，浙党吏部尚书郑继之主持京察，对东林党人进行了大量的贬谪，京察早已不再是公平考核官员的制度，吏制体系被党派之争践踏得体无完肤。

> **历史拓展**
>
> "伪楚王案"是明朝万历年间发生的一起有关宗室身份的政治案件。楚王朱华奎于万历八年被明神宗赐下王爵，当时府内仪宾（郡主之夫婿）汪若泉曾奏称，朱华奎并非上代楚王亲生，但并未引起太大重视。直至后来有楚王府近三十人，上告称朱华奎为伪王，此事终于引起重视，并由此引发了旷日持久、波及甚广的楚王与楚宗之争。此案牵连众多，且在审定过程中，涉及朝廷党争，最终在明神宗的干预下不了了之。

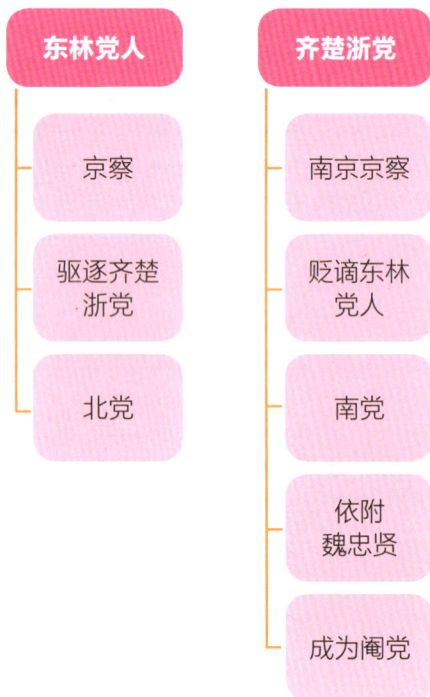

东林党狱

泰昌元年（1620年），东林党人拥立朱由校继位，大批在万历年间被贬谪的东林党人被重新起用，并担任了朝廷的重要职位，东林党发展到鼎盛时期。东林党在党争中占据上风，齐楚浙党遭受打压，陷入困境。东林党行事也愈加跋扈，很多原本不参与党争、处于中立位置的官员也被逼到了反对东林党的阵营。

东林党如日中天，但朝廷中还是有着另一股势力能与之抗衡，那就是魏忠

东林党人

- 京察
- 驱逐齐楚浙党
- 北党

齐楚浙党

- 南京京察
- 贬谪东林党人
- 南党
- 依附魏忠贤
- 成为阉党

▲ 东林党 VS 齐楚浙党

贤所领导的宦官势力。魏忠贤独揽朝政大权，成为了权倾朝野的大人物，反对东林党的势力渐渐汇聚到魏忠贤麾下，共同对抗东林党。随后东林党人与阉党势力的冲突越来越激烈，东林党人曾多次上书指责阉党"奸臣乱政"。后来，魏忠贤授意其下属编造《东林党点将录》上报明熹宗。在魏忠贤的挑拨下，明熹宗下诏烧毁全国书院，东林书院也于第二年被拆毁。魏忠贤控制的厂卫特务也一齐发力，大批东林党人被迫害。像杨涟、左光斗等东林骨干人物也遭到了惨无人道的迫害，大批东林党人被搜捕关押。东林党的鼎盛如同昙花一现，朝政完全被阉党所把控。直到明思宗朱由检继位，魏忠贤被流放，剩余的东林党势力才免遭阉党势力打击。

▲ 明熹宗朝服像

历史拓展

东林书院位于江苏省无锡市，始建于北宋时期，程颢等诸多大学者曾在此开设学堂讲学授课。在明朝万历年间后期，顾宪成等人在此聚众讲学，引起了明朝各地学者的响应，一时间东林书院成为江南文人荟萃的聚集所在。东林书院也被称作龟山书院，是全国重点文物保护单位，有着十分重要的历史意义。

延伸思考 东林党争给明朝的统治带来了哪些危害？

时间轴 1604—1629 年

1604 年 顾宪成因被革职回乡，在东林书院授课

1605 年 沈鲤借"伪楚王案"打压浙党

1611 年 东林党与齐楚浙党互斗

1623 年 东林党再次打压其他诸党派

1629 年 崇祯帝恢复东林党人名誉

◎ 徐鸿儒起义

明朝末年，社会黑暗，政治腐败，民不聊生。天启年间，徐鸿儒在郓城举旗反明，发动起义。不幸的是，在明朝军队的打击下，徐鸿儒被叛徒出卖，遭遇伏杀。这次起义虽然很快便被镇压下去，但却由此拉开了明朝末年起义的序幕。

徐鸿儒谋划起义

徐鸿儒是山东人士，早年便感到明朝腐朽黑暗的一面，参加了当时明朝最大的秘密宗教组织白莲教。在徐鸿儒的师傅王森死后，徐鸿儒领导了白莲教分化后的其中一支，在其家乡山东地区传教。

徐鸿儒利用白莲教鼓舞人心的内容吸引了广大的贫苦百姓，势力日益壮大。天启二年（1622年），徐鸿儒等人本来约定好在三处地方同时起义，但因起义之事被人告发，很多参与起义准备的人被抓，徐鸿儒便将起义时间提前，自己单独起义。

徐鸿儒率部起义后，出兵相继攻占了四个村寨，很多百姓也纷纷加入。起义军随后拥立徐鸿儒为中兴福烈帝，定年号为大乘兴胜，以此向百姓表明自己是正义的一方，借此获得更多人的支持。不仅如此，其他白莲教的首领也纷纷起兵与徐鸿儒呼应，一时间山东大地民变四起。因山东境内的运河是南北重要交通要道，起义军对运河两岸地区的控制，极大地打击了山东地区的地方官

历史拓展

明朝因将都城从南京迁往北京，致使北京对各类物资的需求激增。明朝廷为了保证北京城的运转，需要不断通过京杭大运河从富庶的江南地区调集物资北上。因此，京杭大运河的正常运转对于朝廷来说十分重要，如若漕运被长时间阻断，会使整个包括京城内的北方地区迅速陷入瘫痪，因此京杭大运河的作用不言而喻。

兵势力。

同年六月，徐鸿儒率领起义军相继占领邹县、滕县，起义军势力得到进一步发展，大量百姓加入到起义军队伍中，徐鸿儒势力越发强大。邹县、滕县丢失引发了明朝廷的极度恐惧，运河被控制，因此明朝廷急忙令山东官员对起义军进行镇压，想要从起义军手中夺回邹县。

此时的明朝廷正受到位于东北方向的后金势力的威胁，而无力派遣大军对山东地区的起义军进行大规模围剿，只好寄希望于山东官兵，这在一定程度上缓解了起义军的压力。但随着起义军声势越来越大，为了尽快消除徐鸿儒起义所造成的恶劣影响，明廷调派部分明军前往山东协助山东官府剿灭起义军。在明军的联合进攻下，起义军接连被打败，起义暂时转入低潮。

起义最终失败

为了夺回运河主导权，山东官兵朝廷军队联合进攻邹县。在此危机时刻，徐鸿儒率军通过曲线包抄，将山东官兵围困，邹县被起义军牢牢掌握。天启二年七月，徐鸿儒想要控制明朝廷漕运粮饷的通道，因此命令起义军对曲阜城发起猛攻，但因曲阜城内的官兵坚守不出，起义军迟迟未能攻下。在起义军攻击曲阜的

▲ 京杭大运河

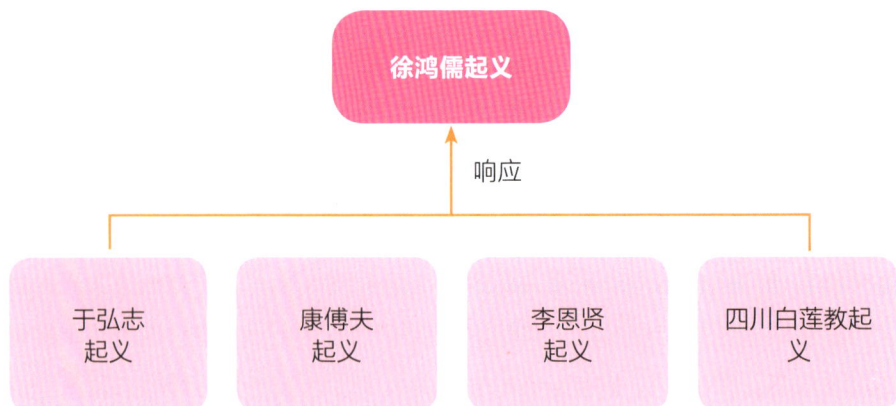

▲ 各地纷纷响应徐鸿儒起义示意图

同时，援助曲阜的山东官兵赶来，徐鸿儒一面佯攻曲阜城，一面派主力军对前来支援的官兵进行包抄，大败前来支援的明军。

徐鸿儒起义军势力越来越大，明朝廷不得已只好大量派遣官兵对徐鸿儒的起义军进行镇压，并将其围困于滕县。同年九月，在官兵的长时间围困下，徐鸿儒所属的起义军因为粮食消耗殆尽，冒险突围却失败被捕。随后徐鸿儒被押往北京，于同年十二月被杀害，历时半年多的徐鸿儒起义最终失败。

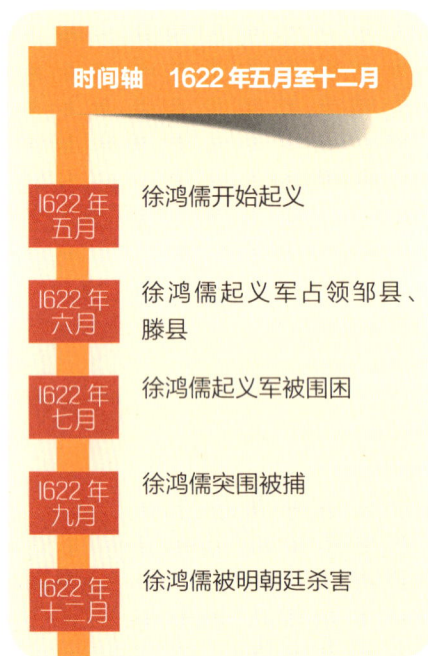

时间轴　1622 年五月至十二月

1622 年五月	徐鸿儒开始起义
1622 年六月	徐鸿儒起义军占领邹县、滕县
1622 年七月	徐鸿儒起义军被围困
1622 年九月	徐鸿儒突围被捕
1622 年十二月	徐鸿儒被明朝廷杀害

延伸思考 徐鸿儒起义对于明朝之后的起义运动起到了怎样的影响？

◎ 明末三大疑案

明朝末年，因权力斗争等原因发生了诸多令人怀疑的案件，其中梃击案、红丸案、移宫案等三个案件影响颇大，也为后世所关注。这三个案件预示着明朝内宫的混乱，折射出明朝政权走上了衰败的边缘。

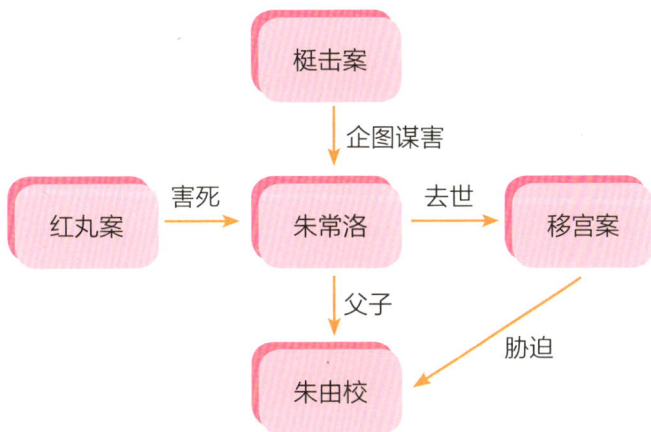

```
          ┌──────────┐
          │  梃击案   │
          └──────────┘
               │ 企图谋害
               ↓
┌──────┐ 害死 ┌──────┐ 去世 ┌──────┐
│红丸案│ ──→ │朱常洛│ ──→ │移宫案│
└──────┘      └──────┘      └──────┘
               │ 父子         │
               ↓             │ 胁迫
          ┌──────┐          │
          │朱由校│ ←────────┘
          └──────┘
```

▲ 明末三大疑案间的关联

梃击案

万历帝宠妃郑贵妃与朱常洵在国本之争中失败后，依旧不愿放弃。虽然朱常洵被封为福王，藩国为洛阳，但他在郑贵妃的支持下，以各种借口仍旧居住在北京城，不愿前往洛阳就藩，还在图谋皇太子之位。万历帝喜爱福王，对他的这般行为也放任不管。万历四十三年（1615 年）五月，一位名叫张差的男子手持木棍，一路闯进了皇太子朱常洛所居住的慈庆宫，击伤了宫殿内的守门太监，随后被慈庆宫的内侍所逮捕。因此事涉及皇室，便很快有人将此消息向万历帝告知。万历帝认为此事有损皇家尊严，便立刻派人将张差提审问罪。

在巡视皇城御史刘廷元审问时，张差简单交代了几句便开始胡言乱语，无法审出结果，不得已只好交由刑部审理。刑部提牢王之案便经过一番威逼利诱，使张差终于说出了令人震惊的秘密。

原来张差受到一位太监的指使，准备进入慈庆宫打死皇太子，但张差在被逮捕后，害怕被报复，不肯供出指使者的名字。万历帝得知后，感觉此事不简单，命令刑部严加审讯，张差最终供出实情，原来他是受郑贵妃手下的太监庞保、刘成指使的。在一番调查后，基本坐实了太监庞保、刘成的罪名。

此事在朝堂上引起了轩然大波，庞保、刘成均为郑贵妃的内侍，大臣们很自然联想到此事可能是郑贵妃指使，意图杀死皇太子，便于自己的儿子福王上位。于是，大臣们纷纷上奏万历帝严查此事。郑贵妃畏惧朝臣的势力，便向万历帝求情，万历帝让郑贵妃向皇太子求情。皇太子明白父亲不想让此事闹大，便只要求刑部处罚张差，不要牵连到其他人。万历帝听后十分高兴，便让刑部以疯癫奸徒的罪名处死张差。这一场梃击案随后便不了了之，成为一起疑案。

红丸案

万历四十八年（1620年），朱翊钧去世后，皇太子朱常洛顺利继位，次年改年号为泰昌。但在登基大典结束后，朱常洛便因病卧床不起，随后的万寿节也取消了庆祝仪式。泰昌帝认为太医院的医官都是庸医，无法治疗自己的病症，因此将他们斥退，而是请掌握御药房的崔文升给他看病。崔文升给泰昌帝开了一个方子，用大黄治疗，却没想到泰昌帝吃完后大泄不止，整夜不停地如厕，身体极度虚弱，随即昏迷不醒。

内阁首辅方从哲得知后，连忙带着太医赶去看望泰昌帝，太医们看完病症，认为是崔文升的药方有问题，导致对皇帝的调养已然失效。泰昌帝在清醒后，立刻命方从哲入宫，方从哲为泰昌帝考虑，准备广召天下的名医为其看病。泰昌帝知晓鸿胪寺有官员进献仙药，便想尝试一番，但方从哲认为仙药不可相信，便一直推脱。

泰昌帝一直未见仙丹，便派人不停地催问，后来更是派人去传旨，让李可灼进献仙丹。方从哲见无法搪塞，只好陪同李可灼进宫。李可灼随即献上仙丹，泰昌帝见了仙药，连忙喝水吞了下去。

泰昌帝在吃了仙丹后，感觉整个人舒适了很多，对仙丹大家赞赏，并让李可灼次日再进献一粒。李可灼说仙丹服用第二粒需要等三天，三天后他自然再会进宫献药，泰昌帝欣然接受。对于仙丹，太医们都认为起不到真正的效用，纷纷不同意首辅方从哲再让李可灼献药，全体太医以辞职作为要挟。到了第三天，泰昌帝派人前来催药，并且不允许内阁阻拦，方从哲不得已才再次陪同李可灼进宫。没想到泰昌帝在服用了第二粒仙丹后，便于当夜猝死。

移宫案

泰昌帝去世后，皇太子朱由校的养母李选侍便借此控制了乾清宫，与魏忠贤密谋操控朝政，引起朝臣的强烈反对。

泰昌帝驾崩后不久，得知消息的杨涟、左光斗等大臣便进入乾清宫，为泰昌帝举哀并与皇太子朱由校相见商谈继位之事。李选侍害怕大臣们做出不利于自己的事情，便对他们加以阻拦。大臣们极力争取，李选侍迫于压力允许皇太子与大臣们相见。杨涟、左光斗随即尊朱由校为万岁，保护其安全离开乾清宫，不受李选侍要挟，并决定马上举行登基大典，安排人对朱由校进行保护。

李选侍为了谋求政治地位，要求大臣向朱由校上奏的内容，必须令她知晓，这令大臣无法接受。大臣便以其不再适合居住在乾清宫为由要求其搬离，移居别殿，

▲ 乾清宫内景

历史拓展

热衷木匠工作的朱由校

明朝中后期有不少皇帝不务正业，明熹宗朱由校便是这样的一位。朱由校从小不受宠爱，没有正经学过知识，也不用去书房学习，他便利用大量的空闲时间去观摩木匠干活。朱由校非常聪明，久而久之便成为一位能工巧匠。朱由校不仅在木匠工艺上很突出，据说重建紫禁城时，部分宫殿的工作也是他亲临指导的。

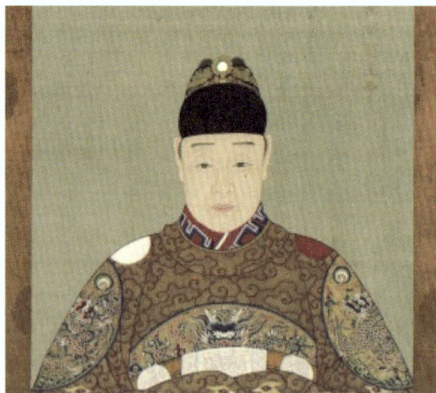

朱由校（1605-1627 年），明朝第十五位皇帝，明光宗长子。明光宗去世后，朱由校继位为帝。朱由校在位期间，重用宦官魏忠贤，大肆打压东林党人，辽东战场也陷入危机，在位七年后因病去世。

但李选侍不同意，还要求朱由校继位前先封自己为皇太后，这遭到朱由校与群臣的拒绝。在司礼监秉笔太监王安的强力驱逐下，李选侍只得带着其所生的八公主离开乾清宫，前往哕鸾宫居住，朱由校随即得以顺利继位。

李选侍搬到哕鸾宫居住没几日便发生火灾，李选侍母女在宫人的抢救下幸免于难。但不明火灾真相的人散播谣言说李选侍母女都已经去世，借此抨击天启帝对待李选侍母女不公。天启帝在大臣们的支持下澄清了那些谣言，并对李选侍母女予以厚待，移宫案这才得以完结。

延伸思考 明末的三大疑案说明了明朝后期存在着哪些问题？

时间轴　1615-1620 年

1615 年	梃击案爆发，最后不了了之
1620 年	朱常洛因吃红丸驾崩
1620 年	李选侍挟持朱由校谋求皇太后之位，后被迁移至哕鸾宫居住

阉党的崛起

天启年间，魏忠贤出任司礼监秉笔太监，受到明熹宗朱由校极大的恩宠，成为仅次于万岁爷的"九千岁"。魏忠贤借助手中的权势，疯狂地培植自己的势力，形成了势力庞大的阉党集团，明朝政务尽归魏忠贤掌握。

魏忠贤开始掌权

魏忠贤少时不学无术，在万历年间被选入宫廷成为一名太监。在宫中，魏忠贤结识了司礼监秉笔太监王安的下属魏朝，得到魏朝的大力举荐，受到王安的重用。

初时，魏朝与客印月结为对食（指宫女与太监结成挂名的夫妻）。后来，因魏朝既要侍奉王安，又要侍秦朱由校，而无暇顾及客氏，客氏便与魏忠贤结为对食。

皇长子朱由校（明熹宗）在太监王安的拥立下得以继位。从小便受乳母客印月照顾的天启帝在继位之初，便给予客印月极大的封赏，还封其为"奉圣夫人"。作为客印月对食的魏忠贤也受到重用提拔。

魏忠贤虽然得到提拔，但因大字不识，按照惯例无法进入宦官权力中枢司礼监。由于魏忠贤与客印月特殊的关系，客印月便时常在天启帝身边说魏忠贤好话，最终在在天启帝的授意下，魏忠贤得以破格进入司礼监。

在客印月的支持下，曾大力举荐魏忠贤的魏朝被魏忠贤排挤。魏忠贤还设计害死了拥立天启帝有功而大权在握的太监王安，将其亲信一并清

历史拓展

魏忠贤（1568-1627年），明朝著名宦官，天启朝宦官首领。魏忠贤在得到明熹宗朱由校信任后，大肆打压反对自己的大臣与势力，培植党羽。朱由检继位后，魏忠贤被流放，随后上吊自杀，结束了自己恶贯满盈的一生。

除出司礼监，魏忠贤一跃成为皇宫中实力最为雄厚的宦官。虽然客印月和魏忠贤被朝廷正直大臣所不齿，但他们凭借着各自善于迎合天启帝的"本事"而一直深受天启帝的信任。借此时机，魏忠贤大肆培养自己的党羽，皇宫中的很多人害怕被报复，使客印月与魏忠贤在宫中横行一时。

每当有言官抨击客印月与魏忠贤，都被天启帝所驳回，并将这些官员罢免。年轻气盛的天启帝在魏忠贤的诱惑下，整日沉溺于享乐，对于朝政撒手不管，魏忠贤开始将手伸向朝政。

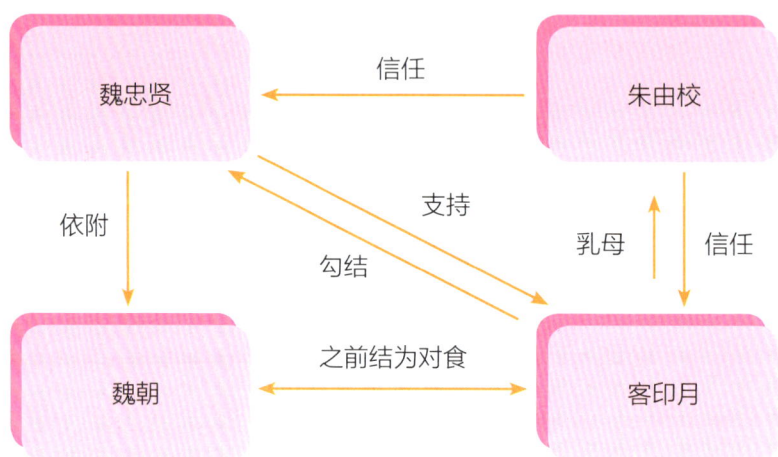

▲ 魏忠贤权力进阶示意图

魏忠贤独断专权

天启帝在位初期，朝廷大臣或是因得罪皇帝而被贬谪，或是因党派争斗而被清除出朝廷，导致这段时期朝中职位出现许多空缺，朝廷难以维系。为此，大批在万历时期被贬的东林党老臣，纷纷被朝廷启用，担任诸多重要职位，避免了朝臣空虚。魏忠贤的势力发展壮大后，许多大臣都归于阉党旗下，让魏忠贤充当他们的保护伞，共同对抗东林党人。

天启二年（1622 年），天启帝因修建庆陵的功绩，封赏魏忠贤的侄儿。同年初夏，北京下起了冰雹，东林党人周宗建认为这是不祥之兆，还向天启帝谏言说是因魏忠贤所引起，但认同这一观点的官员都被魏忠贤设计罢免。魏忠贤不仅操控朝政，而且和客印月一起对天启帝的后宫动手，不听从他们的妃子或太监，都被阴谋陷害；怀有身孕的妃子也被他们想办法堕胎或杀害，导致了天启帝至死都没有子嗣。整个后宫都屈服在魏忠贤的淫威之下，生怕得罪他们而招来杀身之祸。

▲ 杨涟画像

对于朝廷事宜，魏忠贤经常假传圣旨，对异己予以斥责。东林党人屡屡弹劾魏忠贤，杨涟更是列出魏忠贤二十四大罪，向魏忠贤正面宣战。但魏忠贤在其党羽的回护下，天启帝不但不为所动，还驳回了杨涟的奏折，并予以斥责。朝中反对魏忠贤的大臣们纷纷上书为杨涟鸣不平并继续陈列魏忠贤的种种恶行，但天启帝依然不准备惩罚魏忠贤。

那些上书攻击魏忠贤的大臣们，后来全部遭到清算，大批正直的大臣被罢官，人数之多令人震惊。魏忠贤便借职位空缺的机会大量安插其党羽到各个重要岗位上，便于以后为他服务。除此之外，魏忠贤还大量制造冤假错案，贬的贬，杀的杀，关的关，朝廷机构人员几乎被清空。而只要与魏忠贤私下交好的人，都能够得到越级升职，阉党的势力可谓遍布朝野。

▲ 东林奇冤

▲ 明代魏忠贤捐资铸造的铜钟

穷途末路的魏忠贤

天启七年（1627年）八月，天启帝在魏忠贤、客印月等人的陪同下游船，不慎落水，由此落下病根，身体越来越差，后来因长期嬉乐并服用大臣所送来的"仙药"而早逝。天启帝去世后，信王朱由检继位，是为崇祯皇帝。

崇祯帝继位后，魏忠贤及其党羽十分恐惧，害怕崇祯帝将他们治罪，便屡次试探崇祯帝的态度，但崇祯却不明确表态。随后有大臣借新帝登基，上奏陈列魏忠贤十大罪，崇祯帝借机将魏忠贤发配凤阳守陵。魏忠贤在前往凤阳的路上仍然有一批同党跟随，崇祯帝担心魏忠贤日后成为祸患，便派人前去缉拿他。魏忠贤自知难逃一死，便与同党痛饮一番后自尽，魏忠贤的一生就此终结。此后，阉党的势力悉数被清除干净，大批官员得以重新回归仕途。

历史拓展

从宋朝开始，"万岁"便成了皇帝的专有词汇，受到十分严格的规定。除了"万岁"，历史上还出现过两个"九千岁"，但都没能落到好下场。第一个九千岁便是明朝天启年间擅权的魏忠贤，最后以自杀告终；第二个九千岁便是清朝时期太平天国的东王杨秀清，后因最终威胁到了天王洪秀全的地位，同时受到韦昌辉的忌恨，韦昌辉便在洪秀全的支持下杀死了杨秀清。

延伸思考 魏忠贤权倾朝野的行为给明朝带来了哪些恶劣影响？

时间轴　1620-1627年

1620年 朱常洛在位一个月去世，朱由校继位为帝

1622年 因初夏下冰雹，魏忠贤被大臣攻击，涉及此事的大臣被罢免

1623年 魏忠贤与东林党斗争，未分出胜负

1627年 朱由校去世，朱由检继位，魏忠贤及其势力被消灭

崇祯朝乱局

明朝在经历了万历朝后期的政局动荡、天启年间的宦官专权与激烈党争，导致崇祯朝一开始就面临着来自各方面的危机。崇祯帝虽勤于政事，但因明朝累积的弊病太重，外加天灾不断，最终也难逃亡国的命运。

崇祯朝天灾不断

崇祯帝将魏忠贤的势力铲除后，大量重新启用在天启朝被贬谪的东林党人，勤于政务，整日殚精竭虑，想要努力重振明朝内外政局。但令人遗憾的是，崇祯帝虽然勤政，但天灾不断却加重了崇祯朝的困局。

崇祯帝继位后，天灾便不断向明王朝袭来。崇祯元年（1628年）起，明朝北方地区不断大旱，导致北方各地都是光秃秃的一片，百姓难以生存。陕西的百姓更是四处漂泊，外出讨生活。崇祯二年（1629年），崇祯帝为了每年节省出几十万两白银，将全国的驿站裁撤，作为陕西驿站一员的李自成失业，最终走上了反抗朝廷的道路。次年，陕西再次爆发大饥荒，百姓无粮可食，只能进入山中吃一切能吃的东西，但最终还是难逃死亡的命运。三年后，整个陕西又爆发旱灾与蝗灾，被饿死的百姓多如牛毛。天灾导致明朝各地百姓生存都难以维持。

不仅是陕西赤地千里，作为中原腹地的河南也苦难不断。曾有朝廷官员描述河南老家的惨状

朱由检（1611-1644年），明朝最后一位皇帝，明光宗朱常洛之子，明熹宗朱由校之弟。朱由检继位后，面对着内忧外患的困局，虽然殚精竭虑，但仍然未能挽救奄奄一息的明王朝，最后北京城被李自成起义军攻破，朱由检自缢于煤山。

▲ 蝗灾图

说："几年以来，家乡没有一天不贫苦荒凉的，没有一个月不征兵的。连续的大旱导致野外都没有青草存活，十个家庭有九个没人。村庄里都已经没有了狗叫声，但仍然还有各级官员上门催收各种赋税。黄土赤地，各乡几乎都没有了人烟；死去的人不计其数，白骨就那般堆积，到了晚上就像听到鬼哭一般，想让贫苦的百姓不成为盗贼，是难以做到的。"

河南不仅发生旱灾，还伴随着蝗灾，导致仅剩的农作物再次遭到严重破坏，灾情更加难以控制，引发大规模的饥荒。到了崇祯朝后期，河南旱灾蝗灾不断，为了活命，吃人的事情时常发生，草木也都被灾民吃完，吃不上食物的灾民只能跟随起义军反抗朝廷，求得一线生机。

不仅是北方遭受天灾，连富庶的江南地区也在崇祯朝后期发生灾难。江南地区水灾、旱灾、蝗灾相继发生，引发了大范围的疫病。这些灾害带来的新的问题便是普通百姓变为强盗、土匪、流民，从而造成各地的农民起义接连不断地发生。

崇祯朝内外交困

为了解决因天灾引发各地起义的问题，朝廷不断派人围剿。但因崇祯帝刚愎自用、对大臣极为不信任，在围剿起义军的过程中不停地更换主将，致使明军围剿的成果不断被浪费。譬如明军曾多次将起义军首领李自成逼入绝境，但总让李自成逃脱，此后李自成率领的起义军在河南发展壮大，明军再也无法轻易击败李自成。

不仅是明朝内部混乱不堪，起义四起，位于明朝东北边境的后金（1636 年，皇太极改国号为"大清"）势力对明朝也是虎视眈眈，期望着有朝一日能够入主中原，不断地对明朝边境发动攻击，还有几次攻入到明朝腹地烧杀抢掠。为了应对内外的动乱，明朝便需要大量征兵养兵，军费开支居高不下，但明朝每年的财政收入有限，明军为朝廷效力却时常无法领取到军饷。

面对明朝日益严峻的内外局势，崇祯帝变得更加多疑，对文臣武将稍有不满意便革职或诛杀，朝臣们胆战心惊。崇祯帝知晓内外交战对于国力损耗严重，想要与清廷议和停战，但又不想背负骂名，私下应允主张议和的大臣与清廷接触。明朝的诸多大臣以前朝进行议和的屈辱史作为例子，坚决反对作为正统王朝的明朝向满人低头，而主战派也是只知对敌作战，令崇祯帝无法提出议和之事。

崇祯十五年（1642 年），明朝在关外的城池几乎全被清军占据，崇祯帝再次起了议和的念头，本想私下悄悄进行，却没想到事情泄露，遭致群臣的激烈反对，议和的事情再度破灭。明朝就这样在崇祯帝与群臣的较量中失去了一次又一

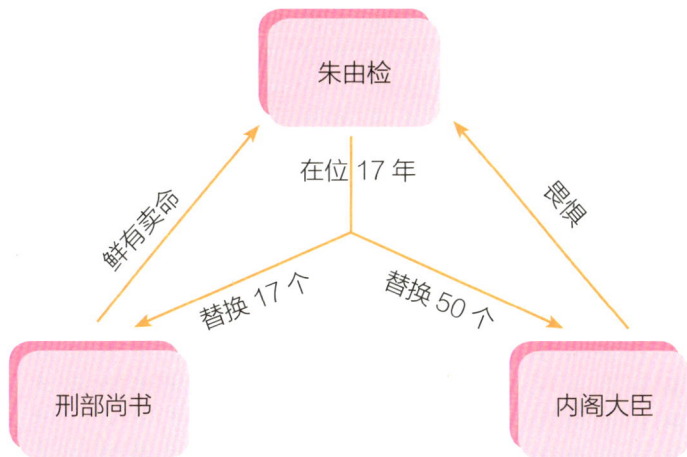

朱由检

在位 17 年

鲜有卖命

眼镜

替换 17 个

替换 50 个

刑部尚书

内阁大臣

▲ 崇祯朝混沌的朝政

▲ 清八旗军雕塑

次机会，直至最后等来李自成攻入北京城的结局，崇祯帝为了保住皇帝的尊严无奈上吊自杀，明朝最终灭亡。

历史拓展

在古代，一个地区如果出现大的旱灾，便很容易引发蝗灾，使得灾难进一步扩大。那为什么旱灾与蝗灾往往是伴随发生的呢？这是由蝗虫对环境的适应性所决定的。一个干旱的环境对蝗虫是有利的，使得蝗虫大量繁殖生长，进而在短时间内繁育出令人难以想象的数量，对干旱的区域进行大肆的侵略，干旱地区灾害由此变得更加严重。

延伸思考 崇祯朝的文臣对于明朝的灭亡应该负有哪些责任？

时间轴 1627-1644 年

1627 年 朱由校去世，信王朱由检继位

1628 年 明朝北方天灾开始不断

1642 年 崇祯帝想要与清廷议和，再次失败

1644 年 崇祯帝自缢，明朝灭亡

努尔哈赤对明朝的复仇

努尔哈赤作为在明朝东北地区成长起来的军事将领，白手起家统一女真各部，建立了后金政权。之后通过战争大幅占领明朝的东北地区的疆土，为之后清朝的建立及夺取明朝政权打下了坚实的基础。

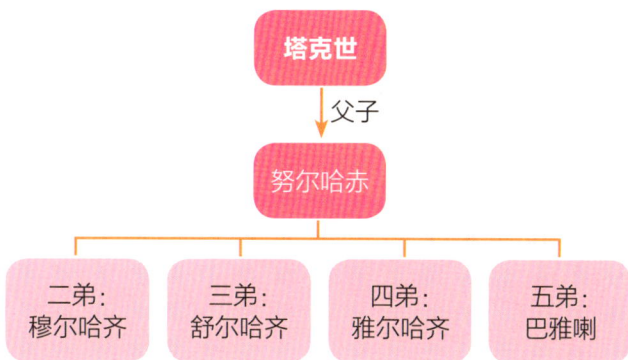

▲ 努尔哈赤家庭关系图

努尔哈赤与明朝的仇恨

努尔哈赤虽然生在相对富裕的家庭，但其实是个苦孩子，因为在他还小时母亲就去世了，父亲后来娶回的继母对他非常刻薄，经常挑拨努尔哈赤和他父亲之间的关系，努尔哈赤生活得非常不如意。努尔哈赤不甘忍受这种悲惨的生活，便离家出走，投靠了他的外公王杲。

努尔哈赤的外公是一个实力比较强的女真部落的首领，野心很大，总想着有朝一日能够管理更辽阔的土地，做更大的官。遗憾的是，后来他因为起兵反抗明朝的统治而被明朝将领李成梁磔于北京。

努尔哈赤是王杲部队中的一员，他目睹了满人部落的血流成河。他聪明机警，懂得随机应变，当机立断跪在李成梁马下表示归降。

李成梁见他会说汉语，且看上去伶俐机敏，便将他留在了身边。努尔哈赤在李成梁身边学习，进一步增加了对汉文化的了解，武艺也不断提高，常随军出征，立下了一些功劳。

那个时候，女真各部之间矛盾重重，彼此间征战不断。明朝驻守东北的总兵李成梁利用女真各部之间的这种矛盾，想尽办法挑拨女真各族关系。哪个女真部落强大起来，他便挑拨其他女真部落联合起来去围攻它，以达到削弱女真各部实力、强化明朝在东北管控能力的目的。

不幸的事终究降临，努尔哈赤的爷爷和父亲在一场战斗中被明朝的士兵误杀了。当爷爷和父亲被明军杀害的消息传来后，努尔哈赤大哭了一场。努尔哈赤认为这是一个叫尼堪外兰的女真部落酋长和明军设计好的阴谋，他要求明朝军队将尼堪外兰抓起来交给他处治，这样他就不再追究了。但让努尔哈赤生气的是，明军虽然交还了他爷爷和父亲的尸体，且命努尔哈赤回建州袭父

爱新觉罗·努尔哈赤（1559-1626 年），清朝的奠基人，创立了后金政权。努尔哈赤在与明军作战中战功卓著，夺取了辽东广大的土地，之后在攻取宁远城时被袁崇焕击败，随后去世。

职，任建州左卫指挥，却没有将尼堪外兰抓起来，而且还声称要让尼堪外兰当满洲国主。

建立后金，起兵反明

从此以后，努尔哈赤便将明朝当成了自己最大的仇人，时时刻刻想着报仇雪恨。努尔哈赤回家之后，将他父亲遗留下来的十三副铠甲从杂物堆里翻了出来，咬牙切齿地对天发誓，要以此为资本，向明朝皇帝报仇雪恨。

凭借着这种执着的复仇信念，带着父亲遗留下来的十三副铠甲，努尔哈赤再次闯入历史舞台，开始积极地行动起来。他收拢父亲的旧部，招兵买马，严格训练自己的士兵，想尽一切办法增强自己的力量。就这样，努尔哈赤的力量慢慢地壮大起来，于万历十四年（1586 年）击败了尼堪外兰，攻占图伦城，将其部落纳入自己的管辖范围之内。在此基础上，努尔哈赤开启了武力统一女真各部的行动，将之前一盘散沙的女真各部凝聚在一起。

在统一女真的过程中，努尔哈赤逐步将女真人分成了八个旗，每个旗都是一

▲ 八旗军

个军事组织，平时种田、打猎和训练，战时则集结在一起编成军队共同对敌。

努尔哈赤的实力不断壮大，在赫图阿拉称汗，建立了一个新的政权，国号为大金。不过后人为了将其和之前的金朝区分开来，在历史上将之称为"后金"。隐忍多年的努尔哈赤在万历四十六年（1618年）正式向明朝宣战，开始实施自己的复仇计划。

为了给自己的复仇计划贴上正义的标签，努尔哈赤列出了自己对明帝国的"七大恨"，其中最主要的一大恨就是杀祖杀父之仇。"七大恨"让努尔哈赤最大限度地博得了人们的同情，为其发起的战争蒙上了一层正义的色彩。

宁远之战

宁远如今叫作兴城，位于辽宁界内，距离山海关只有一百多公里。它一面临海，一面靠山，是当时东北进入山海关内的咽喉要塞。努尔哈赤想要攻破山海关占领明朝大好河山，必须先攻占宁远城。

天启六年（1626年），做好充分准备的努尔哈赤亲自率领着他的八旗大军，浩浩荡荡地向着宁远城开去。此时镇守山海关地区的最高长官是高第，当他听手下说努尔哈赤率领二十万大军前来攻城时，立即发布了一道命令，让驻守在关外锦州、大凌河、宁远等城内的守军都撤退到山海关内，避免和努尔哈赤的大军交战。这样一来，明朝就

▲ 宁远大战

袁崇焕（1584-1630年），明朝著名将领。袁崇焕在镇守宁远之战中战胜努尔哈赤，取得胜利。后崇祯帝中了皇太极的反间计，将袁崇焕凌迟处死。

放弃了山海关以北的二百公里土地，未战先怯，这对明军士气是一次重大的打击。

驻守在宁远城的袁崇焕坚决反对，拒绝执行高第的这项撤退命令。见袁崇焕不听话，高第于是便将宁远周围的所有军事驻防军队都撤走了，使宁远城成了一座直面努尔哈赤大军的孤城。话说这个袁崇焕，其实只是一个文官，之前并没有什么打仗的经验，此番面对努尔哈赤这样身经百战的老将，再加上身后胆小如鼠、处处扯后腿的高第，没有人看好他能抵挡住努尔哈赤。

努尔哈赤抵达宁远城下之后，便派出使者招降袁承焕。面对使者所说的二十万大军，袁承焕面不改色，笑着对使者说道："城下不可能有二十万大军，最多也就十三万而已，我大明将士又有什么害怕的！"在喝退努尔哈赤派来的使者后，袁崇焕带着大将满桂、祖大寿等人将士兵召集在一起，宣誓用性命守城，人在城在，城亡人亡。

为了最大限度地激发士兵守城的勇气，唤醒士兵对大明的忠心，袁崇焕刺破手指亲写血书，向每一位军士敬酒。明军士兵被袁崇焕的勇气所感染，情绪也激昂起来，每个人都发誓说愿意为了守住宁远城而献出自己的生命。

宁远战役就这样开打了。袁崇焕虽然只有不足两万人的军队，但是军队占据城墙地利，士气高涨。袁崇焕还搬出了他的秘密武器，即西洋制造的红衣大炮。十多门大炮向着后金的士兵猛烈开火，炮弹在后金士兵中炸开，给后金士兵造成重大伤亡。

历史拓展

在清朝的历史上，有一个部落与爱新觉罗家族有着千丝万缕的联系，那就是叶赫那拉氏，甚至还流传着"成也叶赫，败也叶赫"的说法。努尔哈赤在征服女真各部落时，因为叶赫那拉的一位女子而灭掉了诸多女真部落，进而扩大了实力，兴盛了爱新觉罗家族。两百多年后，作为晚晴的实际统治者慈禧太后便是叶赫那拉氏，光绪帝的皇后同样是叶赫那拉氏，清朝的最终灭亡与这两位女人有着很大的关系，实在是个巧合。

▲ 宁远古城遗址

即便是这样，后金士兵还是悍不畏死，如同蝗虫一般冲到了宁远城下，拼命地挖地道，凿城墙，想要破开宁远城。但是当时天寒地冻，虽然后金士兵将宁远城的几处城墙凿穿了，但是土地却被冻住了，城墙并没有因此垮塌下去。

双方就这样激战了好多天，因为袁崇焕的红衣大炮杀伤力实在是太大了，导致后金军队损伤严重。努尔哈赤叹息连连，一点办法也没有，只能暂时撤军。本来还想重整旗鼓，再次进攻宁远城，没想到几个月后，努尔哈赤便因病去世。

时间轴　1586-1626 年

1586 年	努尔哈赤击败尼堪外兰
1616 年	努尔哈赤迁都建立后金政权
1618 年	努尔哈赤正式向明朝宣战
1625 年	努尔哈赤迁都盛京（沈阳）
1626 年	努尔哈赤在宁远城战败，没多久便去世

延伸思考

？ 努尔哈赤对清朝的建立带来了哪些积极影响？

◎ 张献忠起义

明朝末年，各地接连发生农民起义，家境贫寒的张献忠也在陕西聚众起义，组建了一只力量不小的军队。多年与明军拼杀，张献忠也曾短暂地投靠过明朝，随后再次起兵反明，在四川建立起政权，后在清军的围剿下身死。但张献忠的作战，为李自成的起义军牵制了相当一部分兵力，是李自成能够覆灭明朝的重要原因。

张献忠开始起义

张献忠从小家境贫寒，出生在时常发生天灾的陕西，曾经因为当兵犯事差点儿被杀。后来陕西天灾人祸引发农民起义，很快便形成一股不小的势力，张献忠也组织起起义军响应各地的暴动。

起义军中多为知识水平低下的农民，张献忠凭借自己一定的读书经历与当兵经历，很快在起义军中站稳脚跟，并展示出

历史拓展

中国古钱"五十名珍"之一"西王赏功钱"是张献忠在四川铸造，有金银铜三种材质，全称"大西国国主赏功之钱币"（或者叫奖章）。清朝时，凡涉及西王的任何物品都会被诛九族，所以这种钱币极其罕见，目前所有拍卖行及市场上流出的几乎都是仿品。

了不凡的军事才华，受到起义军的推崇，后来成为起义军的首领。张献忠为了扩大势力及躲避明军的围剿，带领着起义军辗转诸多地区，队伍也逐渐发展壮大。

崇祯七年（1634年），张献忠带兵进入四川，在明军的围剿下逃亡，后又遭失败，为此张献忠继续返回湖广作战。崇祯八年（1635年），明军对起义军聚集的河南重点围剿，张献忠与闯王高迎祥、李自成一道率兵向东发展，接连攻破城池，并准备攻打明太祖朱元璋的家乡——中都凤阳。在起义军强大的攻势下，凤阳被张献忠等攻陷，明朝宗室的祖坟及龙兴寺被毁，为此崇祯帝大为伤感，认为

自己没能保护好凤阳，让先祖蒙羞。出于愤懑，与凤阳有关的军事将领及当地的大官都被崇祯帝处置。

张献忠经过凤阳一战后，继续率军南下扩大战果，在江南地区难遇敌手，之后又向西进军，经湖广、河南又打回陕西，使得明军摸不着头脑，难以对张献忠进行围歼。张献忠在陕西几次击败明军，夺取了一定范围内的胜利，进而再次进入了起义军众多的河南地区，各地起义军在河南汇合，数量达到了几十万人之多。崇祯九年（1636 年），闯王高迎祥被明军杀害，各部起义军被分化，张献忠只好再次转移，突破明军的围剿。崇祯十一年（1638 年），各地的起义军遭到明军的各个击破，张献忠也接连吃了几场败仗，出于对起义形势的判断，张献忠接受了明廷的招抚，屯兵在谷城（今属湖北襄阳）。

张献忠再次反明

张献忠在谷城安营扎寨后，却屡次遭到当地官员的盘剥与刁难，这令张献忠深感不安，与此同时，各地起义军在陷入一定时间的低潮后，再次有了活跃的迹象。张献忠于是再次起兵反抗大明，其他归顺于明朝的起义军也纷纷再度起兵。

明朝廷好不容易将起义军的势力镇压下去，得知农民军再度起兵后，连忙派兵对张献忠等进行围剿。但令明朝廷没想到的是，张献忠设伏将一万多明军击败，多位明军将领被朝廷处置。随后朝廷再次增派人手对张献忠实施更大规模的剿杀。张献忠为了跳出明军的包围圈，率部再次入川作战。张献忠利用四川巡抚与明军指挥杨嗣昌的矛盾，重点进攻四川巡抚防守薄弱的地区，张献忠得以顺利

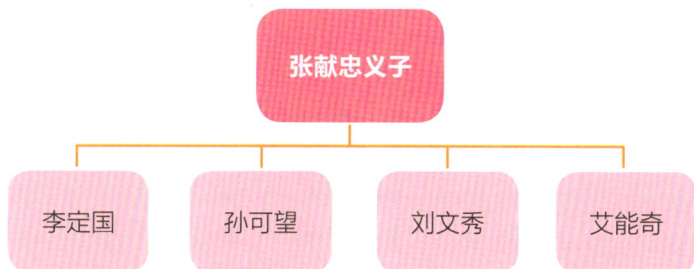

张献忠义子

李定国　孙可望　刘文秀　艾能奇

▲ 张献忠义子

进入四川。

张献忠进入四川后，不与明军正面作战，而是打算以长途快速奔袭的方式拖垮明军，让明军疲于奔命，无法对起义军发起攻击。杨嗣昌指挥的明军无法有效地歼灭起义军，只好再次采用招抚的方式。但他此次只对其他起义军人员进行招安，而悬赏张献忠的人头，可惜他的策略没能起到作用。崇祯十四年（1641年），正当明军还准备在四川围剿张献忠部，却没想到此时的张献忠已远离了四川，将明军远远甩在了身后，并攻占了明军在湖广的军事重镇襄阳。位于襄阳的明朝宗亲被起义军处死。起义军还赈济当地的灾民，得到当地百姓的拥护。

崇祯十六年（1643年），张献忠攻陷武昌，明朝第九代楚王朱华奎被沉入长江淹死，张献忠将从楚王宫搜出的金银财宝用于招兵买马，扩充势力。不久，张献忠在武昌自称"大西王"，并设置相应的机构。但张献忠占据武昌引起闯王李自成的不满，张献忠认为自己实力不及李自成而决定向南发展。

张献忠称帝

在起义军的一番战斗下，张献忠控制了湖广大多数地区，但此时明军再次向自己进军，张献忠从大西政权的发展考虑，再次进军四川。为了在四川站稳脚跟，张献忠将目标对准成都。在张献忠部四面围攻及城内内应的联合作用下，明军在成都城坚守三天后还是被攻破，城内不愿归降的明朝宗亲及官员都被起义军杀死。随即张献忠派部下继续攻取四川其余城池，几个月后将四川大部分地区控制。

张献忠在稳固其统治基础后，于崇祯十七年（1644年）十一月在成都称帝，定国号为大西，将成都定为西京，并设置大西政权的各级机构，任命各级

历史拓展

敲竹杠在如今是比喻利用别人的缺点或找借口向别人索取财物，是一种不好的社会行为。而敲竹杠的由来，则与张献忠有关联。张献忠的起义军攻入四川后，对那些平时欺压百姓的贪官恶霸血腥杀戮，很多贪官恶霸想要借机将财物转移出去，张献忠得知消息后便派人在城门把守。有一个贪官为了偷运财物出城，将财物放到竹杠里面，没想到一个抽烟的老义军在竹杠上敲烟灰引得贪官十分惊吓，赶快对其进行贿赂，致使事情败露。敲竹杠一说便因此而来。

官吏，对有功之人大加封赏。但大西政权的建立引起前明将领的不满，他们纷纷出兵进攻大西政权，张献忠派兵抵抗。

| 八大王 | 闯将 | 大西王 | 秦王 | 大西皇帝 |

▲ 张献忠的尊号变化

清朝在战胜灭亡明朝的李自成势力后夺取了政权，企图招降张献忠，但张献忠不为所动，准备迎接清军的进攻。明朝在四川的残余势力也对大西政权发动攻击。隆武二年（1646年），清朝在清除诸多障碍后，派大军对大西政权进行围剿。在前明势力与清军的双重进攻下，大西军战败。同年九月，张献忠放弃成都，领兵北上进攻清军。在离开成都前，张献忠为了不让妻妾子女被人擒获，将他们都杀死，可谓心狠手辣。

同年十一月，清军统帅豪格对张献忠部发起突袭，张献忠仓促应战，双方战斗十分惨烈，张献忠部损失惨重。随后张献忠被清军的暗箭所伤，不治身亡。张献忠身亡后，他的部下继续与清军作战，但不久后也被镇压。

时间轴　1630—1646年

1630年　张献忠开始起义

1634年　张献忠率兵进入四川

1635年　张献忠与高迎祥、李自成合力向东发展

1638年　张献忠接受明朝廷招安

1639年　张献忠重举义旗

1643年　张献忠在武昌自称"大西王"

1644年　张献忠在成都建立大西政权

1646年　张献忠中箭身亡

延伸思考 ? 张献忠对明朝的灭亡起到了哪些作用？

◎ 闯王李自成起义

明朝末年，因朝廷腐败、国内自然灾害不断等原因，导致民不聊生。各地百姓纷纷起来发起暴动，各地起义不断。李自成起义作为明末农民起义运动的最重要一支，提出迎合普通百姓的口号，得到了广大贫苦民众的支持，最终攻入北京城推翻了明朝的统治。

李自成大胆起义

明朝末期，政治日趋腐朽，农民被各级官员盘剥以致无法生存，且因气候原因，明朝各地灾荒不断，阶级矛盾急剧激化，李自成从小便生活在一个艰苦的环境下。李自成小时候曾进入寺庙当过和尚，后来为地主工作养活自己。天启六年（1626年），21岁的李自成成为米脂县银川驿站的一名驿卒，虽然这份工作很苦，报酬低，但李自成多少拥有

历史拓展

《明季北略》中记载"给事中刘懋上疏，请裁驿递，可岁省金钱数十余万"，穷疯了的崇祯皇帝采纳了这个建议，失业了的李自成因此成了农民军领袖。而上疏的刘懋在唾骂中辞官返乡，忧郁而死，传言棺木都雇不到人运送，以至于经年不得归葬。

一份稳定的工作。后来因在大臣的奏请下，崇祯帝发布公告废除驿站，李自成自此失业。不久，李自成因杀人而投军，成为一名边关士兵。在一次随军向北京城进军的行动中，因军队参将克扣军饷，李自成开始起事反抗。

李自成从一名士兵转而反抗朝廷后，率领起事者转向陕西汉中，之后加入了王左挂领导的农民起义。崇祯三年（1630年），王左挂在明朝廷的软硬兼施下归顺明朝，李自成不愿与其同流合污，转而投靠了张存孟的起义军，继续带兵征战。崇祯四年（1631年），张存孟的军队因在陕北被明军击败，投降明军。同

▲ 李自成带兵

年，明廷为了进一步控制西北地区的农民军起义局势，派洪承畴担任三边总督，管理延绥、甘肃、宁夏三地军务。李自成见明军加强对陕北地区的起义军的镇压，不利于自身的发展，便于崇祯六年（1633 年）率领他的部队向东进军，投靠了在山西发展的闯王高迎祥。

李自成闯荡四方

李自成在投靠闯王后，成为其麾下重要的大将。但明朝随即派大将曹文诏围剿山西境内的起义军，闯王高迎祥、李自成、张献忠等人纷纷率领队伍逃至河南，但又被明军追击至河南包围。李自成等人本以为此次难以突围，没想到的是次年因皇太极麾下的后金军入塞威

历史拓展

崇祯七年（1634 年），南京右都御史唐世济言："流寇有四：一乱民、一驿卒、一饥黎、一难氓；宜分别剿抚。"崇祯命陈奇瑜执行。同年二月，陈奇瑜任五省总督，剿山西、陕西、河南、湖广、四川境内流贼，四个月内陈奇瑜组织打了二十三场战役，全部获胜。

胁到明朝都城的安全，围剿他们的明朝大将曹文诏被调到大同抵抗后金，李自成等人得以借此机会突出重围。

崇祯七年（1634年）6月，新任的五省总督陈奇瑜统领陕西、山西、河南、湖广、四川等地的军务，集结各地的明军对起义军进行围剿。高迎祥、李自成等害怕军队被来势汹汹的明军围困，在转移途中进入兴安（今陕西安康）车箱峡。但此峡谷为古栈道，四面都是险峻的大山，进去容易出来困难，明军乘机截住了起义军唯一的出口。

▲ 洪承畴画像

在这危急时刻，李自成听取了谋士的建议，通过贿赂陈奇瑜身边官员，向明军诈降，表示愿意解除军队，让士兵解甲归田。陈奇瑜经过左右一番劝说，头脑一热便答应了起义军的请求，释放了李自成等起义军首领，还准备将农民军遣送回老家，没想到起义军刚出峡谷获得自由，便转头杀死陈奇瑜派来的安抚官而叛变。李自成等人随即率领起义军攻破明朝几座城池，诸多州县都向朝廷求救。陈奇瑜因此事遭到言官们猛烈的弹劾，随后便被革去五省总督的职位。

崇祯八年（1635年），洪承畴成为五省总督，负责围剿农民军，农民军抵挡不住明军强大的攻势，退守到河南洛阳一带。各地的起义军经过残酷的斗争，清醒地认识到起义军单兵作战难以抵抗明军，会被明军各个击破，起义军要想有所作为，需要团结合作。同年，各地共十三路起义军在河南荥阳召开大会，商讨合作对抗明军的策略。在会上，李自成提出了"分兵定向，四路攻战"的大方针。

在荥阳大会后，李自成与高迎祥、张献忠共同率领起义军攻下了朱元璋的老家——中都凤阳，为了泄愤，朱元璋的祖坟、其曾经出过家的龙兴寺（皇觉寺乃误传）都被破坏。在抢夺凤阳皇宫时，李自成与张献忠分赃不均产生矛盾，李自成便分兵独自引兵向西发展。

崇祯九年（1636年），卢象升接任五省总督，指挥明军在郧阳地区击败了闯王高迎祥。不久，高迎祥在黑水峪（今陕西省周至县黑河口）再次战败，被刚

接任的陕西巡抚孙传庭凌迟处死。因首领被杀，高迎祥残余势力群龙无首，便投奔了李自成，李自成被推举为新的闯王，继续在甘肃、陕西、四川一带地区抗击明军。

崇祯十年（1637年），新任兵部尚书杨嗣昌提出"四正六隅、十面张网"的策略来镇压农民军，分化农民军的势力，全力围剿李自成与张献忠的军队。明军执行这一策略，在镇压农民军上起

> ### 历史拓展
>
> 卢象升，江苏宜兴人，1622年考取进士，虽是文人，且皮肤白皙，身材消瘦，但力气很大，天赋异禀。1633年，卢象升带领自己招募的"天雄军"镇压高迎祥等叛军。他几乎以一己之力扭转了整个局势。后来在对清战争中战殁。后人曾作挽联："数三十九岁名将，岳家哀，卢家尤哀。"

到了很不错的效果。张献忠在明军的攻势下损失颇大，他为了保存实力，接受了兵部尚书熊文灿的"招抚"，但拒不接受明军的调遣，保持自身的独立。李自成中了明军的埋伏，带着残部躲进了陕西的大山中。崇祯十一年（1638年），因清军入关攻击明朝，洪承畴、孙传庭等镇压起义军的重要大臣被调往辽东防守清军的进攻，李自成得以获得休整的机会。

崇祯十二年（1639年），张献忠在谷城重举义旗反抗明朝，得知此消息后，李自成也重整旗鼓从大山中出来，率部进入河南。农民起义的火焰再次熊熊燃烧起来，让明廷更加不安。崇祯十三年（1640年），明廷为了清除张献忠的势力，派大军围剿。张献忠为了跳出明军的包围圈，率军进入四川作战，明军随即进入四川追击张献忠部。李自成借此良机进入河南，收留了大量的饥民，并开仓赈灾。李自成对灾民的政策使得周边的灾民纷纷归于李自成麾下，从出山时的微弱兵力瞬间发展到数万人之众，李自成提出了"均田免赋"的口号，极大地迎合了广大的贫苦民众。

李自成再度起势灭明

崇祯十四年（1641年），渡过了低谷的李自成势力越来越大，一路上所向披靡，攻占了洛阳城，并将福王朱常洵杀死。福王府中的大批金银财宝与物资被李自成的军队搜刮一空，还将福王宫付之一炬，大火持续了三天都没熄灭。李自成

▲ 李自成雕像

用从福王府没收的财富赈济灾民，来获得他们的支持。此后，李自成几次围攻河南省城开封，但都没能拿下来。崇祯十五年（1642 年），开封城因为黄河决堤而被冲毁。

在持续的战役中，明朝的诸多大臣被杀或被击败，明军的主力损失殆尽，河南全省被李自成控制。其他势力小的起义军首领纷纷望风归降，李自成成为这一时期的起义军中的最强大势力。崇祯十六年（1643 年），李自成相继攻下承天（今湖北钟祥）、襄阳（今湖北襄阳），并自称"新顺王"。同年，张献忠在攻占武

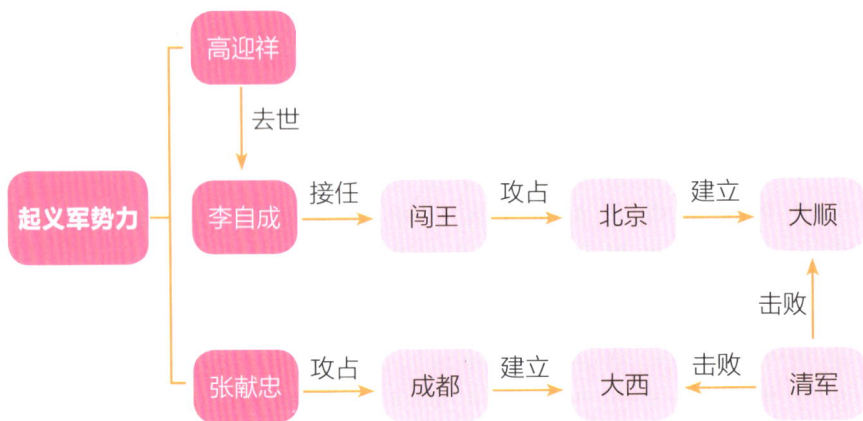

▲ 明末起义军势力

昌后建立了"大西"政权，为此孙传庭领兵十万出关，意欲围剿张献忠。李自成见时机来临，便率军北上，将明军的粮道拦截，孙传庭不得不回师，想要打通粮道，但被李自成率军追击，大败明军，孙传庭也被李自成部所杀，陕西全省被李自成占据。

崇祯十七年（1644年）正月，占据了大量领土的李自成在西安称帝，将国号定为"大顺"，改西安为西京。李自成随后东征北京，一路攻城掠地。同年三月，大顺军攻入了宣

府，让崇祯帝大为惊慌，紧急调辽东总兵吴三桂、蓟辽总督王永吉等人带兵拱卫北京城，并在北京城筹集军饷。

　　李自成到达离北京城咫尺之遥的居庸关后，守城将领不战而降。李自成随即立刻进军。进入北京城郊外后，李自成派人入城与崇祯帝秘密谈判，想要裂土封王，成为西北王，但被崇祯帝拒绝，双方谈判破裂。李自成直接攻入紫禁城，崇祯帝无颜面对明朝列祖列宗，便到煤山（今北京景山）自缢身亡，明朝灭亡。

延伸思考 李自成灭亡明朝给大家带来什么启示？

时间　1628-1644 年

1628 年	李自成成为一名驿卒
1629 年	李自成开始起义反抗朝廷
1630 年	王左挂投降明朝廷
1633 年	李自成投靠高迎祥
1635 年	洪承畴被任命为五省总督
1636 年	李自成成为新任"闯王"
1639 年	李自成再度起势
1643 年	李自成自称新顺王
1644 年	李自成称帝，随后灭亡明朝

第六章

南明政权的延续与结束

　　南明作为明朝灭亡后的政权，历经弘光政权、鲁王监国、隆武政权、绍武政权、永历政权等时期，但在清军的进攻下，政权相继覆灭。南明的延续代表着明朝统治的延续，但早已不复往日的荣光。中国最后一个汉人王朝政权最终还是烟消云散。

◎ 南明的建立

明思宗朱由检的自缢宣告着明朝的灭亡，但明朝的残余势力在南方建立了新的政权，与清军展开了新的斗争。但南明政权却因继承人的正统问题而内斗不断，同时还有权臣乱政、内部叛变等原因，严重削弱了南明的凝聚力，致使弘光、隆武两朝的延续十分短暂，很快便被清军所剿灭。

弘光朝的建立与覆灭

在明朝灭亡、北京城被清军占领后，南方还有大片领土仍然处于明朝残余势力的控制下，留都南京的文臣武将们便决意拥立明朝王室中的藩王继承大统，延续明朝国祚。但在继承人的选择上，大臣们各有所属。根据明朝的祖训，"有嫡立嫡，无嫡立长"的原则，朱常洵的长子朱由崧成为皇位的第一顺位继承人。

可东林党人想要拥立明神宗的弟弟朱翊镠之子朱常淓承继皇位，而史可法则想要拥立明神宗第七子桂王朱常瀛。最终，支持人数更多的朱常洵长子朱由崧成功脱颖而出，继位为帝，并改次年年号为弘光。

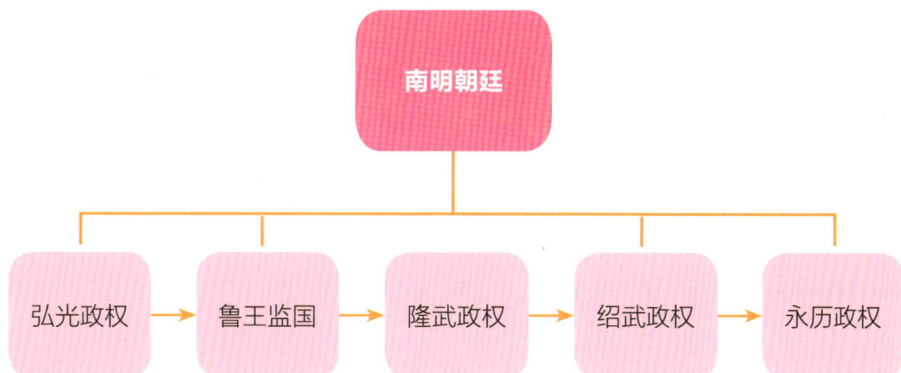

```
                    ┌──────────┐
                    │ 南明朝廷 │
                    └──────────┘
    ┌─────────┬─────────┼─────────┬─────────┐
┌──────┐  ┌──────┐  ┌──────┐  ┌──────┐  ┌──────┐
│弘光政权│→│鲁王监国│→│隆武政权│→│绍武政权│→│永历政权│
└──────┘  └──────┘  └──────┘  └──────┘  └──────┘
```

▲ 南明朝廷政权

南明朝廷在建立之初，因政权的正统性而发生诸多变故，其中"大悲案""太子案""童妃案"等皆出于这一原因，各派政治势力在背后较量。南明朝廷内部斗争不断，无法有效地集中力量对抗清军，也预示着这样的政权难以长久。

弘光二年（1645 年）三月，在多尔衮基本巩固北方地区后，便开始将目标对准南明政权，想要进一步打击南方的南明势力。此时的南明政权因党争而混乱不堪，各派大臣互相攻击，严重影响了朝政的运转。此时李自成率领残余势力正向武昌城进军，驻守武昌城的南明军阀左良玉不想与李自成的势力相争，便将目标瞄准南明朝廷。左良玉打着清除弘

▲ 史可法画像（清朝乾隆年间）

光帝身边佞臣的口号，率军乘船沿着长江进攻南京。南明重臣马士英调集江北四镇（淮安、扬州、庐州、泗州）的军力抵抗左良玉的进攻。

江北四镇的兵力被调走，南明疆土便直接暴露在清军的面前。清军进攻江北时，未经多少抵抗便攻破徐州等地，清军随即进攻扬州城。史可法率领扬州百姓与清军作战。后来清军终于攻破扬州城，清军因记恨扬州百姓的顽强抵抗，便对扬州实施了屠城政策，八十万扬州百姓因此而丧生，史可法也在这场攻防战中

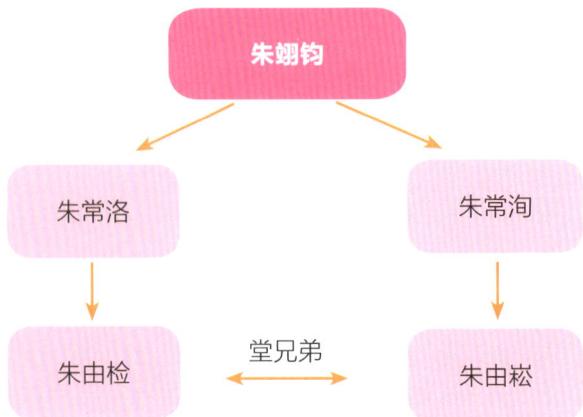

▲ 朱由崧与朱由检关系

被杀。

扬州被攻陷后，清军紧接着渡过长江，攻克镇江。弘光帝得知镇江已失，自知清军难以抵挡，为了保命出逃到芜湖。南明朝廷的大臣们见皇帝都已然不在京中，只好投降，将南京城拱手让给清军。没过多久，外逃的弘光帝被抓获，弘光朝灭亡。

隆武政权建立

弘光朝覆亡后，南明势力变得更加分散，没有统一的指挥者。

在郑芝龙等人的支持与拥立下，明太祖朱元璋第二十三子朱桱的八世孙唐王朱聿键在福州监

▲ 多尔衮画像

国称帝，改年号为隆武，而后很快得到各地反清势力的认可。不久，在浙东起兵的张国维、钱肃乐等人拥立明太祖朱元璋第十子鲁王朱檀的后人朱以海在浙江绍兴监国。因政权的并立，双方政权为争夺正统地位相互攻击，无法有效团结起来反抗清朝。

这一时期，清廷为了进一步奴化汉族百姓，要求江南地区的百姓剃发易服，按照清朝的传统行事。但蓄发是明朝百姓的风俗传统，贸然剃发被视作大不孝，是汉族百姓不能接受的。为此，江南各地的百姓纷纷起兵反抗清朝，并立下"头可断，发不可剃"的誓言，虽然江南地区的起义遭致清军的残酷镇压，但也极大地鼓舞了抗清势力，给清军造

历史拓展

郑芝龙，福建人，在17世纪世界海权勃兴与明朝封闭海疆的背景下，以民间之力建立水师（海盗），周旋于东洋及西洋势力之间，并且在台湾海峡成功击败西方海上势力。

成了不小的损失。

隆武帝作为南明的第二位皇帝，虽然十分努力，想要挽回南明政权的颓势，但无奈自己所能掌握的权力有限，处处受制于有拥立之功的郑芝龙，在位期间未能取得大的成就。

▲ 荷兰人眼中的郑芝龙

隆武政权自建立之初，便受到几个方面势力的影响，首先是来自于政权内部郑芝龙的限制，其次是与之并立的鲁王势力，三是来自清军的压力。在清朝的招抚下，诸多汉人将领为清军所用，战略地位十分重要的赣州也被清军攻陷。隆武帝为了扭转局势，想要率军北抗清军，但掌握军权的郑芝龙对此并不支持，只想保存实力，割据一方。

隆武朝的忠义之士黄道周组织义军抗击清军，可他拼凑出来的军队毫无作战经验，无力应付，便向隆武帝求援。隆武朝的军政大权皆被权臣把持，面对黄道周的上疏，只能坐视。婺源县令曾是黄道周的学生，于是给黄道周发来密信，令

▲ 南明王朝遗迹——十八先生墓

历史拓展

江北四镇指的是南明弘光政权位于北部的四个重要军事地区，分别是淮安、扬州、泸州、泗州，其主要将领是黄得功、刘良佐、高杰、刘泽清。江北四镇作为弘光政权的重要军事力量，本是保卫南京城、抵御清军南进的重要屏障，但无奈因来自西部左良玉军队的威胁，致使江北四镇军事力量成为内斗的砝码，也是压倒弘光政权的重要一环。

其攻取婺源。黄道周却没想到学生早就与清军沆瀣一气，只是为了将其军队骗过去而被清军围歼。于是，黄道周部被清军伏击，全军覆没，黄道周也被清军擒获，被关押至婺源县大牢。

黄道周在被清军关押两个多月后而被杀害。隆武帝闻之再也按捺不住，亲自率军出击，从大本营福州到达延平，准备西进前往湖南。但隆武朝管辖的诸多城池在郑芝龙通敌下，很快便被攻陷，福建各关隘无人防守，清军一路所向披靡，向隆武帝所在的延平进军。

隆武帝得知清军向自己逼近的消息后，逃离延平，想要前往汀州（今福建长汀），进而到江西。但隆武帝一行被沉重的书籍拖累，很快便被清军追上。隆武帝身边的臣子为了护其周全，舍身赴死，隆武帝及其皇后逃入汀州城。接下来，清军假扮明军骗过了汀州守军，进城后将隆武帝俘虏。隆武帝被俘后本想自尽，却被清军所阻，最后在福州绝食而死，隆武朝因此而覆灭。没过多久，郑芝龙也向清军投降。

时间轴　1644—1646 年

1644 年	朱由崧继位，建立弘光政权
1645 年	史可法在扬州抵抗清军失败；弘光朝灭亡；朱聿键继位建立隆武朝
1646 年	朱聿键被杀，隆武朝灭亡

延伸思考

弘光、隆武两朝迅速灭亡是因为什么原因？

左良玉清君侧

弘光二年（1645年），宁南侯左良玉因对弘光帝身边的内阁首辅马士英不满，以"清君侧"为由，从武昌出兵沿江东下进军弘光朝首都南京。此事属于南明弘光政权的内部斗争，可却极大地缓解了清军南下进攻南明的压力，也加速了弘光政权的灭亡。

愤而起兵向东

在明朝灭亡、南明弘光朝建立后，左良玉占领武昌城，据守一方，成为新的割据势力。虽然左良玉最终承认弘光朝廷，但是自己却没有参与到拥立弘光帝的事件中，弘光朝廷被马士英等人所把持，弘光帝也对他们颇为依赖。不仅如此，湖广巡按御史黄澍为了提升自己在朝廷中的说话分量，挑拨左良玉与弘光朝廷的关系。弘光二年（1645年）三月，在清军的追击下，败逃的李自成部起义军进入了湖广襄阳地区，左良玉害怕李自成对自己发起进攻，又因与马士英的私怨，便打着奉太子密诏以"清君侧"的旗号沿长江东进，意图进攻南京。

同年四月，左良玉的大军从武昌城出发来到九江，左良玉与镇守九江的袁继咸素来友善，便请袁继咸到他所乘的船中见面。袁继咸欣然前来，左良玉从衣袖中取出"太子"密诏，想要袁继咸和他一起参与兵谏，营救"太子"。但袁继咸对"太子"密诏的真伪表示怀疑，还与左良玉辩驳了一番，袁继咸认为如今清朝大军压境，应当以民族大义为重，对左良玉进军南京的行为坚决反对。

因与左良玉争论没有结果，袁继

历史拓展

左良玉，明朝末年大将，在崇祯朝时镇压起义军，后拥兵自重，不受节制；明朝灭亡后，承认弘光政权，以"清君侧"名义起兵，却在半路上病逝。随后，其子左梦庚率部投降清军。

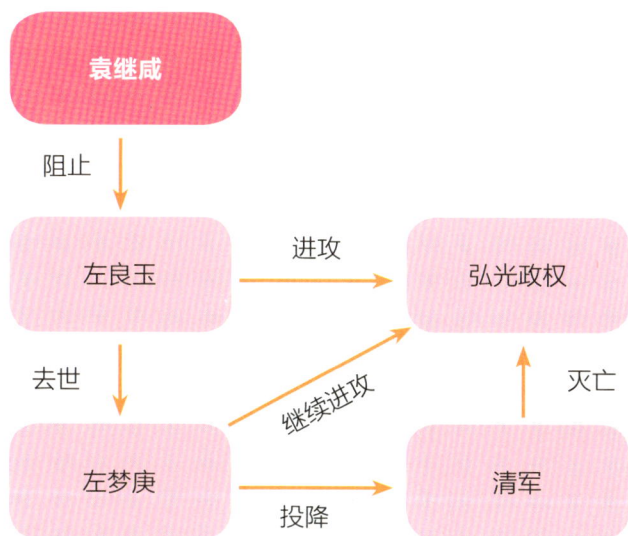

▲ 左良玉"清君侧"形势图

咸便回到了九江城中，准备将左良玉部挡在九江城外。令袁继咸没想到的是，他的部下却背叛了自己而与左良玉狼狈为奸，在九江城纵火。袁继咸的部下为了前途着想，纷纷投靠左良玉，左良玉借机侵占九江城。

袁继咸见九江城失守，便想一死了之，却被左良玉的部下带到他的船上，袁继咸几次三番想要跳船自杀，但却都被救了上来。左良玉想要联合袁继咸，一再向其表明自己进军南京不是为了覆灭弘光政权，其他人也在从旁劝说，袁继咸只好暂时应允，并要求左良玉部要保持纪律，不可胡作非为。左良玉这才开始安心准备继续进军，却没想到突然病重身死。左良玉死后，其子左梦庚被推举为首领，但左梦庚秘不发丧，还将袁继咸软禁。不过，左梦庚仍然按照父亲左良玉的计划向南京进军。

弘光帝惊恐万分

弘光帝在得知左良玉进军南京的消息后，十分害怕。弘光政权重臣马士英连忙调军前去堵截，弘光帝也与大臣们商讨策略。大臣建议弘光帝以江北地区的防守为重，左良玉部的叛乱稍缓，弘光帝对此表示认同。但马士英知道左良玉此番是冲着自己而来，害怕左良玉攻入南京后自己难以保全，认为清军如果攻入南京，还有议和的机会，倘若南京被左良玉占领，自己便只有被杀的命运。因此，马士英虽得知清军已经向弘光政权北部地区逼近，但还是让史可法率领江北重兵前来护卫南京城。

史可法只好听从朝廷的指令率兵前来，还未到达南京城便收到消息说左良玉部被黄得功等部所击败，便想进入南京城后向弘光帝禀明清军的危害。但马士英害怕史可法入朝后向弘光帝劝谏，令自己的地位不保，便向弘光帝建议让史可法回去料理清军进犯的事宜，不必入朝面见皇帝。

弘光政权面临着来自左良玉部及清军的军事压力，弘光帝以局势急缓作为将领救援的标准，令将领们首尾不顾。马士英等人也知道南京城早晚会被攻陷，便积极收拢兵权，想要带兵外逃。武英殿大学士王铎在与弘光帝探讨战局时，认为马士英等人抵御左良玉部没有成效，想要亲自带兵前去抵御，但迟迟不能掌握兵权。

同年五月，弘光朝都城南京被清军占领。而这时，左梦庚还未到达南京，虽然其拥有不俗的兵力，但却不敢与清军交战，于是便率部向清军投降。袁继咸也被左梦庚献给清军，成为清军的俘虏。清军想要招降袁继咸，便将其押送回北京城囚禁起来。清廷用高官厚禄诱惑袁继咸，但都被他拒绝，他最后被清廷杀害。

历史拓展

历史上除了左良玉清君侧事件，还有四次清君侧事件。第一件是西汉年间吴王刘濞以"诛晁错，清君侧"为由起兵叛乱，引发了七国之乱；第二件是唐朝的安禄山以"清君侧"为由进行安史之乱；第三件是元朝末年的孛罗帖木儿以"清君侧"为由攻入元朝都城；第四件便是明朝的朱棣，以"清君侧"为由发动靖难之役，夺取皇位。

延伸思考 左良玉"清君侧"事件折射出了弘光朝内部哪些问题？

时间轴　1645年三月至五月

1645年三月	左良玉以"清君侧"为由起兵向南京进发
1645年四月	左良玉在九江会见袁继咸，随后左良玉病死
1645年五月	南京城被清军占领，左梦庚率军投靠清军

扬州十日

南明弘光朝期间，由于内部争斗，导致扬州城防守兵力不足，此前驻守扬州的大部分兵力被调往南京，大臣史可法只得率领扬州百姓阻挡清军入侵。但史可法很快就战败，清军为报复扬州百姓，在扬州城中进行了长达十日的屠杀，史称"扬州十日"。

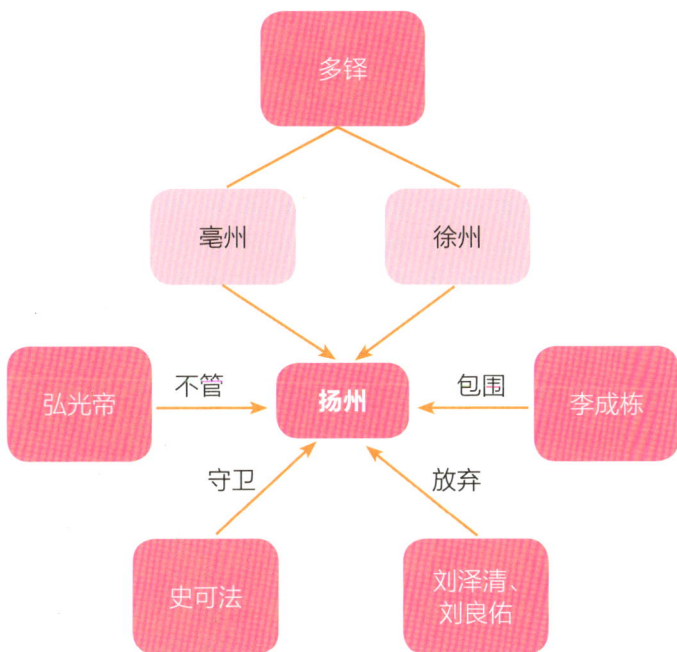

▲ 扬州城形势

史可法坚持抗争

弘光二年（1645 年），清军在平定北方地区后，一路南下向江南地区推进。

在清军强大的攻势及明朝各地羸弱的防守下，清军很快便推进到了扬州城下。弘光朝大臣史可法亲自来扬州督战，收缩兵力防守扬州城。但扬州城的主将不敢与清军交战，借口去保卫南京城而率军向南逃跑。

没多久，李成栋率领的清军便将扬州城团团围住，史可法向外求援，因畏惧清军势力及弘光朝内部纷争，明军没人前来救援。史可法自知扬州已是一座孤城，但他还是想坚持防守扬州城，与清军殊死一搏。

扬州城内的兵力与清军相差悬殊，清军为了加快攻城略地的速度，再次派人前去劝降，连多尔衮也致书史可法，但却遭到史可法的坚决拒绝。

史可法（1601-1645 年），南明重臣，民族英雄。明朝灭亡后，史可法参与拥立朱由崧为帝，坚持与清军抗争。清军进军扬州城时，率军民防守城池，最终失败遇害，在历史上享有崇高的评价。

扬州军民被杀

清军见招降不成，便开始对扬州城展开进攻。扬州军民与清军战斗了一个月，终因粮食短缺与兵力不足而最终被攻陷。史可法不愿被清军俘获，想要自杀，但却被部下拦截，清军迎面攻来，史可法便高呼自己的身份。清军大将多铎早就听闻史可法的忠贞，对其心生敬佩，当面去劝降史可法，并许以荣华富贵。多铎为了让史可法替他征服江南，费了诸多口舌，但史可法不为所动，自认作为朝廷大臣，不能为了偷生而成为千古罪人，愿意速死去见先帝，随后英勇就义。

扬州被攻陷后，同样有很多人与史可

▲ 多铎画像

▲ 扬州古城遗址

▲ 扬州十日

法一样，宁可赴死也要与清军斗争。或战死，或自杀，不愿向清军投降，展现出了极其强烈的民族气节。史可法虽然死去，但他的部下仍然继续在扬州城与清军鏖战。清军在平定扬州城内的将士反抗后，对扬州城的百姓进行了长达十日的屠杀，曾经繁华的扬州城毁于一旦，到处都是被焚毁的痕迹，城中堆积的百姓尸体数不胜数，死难者超过八十万。

历史拓展

　　扬州作为江南地区的重要城市，在历史上经历过几次大的灾难，致使扬州人口锐减。扬州在西汉末年人口达到 10 多万，到了南朝宋时期人口锐减，不到 5 万。在唐朝中期，扬州人口激增，到北宋末年又锐减。元朝时期扬州人口猛增，元朝末年因战乱再次凋敝。在清朝初年，扬州被清军屠城，人口因此再度减少。

延伸思考

？ 史可法的行为对大家有何启迪？

时间轴　1645 年四月至五月

| 1645 年四月 | 清军炮轰扬州城 |
| 1645 年五月 | 扬州城被攻陷，超 80 万扬州百姓被杀害 |

嘉定三屠

清军入关后，南下占领越来越多的领土，并在江南地区实行"剃发令"，此举导致嘉定城的居民发动起义反抗清朝的政策。弘光二年（1645 年），清军在攻破嘉定城后，先后三次对城中的百姓进行屠杀，死难者近十万人。清政府在夺取江山过程中的残暴显现无疑。

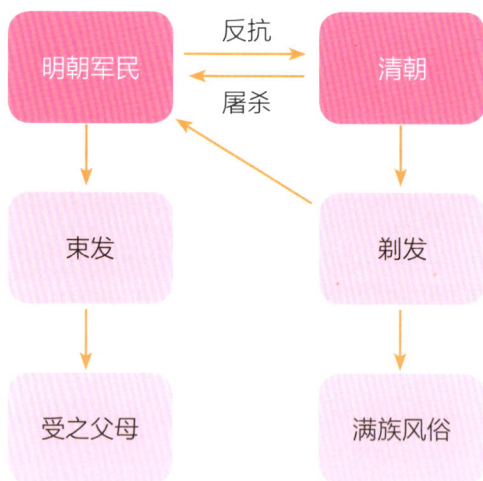

▲ 嘉定百姓反抗清军原因

剃发引发反抗

清朝在陆续占领广大疆土后，为了维护权威，强令汉族百姓及其他少数民族按照满族的发型进行剃发。在占领江南地区后，清军要求江南地区百姓十天内必须剃头，并宣扬"留头不留发，留发不留头"的恐怖政策。

但江南地区的汉族人民认为剃发令有违孝道，并不愿意剃发，于是群起反抗。在读书人候峒曾、黄淳耀的号召下，嘉定地区的百姓组成一支十几万人的起义军。但他们都是普通老百姓，毫无作战经验。清朝吴淞总兵李成栋得知这一消息后，便带领五千精兵前去平叛，虽然清军人数远不如起义军，但其装备精良、训练有素。而起义军无组织、无纪律，且缺少兵器，在与清军的一番较量下很快便败下阵来。

嘉定百姓被屠杀

起义军大败后，无数百姓被清军追杀。李成栋随即进入位于嘉定城西北部的娄塘镇屠杀了上千人，随后又与从太仓赶来的清军一起炮轰嘉定城。百姓在城墙上防守了三个昼夜，体力不支，清兵趁机攻破东门进入城内。领头起义的候峒曾及其两个儿子都被清军所杀，城中的百姓见清军破城，奔往西门逃生，但被清军所堵截，不得已只好投河，被淹死的百姓数不胜数。黄淳耀见大局无法挽回，绝望自尽。南门的守将留下绝命诗后也投河自尽。诸多百姓认为自己难逃一死，为了不被清军俘虏，纷纷选择自尽。

李成栋进入城中后下令屠城，清军挨家挨户搜索财物，要求百姓献出宝物，如若没有便直接屠杀；若全部搜刮完，亦再行杀害。一时间，整个嘉定城内哀嚎四起，

▲ 嘉定三屠

历史拓展

在清军入关前，其统治者便推行了剃发的政策，清军入关后，为了同化汉族人，强令汉族百姓改变发式，以此作为臣服清朝的标志。在历史上，清朝真正的发式是金钱鼠尾，留的发辫要比小拇指还细，要能穿过铜钱中的方孔才算合格。而如今大家在电视上看到的清剧发式，直到清朝末年才慢慢出现。

到处都是死伤百姓的尸体，大约有三万多嘉定百姓丧生。经过一天的掠夺与屠杀，李成栋将在嘉定城掠夺的大量财物运往太仓。

在李成栋回到太仓后，幸存的嘉定百姓开始偷偷回到城中，在朱瑛的号召下，重新集结了两千多人的力量，把那些帮助清军的汉奸与清军任命的官吏杀死，让存活的百姓有了一丝安宁。没过多久，李成栋得知了城内的消息，再次带领精兵半夜进城，对入睡的百姓进行屠杀，随后四处焚尸，致使嘉定如同人间地狱。

不久后，归属于南明的吴之番带兵攻打嘉定，得到嘉定城周边百姓的响应，城内维持嘉定城统治的清军被击败溃逃。李成栋于是再次带兵前往嘉定城，对吴之番的军队进行围剿，而吴之番的军队缺乏训练，很快败于清兵之手，吴之番也战死。李成栋对嘉定城十分憎恨，对刚刚前来嘉定城避难的近两万百姓再次进行屠杀，血流成河，是为"嘉定三屠"。

延伸思考　清军对嘉定城的三次屠杀对当时的社会造成了什么恶劣影响？

时间　1645 年六月至八月

时间	事件
1645 年闰六月十三日	嘉定被清军第一次屠城
1645 年闰六月十四日	嘉定被清军第二次屠城
1645 年闰八月十六日	嘉定被清军第三次屠城

◎ 鲁王监国

鲁王朱以海作为明朝宗亲，在明朝灭亡后担负起监国的重任。从开始不被南明势力所认同到后来诸多大臣奉其为正统，给清朝在东南沿海地区的统治带来了极大的困扰。但因鲁王政权内部斗争与受到权臣掣肘，朱以海未能成就一番大业，最后只得黯然取消监国称号。

朱以海开始监国

朱以海，明朝宗亲，是明太祖朱元璋第十子鲁王朱檀的九世孙。朱以海父亲朱寿镛于崇祯九年（1636年）承袭鲁王之位，但没过多久便因病去世。朱以派作为王位继承人于崇祯十二年（1639年）顺利继承鲁王之位。崇祯十五年（1642年），清军突破明军防线攻入山东地区，朱以派的封地兖州被清军攻破，朱以派无力抵抗便自杀身亡，他的其他几位兄弟也被杀害，只剩朱以海得以存活。崇祯十七年（1644年）二月，朱以海承袭鲁王爵位，以此来延续鲁王封号，但令朱以海没想到的是，一个月后李自成便攻入北京，明朝灭亡。

朱以海担心自己所居住的山东兖州被起义军攻打，便带领家人向南转移，后在浙江临海定居。弘光二年（1645年）五月，清军占领南京城，弘光政权覆灭。在诸多南明大臣的劝谏下，朱以海前往浙江绍兴，随后在绍兴宣布出任监国，建立绍兴政权，并任命各官员。但因朱以海没有军事力量，只得依靠方国安与王之仁。但他们二人仗着朱以海的倚重，对其他的军队进行排挤，借此扩

> **历史拓展**
>
> 朱以海（1618-1662年），明太祖朱元璋第十子鲁王朱檀后人。南明弘光朝覆灭后，朱以海在浙江绍兴监国，与同时期的隆武政权互相争斗，争夺正统名义。之后辗转几处，最终取消监国的称号，在金门岛去世。

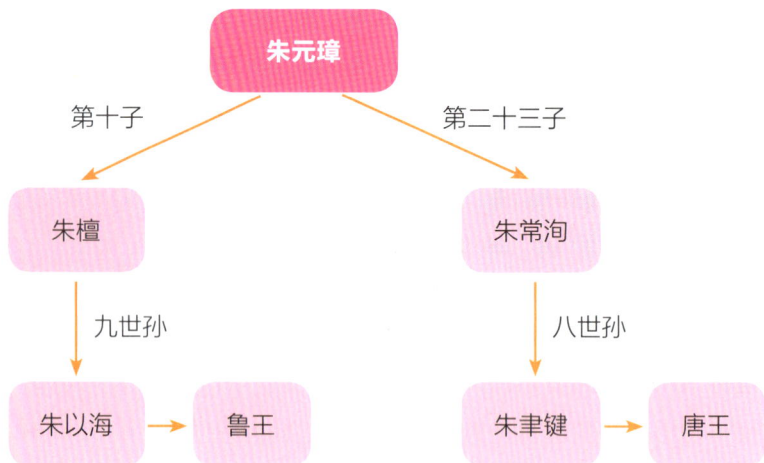

▲ 朱以海与朱聿键关系示意图

大自己的势力。不仅如此，他们还肆意征收与支配粮饷，致使朱以海控制的浙东地区的百姓生活困苦。浙东另外的义军没有粮饷来源，不愿为朱以海卖命，朱以海的势力被大幅削弱。

与此同时，朱以海作为监国还面临着宗室内部问题，因唐王朱聿键在他之前已经称帝，并定都福州，改年号为隆武。隆武帝得到明朝遗留势力的广泛认可，这令朱以海的监国身份饱受质疑。虽然朱聿键与朱以海都为明朝宗室远亲，但朱聿键监国称帝的时间早，在正统性上要优于朱以海，这令朱以海陷入两难境地。没过多久，隆武帝派遣使者要求朱以海退出监国身份，在内外的压力下，朱以海只好退位。但朱以海身边的大臣们拒绝承认隆武政权的地位，并将朱以海重新迎回绍兴监国。

隆武二年（1646年），隆武帝派人携带军饷前往浙东，企图收买朱以海的军队，但却被朱以海的部下所杀。唐王、鲁王政权为此针锋相对。绍兴政权

历史拓展

监国，是中国古代的一种政治制度，通常是指皇帝外出时，由一重要人物（例如太子）留守宫廷处理国事，也指君主未能亲政，由他人代理朝政。但朱以海监国却非上述情况，朱以海担任监国，实际上已经成为政权的首脑人物，只因当时还存在其他明朝政权，才以监国为称。

的诸多大臣出于自身利益的考虑，向隆武帝传递书信表明忠心，隆武帝也借此拉拢他们。朱以海为了反击隆武帝，派人封拥立隆武帝的郑芝龙及其兄弟为公爵，令隆武帝感到羞辱不已，便将朱以海派来的使者关押。

因唐鲁双方内斗不断，又因绍兴政权位于隆武政权北部，清军想要南下，首当其冲便是进攻绍兴政权，令隆武政权的权臣郑芝龙颇为欣喜，借机保存实力，不轻易与清军作战。朱以海为了扩大势力，收买人心，对愿意归顺自己的文臣武将授予官职，致使各类官职难以计数，混乱不堪。

清军出兵对绍兴政权发起攻击，在清军的两路夹击下，朱以海所倚重的方国安不敌清军，为朱以海效力的官员纷纷背叛朱以海而投降。朱以海为了继续抵抗清军，在护卫的陪同下离开绍兴逃亡海上。在其走之前，他的家人被清军抓捕，清军想以此为要挟让朱以海投降清朝，但被其坚定拒绝。

朱以海政权逐渐衰弱

隆武二年（1646 年），隆武帝被杀，隆武政权瓦解，而一些反清大臣转而承认朱以海为南明正统，一时间势力大增。大臣张名振提出了三分天下的复国策略，令朱以海十分欣喜，并依照其策略实施。随后，朱以海来到舟山，但占据舟山的黄斌卿以自己为隆武朝大臣，无须听从朱以海调遣为由，不让朱以海进入舟山城中。朱以海只好和张名振等人暂住。同年九月，朱以海被郑彩迎入福建，但

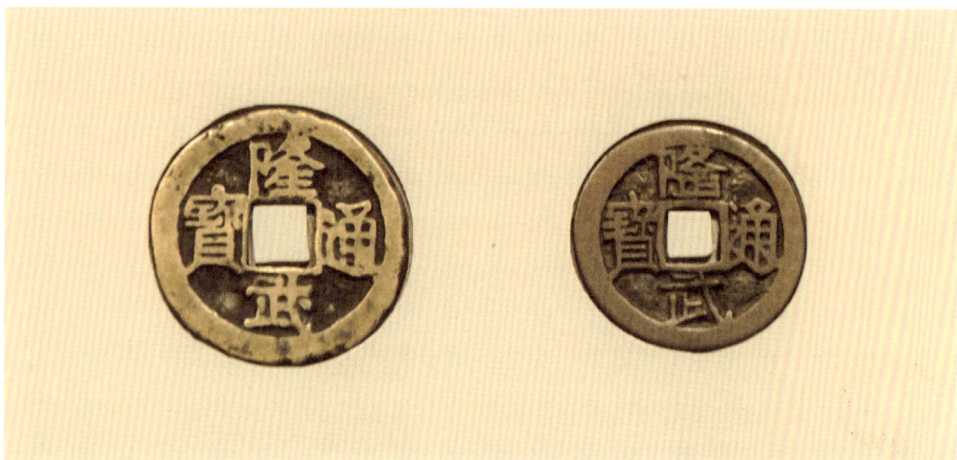

▲ 隆武通宝

历史拓展

因朱以海晚年被郑成功安置在其所管辖的金门岛，朱以海便在金门岛安度晚年直到去世。他去世后，被人葬在了金门岛，因此金门岛内便拥有了南明的鲁王墓。因金门岛现今归于台湾管辖，所以鲁王墓为台湾古迹，位于金门岛太武山西麓小径路旁。在每年农历5月15朱以海生日的时候，金门岛都会在鲁王墓举办祭典。

此前占据福建的郑芝龙已经归顺清廷，便派人让郑彩交出朱以海。但郑彩不愿与清廷为伍，便接受朱以海的管制，朱以海的势力得以增强。

永历元年（1647年），朱以海相继收复了诸多失地，反清的形势日益好转。但郑彩此时作为朱以海身边的肱骨大臣，想要借机让朱以海成为傀儡，受自己操控。永历二年（1648年），大学士熊汝霖被郑彩杀害，而后郑彩又将矛头指向反对他的郑遵谦，这种内斗令朱以海颇为气愤，并想以死明志，但被人阻拦。因郑彩的跋扈行为使得朱以海的军事势力锐减，导致清军乘机占领了诸多城池。次年，福建地区局势恶化，朱以海不得不转移，之后因郑彩被郑成功击败，朱以海将郑彩的余部势力收为己有。

永历三年（1649年），朱以海部下击败了占据舟山群岛的黄斌卿，便以舟山为据点进行发展，以此进攻清军势力。永历五年（1651年），舟山被清军攻陷，朱以海不得已只好再度转移，被郑成功安排在金门岛居住。永历六年（1652年），朱以海因得不到郑成功的支持，取消了自己监国的身份，朱以海政权由此消亡。永历十六年（1662年），朱以海去世，他富有传奇色彩的人生最终完结。

延伸思考 朱以海为南明政局做出了哪些贡献？

时间轴 1645—1662年

1645年	朱以海开始监国
1646年	朱以海与隆武帝互相攻击
1647年	朱以海在福建取得大捷
1648年	朱以海政权内乱，郑彩想要架空朱以海
1652年	朱以海去除监国称号
1662年	朱以海去世

永历帝的失败

隆武政权灭亡后，原永明王朱由榔被南明大臣楚魁、陈子壮等人推举为监国，不久后又在广东肇庆称帝，改元永历。作为南明政权的最后一个君主，永历帝在位十多年，屡经挫折最终还是难敌大势，被吴三桂下令处死。

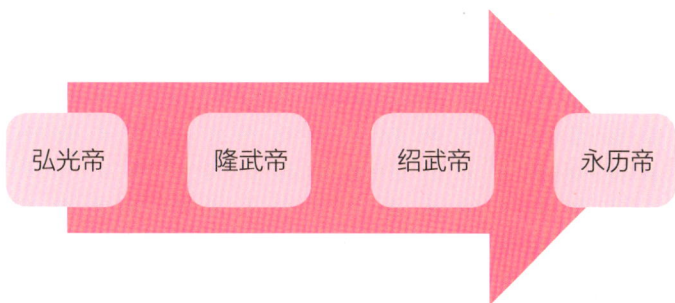

弘光帝　隆武帝　绍武帝　永历帝

▲ 南明皇帝更替示意图

永历帝成为南明正统

隆武二年（1646 年），隆武帝去世，南明朝廷再度陷入了无国君的境地。诸大臣根据国君继承制，推举明神宗朱翊钧之孙、朱常瀛之子朱由榔监国，随后朱由榔在广东肇庆称监国，并任命朝廷各官员。几天后，赣州失守的消息传来，大臣们害怕清军向广东进兵，在一番争论下，朱由榔还是放弃了肇庆，西逃至梧州。这让对朱由榔抱有一丝幻想的广东百姓万念俱灰，只能坐等清军的攻击。

与此同时，在隆武帝去世后，隆武

历史拓展

朱由榔（1623-1662 年），南明最后一位君主，建立了永历政权。朱由榔被拥立为帝后，在南方四处飘零，依靠着张献忠的余部势力与清军在西南地区斗争，最后被吴三桂杀死。

朝的大臣们奏请隆武帝之弟朱聿鐭监国，并随后登基称帝，改年号为绍武。朱由榔得知朱聿鐭称帝的消息后，为了进一步收买人心，重返肇庆宣布称帝，改年号为永历。由此出现了两位皇帝并立的局面。双方为了争夺政权的正统性，互相攻击。不久，从福建进攻广东的清军伪装成明军，不动声色地攻占了广州，朱聿鐭为了不被清军擒获，自杀身亡，绍武朝因此灭亡。此时的永历朝成为南明的正统朝廷。

永历帝经历曲折

在绍武朝覆灭后，永历帝担心清军进攻，便从继位的肇庆再度逃回到梧州。永历帝出逃后不久，肇庆便被清军攻陷。清军为了捉拿永历帝，便向梧州进军，永历帝只好出逃至桂林。在大臣刘承胤的劝说下，永历帝又逃至全州（今广西全县）。没想到刘承胤为了自己考虑，想要把永历帝献给清军，铺平今后的道路。永历帝发现了他的阴谋，便赶紧离开全州到了柳州。

永历二年（1648 年）正月，此前臣服于清朝的金声桓、王得仁杀害当地巡抚、布政使等人，重新起义回归永历朝，反抗清朝。同年二月，永历帝又从柳州

▲ 永历行宫

回到南宁，进一步指挥作战。又过了两个月，此前对明军大力绞杀的清军大将李成栋归顺永历帝，清朝广西巡抚叛变，归顺永历朝。因此永历朝的势力瞬间得以大幅提升，待局势稳定后，永历帝再次将都城迁回了肇庆。

永历三年（1649 年），永历朝大臣何腾蛟和此前归顺的金声桓、王得仁、李成栋等势力相继失败，永历朝廷一片惊恐，永历帝遭遇巨大打击。永历四年（1650 年），此前被永历朝所夺取的湖广地区，重新被清军占领，诸多刚收复的地区也被清军占领，永历政权的领地进一步缩小。永历五年（1651 年），前大西政权将领孙可望因手握重兵，胁迫永历帝前往安龙府，对其进行控制。永历帝因手中无权，只得听从孙可望的安排，由此做了三年多的傀儡皇帝。

▲ 永历帝皇宫（安龙博物馆复建）

永历六年（1652 年），清军想要运用两面夹击的方式对西南地区的明军势力进行围剿，力图早日清除南明残余势力。而永历朝大将李定国与孙可望共同协作，出兵对抗清军的进攻。李定国相继战胜孔有德、尼堪两员清军大将，取得了桂林、衡州两次大捷，极大地震慑了清朝，清军遭遇了前所未有的惨败，永历朝因此声名大震，扩地无数。

永历八年（1654 年），孙可望见自己的势力在永历朝无人能敌，便想要自立为王。永历帝召集大臣，想要李定国前来护卫自己，以免被弑杀。孙可望见事情败露，便依仗兵力将想要帮助永历帝的大臣吴贞毓及依附于他的官员害死。永历九年（1655 年），因局势变化，永历帝被李定国护送至云南昆明，并居住于孙可望兴建的秦王宫殿。

历史拓展

永历帝朱由榔作为南明的最后一位皇帝，在逃亡缅甸后被缅甸君主押送给来势汹汹的吴三桂。吴三桂派人将永历帝及太后、太子等一大批人押往云南昆明。当押送的军队来到昆明城南方外的玉带河畔，准备过桥时，天色还未亮，但突然有一只公鸡啼叫，引得周围的一片鸡鸣狗叫。当地百姓被惊醒后，起床看到永历帝被押了回来，便猜到吴三桂会对永历帝实施暴行，不禁失声痛哭，纷纷赶来夹道观望。后来，当地百姓便把这座桥称作"鸡鸣桥"。

永历十一年（1657 年），孙可望因与李定国不合，引发内讧。于是孙可望率军攻打李定国，但因孙可望内部不协同、将领倒戈，导致其不敌李定国，最终投向清军，并将所掌握的西南地区的地图献给清朝，使西南的军事情报均被清军所掌握，还引导清军进攻贵州、四川等地。

永历十二年（1658 年），清军利用孙可望提供的情报，分三路大军合力攻入云南境内，云贵地区因此沦陷。次年，永历帝为了避难，在李定国的护送下离开昆明前往永昌（今云南保山）。因局势危急，永历帝随后又逃往腾跃（今云南腾冲县），最后逃入缅甸。缅甸王莽达出于对南明政权的同情，将其收留。

永历十五年（1661 年），吴三桂为了灭亡永历政权，率领大军攻入缅甸，缅甸王莽达之弟莽白借此机会发动宫廷政变，夺取了政权。永历十六年（1662 年）正月，莽白惧怕吴三桂的势力，便将永历帝献给吴三桂，南明宣告灭亡，同时也宣告着明朝皇统灭亡。同年八月，永历帝被吴三桂勒死在昆明，逃亡一生的永历帝最终还是难逃一死。

延伸思考 永历朝长达十多年对抗清军，产生了哪些积极意义？

时间轴　1646—1662 年

1646 年	朱由榔继位，建立永历政权
1651 年	朱由榔被孙可望胁迫到安龙府
1657 年	孙可望不敌李定国后投降清朝
1659 年	朱由榔逃亡缅甸
1662 年	朱由榔被吴三桂捉拿，南明灭亡，随后朱由榔被杀

图书在版编目（CIP）数据

一读就懂的中国史. 明朝 /《图说历史》编委会编著 . —北京：
中国铁道出版社，2019.1（2019.8重印）
（图说历史）
ISBN 978-7-113-24723-2

Ⅰ . ①一… Ⅱ . ①图… Ⅲ . ①中国历史 – 明代 – 通俗
读物 Ⅳ . ① K209

中国版本图书馆 CIP 数据核字（2018）第 151765 号

书　　名：一读就懂的中国史·明朝	
作　　者：《图说历史》编委会　编著	
责任编辑：刘建玮	电　　话：（010）51873038
装帧设计：MX DESIGN STUDIO	电子信箱：liujw0827@163.com
责任印制：赵星辰	

出版发行：中国铁道出版社有限公司　（100054，北京市西城区右安门西街 8 号）

印　　刷：北京柏力行彩印有限公司

版　　次：2019 年 1 月第 1 版　2019 年 8 月第 2 次印刷

开　　本：710mm×1000mm　1/16　印张：15.25　字数：250 千

书　　号：ISBN 978-7-113-24723-2

定　　价：58.00 元
